中公文庫

方法序説・情念論

デカルト
野田又夫訳

中央公論新社

目次

書簡集 283

解説 野田又夫 335

方法序説・情念論

凡例

本文において（　）は訳者の注記または補訳を、〔　〕は原著の補説を示す。

方法序説

理性をよく導き、もろもろの学問において
真理を求めるための方法についての序説

この序説が長すぎて一気に読みとおせぬようなら、六部に分けてもよい。第一部では、もろもろの学問についてのさまざまな考察が示されるであろう。第二部では、著者が求めた方法の含むおもな規則が示されるであろう。第三部では、著者がこの方法からとりだした道徳の規則のいくつかが示されるであろう。第四部では、著者が神と人間精神との存在を証明するに用いた諸理由、すなわち著者の形而上学《けいじじょうがく》の基礎、が示されるであろう。第五部では、著者が探求した自然学の諸問題の順序、および特に心臓の運動と医学に属する他のいくつかの問題との説明、さらにまた、われわれの精神と、動物の精神との間に存する相違、が示されるであろう。最後の第六部では、著者が自然の探求においてさらに前進するために必要だと考えるものはなんであるか、彼に著述をさせた理由は何か、が示されるであろう。

第一部

良識はこの世で最も公平に配分されているものである。というのは、だれもかれもそれを十分に与えられていると思っていて、他のすべてのことでは満足させることのはなはだむずかしい人々でさえも、良識については、自分がもっている以上を望まぬのがつねだからである。そしてこの点において、まさかすべての人が誤っているとは思われない。むしろそれは次のことを証拠だてているのである。すなわち、よく判断し、真なるものを偽なるものから分かつところの能力、これが本来良識または理性と名づけられるものだが、これはすべての人において生まれつき相等しいこと。したがって、われわれの意見がまちまちであるのは、われわれのうちのある者が他の者よりもより多く理性をもつから起こるのではなく、ただわれわれが自分の考えをいろいろちがった途《みち》によって導き、また考えていることが同一のことでない、ということから起こるのであること。というのは、よい精神をもつというだけでは十分ではないのであって、たいせつなことは精神をよく用いることだからである。最も大きな心は、最も大きな徳行をなしうるとともに、最も大きな悪行をもなしうるのであり、ゆっくりとしか歩かない人でも、もしいつもまっすぐな途をとるならば、走る人がまっすぐな途をそれる場合よりも、はるかに先へ進みうるのである。

私はどうかといえば、自分の精神が、いかなる点でも、普通の人より完全であるなどと思ったことはない。それどころか、私はたびたび、ほかの人々のもっているような、すばやい考えを、はっきりしてまぎれのない想像を、内容豊かな、またすぐにこたえてくれる、記憶を、もちたいと望んだものである。そして精神の完全性をつくる性質としては、うえの諸性質以外のものを私は知らない。というのは、（うえにあげなかった）理性すなわち判断力のほうは、それのみがわれわれを人間たらしめわれわれを動物から分かつところのものであるゆえに、めいめいに完全な形でそなわっていると、私は考えたいのであり、この点では哲学者たち（スコラ哲学者たち）の普通の意見に従いたいのだからである。彼らの考えでは、同じ種 espèce に属する個体 individus において、それらのもつもろもろの偶有性 accidents の間にのみ、より多いとかより少ないとかいうことが存するのであって、それら個体の形相 formes すなわち本性の間には、多少ということは存しないのである。

　しかしながら私にもはばかりなくいえることがある。それは、自分はたいへん運がよかったと思っている、ということだ。すなわち年少のころにはや、ある途を見つけだし、それによっていくつかの見解と格率とに導かれ、これらから私は一つの方法をつくりあげたのである。その方法というのは、それによって私の認識をだんだんに増し、少しずつ高めて、ついには、私の凡庸な精神と私の短い生涯《しょうがい》とをもって私の認識が達しうる最高点にまでいたりうる、と思われるような、方法である。というのは、私はすでにその方法をもって幾多の成果を得ているのであって、たとえ私が自分についてくだす判断ではいつも自負よりはむしろ不信のほうへ傾こうとつとめているにせよ、また哲学者の眼をもって人みなのさまざまな行動や事業をながめるとき、ほとんどすべてが空《むな》しく無益なもののように私には見えるにせよ、真理の探求において私がすでに果たしたと考える進歩には、私はやはりこのうえない満足を感ぜざるをえず、未来に対しても大きな希望をいだかざるをえないのであって、たんなる人間としての人間の仕事（宗教以外のすべて）の中でまちがいなく善で有益なものが何かあるならば、それこそ私の選んだ仕事だ、とあえて考えるほどなのだからである。

しかしながら、もしかすると、私はまちがっているのかもしれない。私が金やダイヤモンドだと思っているものが、ひょっとすると銅やガラスのかけらにすぎぬのかもしれない。自分自身に関する事がらについてはわれわれはまことに誤りやすいこと、また友だちの判断がわれわれにつごうのよいものである場合、それはまことに疑うべきであることを、私は知っている。しかし私はこの序説において、私のとってきた途がいかなるものであるかを示し、私のいままでの生活を、いわば一枚の画として描いて、めいめいそれについて判断してもらい、世間のうわさからそれについての人々の意見を知り、これを、自分を教育するための一つの新たな手段として、いままでつねに用いてきたものにつけ加えたいのである。

それゆえ私の企ては、各人がその理性をよく導くためにとるべき方法をここで教えようとすることではなく、ただいかなるしかたで私が自分の理性を導こうとつとめてきたかを示すだけのことなのである。他人に教訓を与える役を買ってでる者は、教訓を与える相手よりも有能だと自任しているはずであり、もし彼自身ほんの少しでも落度があれば、そのため当然非難を受けねばならない。しかし私は、この書物を一つの歴史として、またはお望みならば一つの寓話《ぐうわ》として、示すだけであり、その中には模範として倣《なら》ってよいいくらかのことどもに、従わぬほうがよいと思われる多くの他のこともたぶん見いだされるであろうことはもちろん承知なのだから、私はこれが、ある人々にとっては有益であってしかもだれにも有害ではないであろうということを、かつ、すべての人が私の率直さを満足に思ってくれるであろうということを、期待するのである。

私は幼少のころから文字の学問で育てられ、それによって、人生に有用なあらゆることの、明晰《めいせき》で確実な認識を得ることができるといいきかされていたので、それを学ぼうという非常な熱意をいだいていた。しかしながら、学業の課程を全部終えて、人なみに学者の仲間に入れられるやいなや、私の考えはまったく変わった。なぜなら私は多くの疑いと誤りとに悩まされ、知識を得ようとつとめながらかえっていよいよ自分の無知をあらわにしたというほかには、なんの益も得られなかったように思われたからである。しかしそうはいうものの、私がいたのはヨーロッパの最も有名な学校の一つ（ジェズイットの建てたラフレーシの学院）であり、この地上のどこかに学識ある人がいるのならば、ここにこそいるはずだ、と私は思っていた。ここでほかの人々の学ぶことはすべて私も学んだ。のみならず、教えられる学問だけでは満足せず、きわめて秘術的な、世のつねならぬものと考えられている学問（占星術・手相術・魔術のたぐい）を説いた書物でさえ、私の手に入れえたかぎりのものにはすべて目を通した。なおまた私には、他人が私をどう評価しているかもわかっていたのであり、私の仲間の学生たちのうちには、私たちの先生のあと継ぎに定められていた者もすでにいたのだけれども、そうかといって私が仲間より劣ると見られているとは思わなかったのである。そしてさらにつけ加えれば、われわれの時代は前のいかなる時代にも劣らずはなばなしい時代であって、多くのすぐれた人々を生みだしているのである。そこでこれら数々の理由から私は、自分自身をもとにしてほかのすべての人のことを判断してもかまわぬ、また以前に人から聞いて得たいと思ったような学問は、まだこの世の中に存在していなかったのだと考えてもかまわぬ、という気になったのである。

　しかしながら、それでも私は、学校でする勉強をやはりたいせつだとは思っていた。私はよく心得ていた——学校で学ばれる諸言語（ギリシア語・ラテン語など）が古代の書物を理解するために必要であること。寓話のおもしろさは精神をよびさますということ。歴史の物語る目ざましいできごとは精神を高めるものであり、慎重に読むなら歴史は判断力を養う助けとなること。すべての良書を読むことは、それらの著者であるところの、過去の時代の最もすぐれた人々との、いわば談話であり、しかも彼らがその思想の最上のものをわれわれに示してくれる、よく準備された談話なのであること。雄弁は比類ない力強さと美しさとをもつこと。詩はまことに心を奪うような、うまい着想と快い文句とをもつこと。数学はきわめて巧みなくふうの数々を示し、これらのくふうは、学問好きな人をよろこばすためにも、またあらゆる技術を容易にして人間の労苦を減らすためにも、大いに役にたつこと。道徳を論じた書物は、教訓と徳のすすめとの多くを含み、これははなはだためになるものであること。神学は天国に至る道を教えること。哲学はあらゆることについてまことしやかな話をし、学浅い人々の賞賛を博する手段を与えること。法学や医学その他の学問は、それを学ぶ人々に名誉と富とをもたらすということ。そして最後に、これらの学問について、その最も迷信的で偽り多きものについてさえ、それらの正しい価値を知りそれらに欺かれぬようにするために、このようにすべてを吟味し終えたことは、無益ではなかったということ。

しかしながら私は、諸言語を学ぶことに、また古い書物を読むことに、それの語る歴史や寓話に、もはや十分な時を費やした、と考えていた。というのは、前の時代の人々と語ることは、旅をすることと、いわば同じことだからである。(旅にでて)種々ちがった国民の習俗のいくらかを知ることは、われわれ自身の習俗についていっそう健全な判断をくだすためにも、また物を見たことのない人がよく考えるように、われわれのやり方に反することはすべて滑稽《こっけい》であり理性に反しているなどと、思わぬようになるためにも、有益ではある。けれども旅行に時を費やしすぎると、けっきょく自分の国では他国者のようになってしまう。同様に過去の時代に行なわれた事がらにあまり興味をもちすぎると、いまの時代に行なわれている事がらに対しては、たいていきわめて無知な状態にとどまってしまうものである。そのうえまた、寓話は、実際ありえぬ多くのことを、ありうるかのように想像させるし、また歴史はその最も忠実なものでさえ、たとえそれらが読みがいを増すために事物の価値を変えたり増したりはせぬとしても、少なくとも、比較的つまらぬ、あまり映《は》えない事情は省略するのが、ほとんどつねのことである。そこで、残りの部分は、そのあるがままの形では示されていないことになり、歴史から得た模範によって自分の行動を律する人々は、われわれの物語にでてくる騎士のようなとっぴなふるまいにおちいったり、自分の力をこえたもくろみを心にいだくようになったりしがちなのである。

私は雄弁をたいへん尊重し、詩には夢中になっていた。しかし私は両者がいずれも、学んで得られるものであるよりは、むしろ生まれつきの才能である、と思った。きわめて強い推理力をもち自分の思想を最もよく秩序づけて、それを明晰にかつ理解しやすくしうる人々は、たとえ彼らがブルターニュ海岸の方言しか語らず、修辞学を一度も習ったことがなくとも、自分の述べるところをいつも最もよく人々に納得させうるのである。そして最も人の気に入る着想をもち、多くの美しい文句やうまい文句でそれを表現しうる人々は、たとえ詩学を知らなくとも、やはり最上の詩人であることに変わりはないのである。

私はとりわけ数学が気に入っていた。それの推理の確実性と明証性とのゆえに。しかし当時はまだそれのほんとうの用途をさとってはいなかった。そしてそれが機械的技術にのみ役だてられていることを思っては、その基礎がこのようにしっかりして動かぬものであるにもかかわらず、いままでその上にもっと高い建物をだれも建てなかったことをふしぎに思っていた。数学とは反対に、私は道徳を扱った古代異教徒たち（ストア派の哲学者たち）の著書を、砂と泥との上に建てられたにすぎぬ、きわめて豪奢《ごうしゃ》な壮麗な宮殿にたとえていた。彼らは徳を大いに賛美し、世のすべてのものより尊いものだと思わせる。しかし彼らは、いかにして徳を認識すべきかを、十分には教えてくれない。そして多くの場合、彼らが徳というりっぱな名でよんでいるものは、冷酷あるいは傲慢《ごうまん》あるいは絶望あるいは親族殺し（ブルートゥスがわが子の死刑にたちあったなど）にすぎないのである。

私はわれわれの神学を尊敬していた。そして他のだれにも劣らず天国に至りたいと望んでいた。しかしながら、天国への道が、最も無知な人々にも、最も学識ある人々にと同様に、開かれているということを学び、かつわれわれを天国に導くところの、啓示された真理というものが、われわれの理解をこえたものであることを学んだのちは、それらの真理を私の弱い推理力によって支配しようとは、考えなくなった。それらの真理の吟味を企てて功を収めるには、神から与えられる異常な助力を必要とし、人間以上のものにならねばならないのだ、と考えた。

哲学については次のことだけいっておこう。それが幾代もの間に現われた、最もすぐれた精神をもつ人々によって研究されてきたにもかかわらず、いまだに、論争の余地のない、したがって疑いをいれる余地のないような事がらが、何一つ哲学には存しないのを見て、私は自分がほかの人々よりもうまくやれるなどという自負心をもちえなかったということ。そして同一の問題については、真実な意見は一つしかありえないはずであるのに、事実はまことに多くのちがった意見が行なわれ、それがそれぞれ学識ある人々によって主張されているのを見て、私は、真実らしくあるにすぎぬ事がらのすべてを、ほとんど偽なるものとみなしたということ。

次に、その他の学問についていえば、それらは原理を哲学から借りているのであるから、あのようにあやふやな基礎の上には堅固な建物が建てられうるはずはない、と判断した。そしてそれらの学問が約束する、名誉も利得も、私をさそってそれらを学ばせるにはたりなかった。というのは、私は、ありがたいことに自分の財産の費《つい》えを減らすために学問を職業としなければならぬような、境遇にあるとは感じなかったからである。そして私はキュニコス派の哲学者にならって名誉を軽んじて得々とすることはなかったけれども、しかしにせものを本物と見せかけることによってしか得られないと思われるような名誉を、重んずるなどということはけっしてなかったのである。そして最後に、かのあやしげな学説はといえば、私はすでにその正体を知っていて、もはや錬金術士の約束によっても、占星術士の予言によっても、魔術師の幻術によっても、また自分の知らぬことまで知っているといいたてる者どもの手管やほら話によっても、欺かれる心配はないと思っていた。

こういうわけで私は、成年に達して自分の先生たちの手から解放されるやいなや、書物の学問をまったく捨てたのである。そして、私自身のうちに見いだされうる学問、あるいはまた世間という大きな書物のうちに見いだされうる学問のほかは、もはやいかなる学問も求めまいと決心して、私は私の青年時代の残りを旅行に用い、あちらこちらの宮廷や軍隊を見、さまざまな気質や身分の人々を訪れ、さまざまな経験を重ね、運命が私にさしだすいろいろな事件の中で私自身を試そうとし、いたるところで、自分の前に現われる事物について反省してはそれから何か利益を得ようとつとめたのであった。というのは、めいめいが、自分にとってはたいせつで、判断を誤ればすぐにその結果によって罰せられるほかないような事がらについて、なすところの推理の中には、学者が書斎でたんなる理論についてなす推理の中によりも、はるかに多くの真理を見つけだせると私には思われたからである。学者の求めるたんなる理論は、なんの結果をも生まないものであって、それが常識からかけ離れていればいるほど、それをまことらしく見せかけようとして、それだけ多くの機知と技巧とを用いねばならなかったわけだから、そこから学者がとりだす虚栄心の満足もまたそれだけ大きい、というほかには、なんの益をも彼にもたらさないものなのである。かくて私は、私の行動において明らかに見、確信をもってこの世の生を歩むために、真なるものを偽なるものから分かつすべを学びたいという、極度の熱意をつねにもちつづけた。

さて私がほかの人々の行動を観察するのみであった間は、私に確信を与えてくれるものをほとんど見いださず、かつて哲学者たちの意見の間に認めたのとほとんど同じ程度の多様性をそこに認めたことは事実である。したがって、私が人々の行動の観察から得た最大の利益はといえば、多くのことがわれわれにとってはきわめて奇矯《ききょう》で滑稽《こっけい》に思われるにもかかわらず、やはりほかの国々の人によって一般に受け入れられ是認されているのを見て、私が先例と習慣とによってのみそうと思いこんだにすぎぬ事がらを、あまりに固く信ずべきではない、と知ったことであった。かくて私は、われわれの自然の光（理性）を曇らせ、理性に耳を傾ける能力を減ずるおそれのある、多くの誤りから、少しずつ解放されていったのである。しかしながら、このように世間という書物を研究し、いくらかの経験を獲得しようとつとめて数年を費やしたのち、ある日私は、自分自身をも研究しよう、そして私のとるべき途を選ぶために私の精神の全力を用いよう、と決心した。そしてこのことを、私は、私の祖国を離れ私の書物を離れたおかげで、それらから離れずにいたとした場合よりも、はるかによく果たしえた、と思われる。

第二部

当時私はドイツにいた。そこでいまなお（一六三七年）終わっていないあの戦争（三十年戦争。一六一八～四八）に心ひかれて私はそこへ行っていたのである。そして皇帝の戴冠式[*1]を見たのち、軍隊に帰る途中、冬がはじまってある村にとどまることになったが、そこには私の気を散らすような話の相手もおらず、また幸いなことになんの心配も情念も私の心を悩ますことがなかったので、私は終日炉部屋にただひとりとじこもり、このうえなくくつろいで考えごとにふけったのであった。さてそのとき考えた最初のことどもの一つは、多くの部分から組み立てられ多くの親方の手でできた作品には、多くの場合、ただひとりが仕上げた作品におけるほどの完全性は見られない、ということをいろいろな方面からよく考えてみようと思いついたことであった。たとえば、ただひとりの建築家が設計し完成した建物は、ほかの目的のためにつくられた古い城壁などを利用することによって、多くの人の手でとりつくろわれてできあがった建物よりも、美しくまた秩序だっているのがつねである。同様にまた、はじめ城下町にすぎなかったのが時がたつにつれて大きな町となったところの、古い都市は、ひとりの技師が平野の中で思いのままに設計してつくった規則正しい町にくらべると、たいていは全体のつりあいがとれておらず、なるほどその中の建物を一つ一つ別々に見れば、新しい町の建物に見られると同じくらいの、あるいはそれ以上の巧みが見いだされはするけれども、しかしそれらの建物が、ここには大きいのが、あちらには小さいのが、というふうに並んでいるのを見、またそのために街路が曲りくねり高低《たかひく》になっているのを見ると、それらをそのように並べたものは、理性を用いる人間の意志であるよりはむしろ偶然である、といいたくなる。しかしそれでも、私人の建物を町全体の美観に役だてるために監視する任務をもった役人が、どの時代にもいた、ということを考えると、他人の作品に手を加えるだけでは、できのよいものをつくりだすことがむずかしい、ということはよくわかるであろう。同様にまた私はこうも考えた、昔はなかば野蛮の状態にありそののち徐々にしか開化せず、その法律を、犯罪や争いのわずらいに強《し》いられてのみつくってきた国民は、寄り合った最初から、ある賢明な立法者のつくった憲法を守ってきた国民ほどには、よく治められていることはありえないであろう、と。それは、神のみがもろもろの掟《おきて》を命じたところの、真の宗教のもつ体制が、あらゆる他の体制よりも、比較にならぬほどよく秩序づけられているにちがいない、のと同様である。そして人間世界のことをいえば、スパルタがその昔大いに栄えたのは、その法律の一つ一つがすぐれていたゆえではなく「それらの多くはきわめて奇妙なものであって、良俗に反してさえもいたから」、それらの法律がただひとりの手でつくられたもの（リュクルゴスの立法）であるために、すべて同一の目的に向かっていたからである。同様にしてまた私はこうも考えた、書物による学問、少なくともその推理が蓋然的《がいぜんてき》であるにすぎず、なんらの論証をもたないところの学問は、多くのちがった人々の意見から少しずつ組み立てられひろげられてきたものであるから、良識あるひとりの人が、眼の前に現われる事がらに関して、生まれつきのもちまえでなしうる単純な推理ほどには、真理に近くありえない、と。同様にまた私はこうも考えた、われわれはすべて一人前の人間であるまえに子供であったのであり、長い間われわれの自然的欲望と教師とに支配されねばならなかったが、これら二つのものはしばしば互いに反対しあい、それらのいずれも、いつでも最善のものをわれわれに選ばせたとはいえないのであるから、われわれの判断は、われわれが生まれたはじめからわれわれの理性の完全な使用ができてただ理性によってのみ導かれてきたとかりに考えてみた場合ほどには、純粋であり確実であることは、ほとんど不可能なのである。

　町の建物をつくりかえ街路をいっそうりっぱにしようという計画だけのために、あらゆる建物をとりこわすなどということが見うけられないのは事実である。しかしながら、多くの人が自分の家を建てかえるためにこわさせることはよくあるし、家がひとりでに倒れそうになっていたり土台が十分しっかりしていない場合には、とりこわさざるをえぬことさえときにはあるものだ。こういう例を考えて私は、次のような信念をもつようになったのである。一私人が、一国のすべてを土台からつくりかえ、それをいったんくつがえして建て直すというようなやり方で、国を改革しようと計画することは、まことに不当なことであり、またそれほどのことでなくとも、もろもろの学問の組織を、あるいは学校でもろもろの学問を教えるために定められている秩序を、改革しようとすることすらも、一私人の計画すべきことではないであろう。しかしながら、私がいままで自分の信念のうちに受け入れたすべての意見に関しては話は別であって、一度きっぱりと、それらをとり除いてしまおうと企てること、そしてそうしたうえでふたたび、ほかのいっそうよい意見をとり入れるなりあるいは前と同じ意見でも一度理性の規準によって正しくととのえたうえでとり入れるなりするのが、最上の方法なのである。そしてこの方法をとることによって私は、自分がただ古い土台の上に建てたにすぎなかった場合よりも、また幼いときに教えこまれた諸原理のみを、それが真理であるかどうか一度も吟味せずに、自分のよりどころとした場合よりも、はるかによく私の生活を導くことに成功するであろう、とかたく信じたのである。なぜなら、この仕事においてもさまざまな困難が認められはしたけれども、しかしそれらには対策がないわけではなかったし、またその困難は、公の事がらに関する、ほんのわずかな改革のうちにでも見いだされる困難とは、比較にならず小さなものなのであるから。公の組織という、これら大規模な建物のほうは、いったん倒されると、また建て直すことがあまりにもむずかしく、それどころか、ゆり動かされてもちこたえるということさえむずかしく、その倒壊はまことにひどい結果を生まざるをえない。そしてまた、これら組織のもつ不完全性について考えてみると、いったいそれらが種々異なった形をもつという事実がすでに、それらの多くが不完全性をもつことを思わせるに十分なのであるけれども、しかしいろいろ不完全なところはあってもそれらは、明らかに慣習というものによって、大いに和らげられているのである。のみならず慣習は、不完全性の数々を知らず知らずの間にとり除いたり改めたりさえもしているのであって、われわれが知恵をしぼっても、こううまくはゆかぬと思われるほどである。また最後に、そういう不完全性はたいていは建物の変革よりも辛抱しやすいものである。あたかも山々の間をうねりくねって行く本道が、人の通るにつれて少しずつ平らに歩きやすくなり、近道をして岩をよじのぼったり崖《がけ》の下まで降りたりするよりは、その本道を行くほうがはるかによい、のと同様である。

このゆえに私は、生まれついた身分からいってものちに得た地位からいっても公事をつかさどることを求められていないのに、いつも頭の中で何か新たな改革を考えることをやめない、ですぎたおちつかぬ気質の人々を、どうしても是認しえないのである。そしてこの書物の中に、そういう愚かな考えを私がもっているかと人に思わせるような点が少しでもあると思ったのなら、私はこの書物の公刊をゆるすなどという気にけっしてならなかったであろう。私の計画は、私自身の考えを改革しようとつとめ、まったく私だけのものである土地の上に家を建てようとすること以上におよんだことはけっしてない。私のやったことが私には十分満足すべきものであって、ここにその模型を読者に示すとしても、だからといってそれに倣《なら》うことを人にすすめようとするつもりなのではない。神の恩寵《おんちょう》をさらに豊かにめぐまれた人ならば、たぶんもっと高い計画をいだくことであろう。しかし私は、私のこの計画でさえもすでに、多くの人にとっては大胆すぎるのではないかとあやぶむのである。以前に自分の信念のうちに受け入れたあらゆる意見を捨てようという決心だけでも、だれでもが倣ってよい例ではない。世間は、そういうことにまったく適しない二種類の人々からのみ成っているといってもよいほどなのである。すなわちその一つは、自分を実際よりもずっと有能であると思いこんでいて、何ごとについても早まった判断をくだすのを控ええず、自分のすべての思想を順序正しく導くにたるだけの忍耐をもたぬ人々である。そういう人々は、いままで受け入れた原理について疑い、普通の道から離れる、という自由をひとたび手に入れると、いっそうまっすぐに行くためにとらねばならぬ小径《こみち》をもけっしてたどることができず、一生涯あちらこちらをさまよいつづけるであろう。第二は、自分たちが、真を偽から分かつ能力において、自分たちを教えうるあるほかの人々よりも劣っている、と判断するだけの理性あるいは謙遜《けんそん》さをもっている人々であって、こういう人々は自分自身でいっそうよい意見を求めるよりは、ほかの人の意見に従うことに、むしろ満足すべきなのである。

ところで私のことをいえば、もし私がただ一人の先生しかもたなかったならば、あるいはまたえらい学者たちの意見がいつの時代でも種々異なっていたのを知るにいたらなかったならば、私は疑いもなく第二の種類の人間に数えられたであろう。しかし私は、すでに学校時代に、どんな奇妙で信じがたいことでも哲学者のだれかがすでにいっているものだ、ということを知った。またその後旅にでて、われわれの考えとはまったく反対な考えをもつ人々も、だからといって、みな野蛮で粗野なのではなく、それらの人々の多くは、われわれと同じくらいにあるいはわれわれ以上に、理性を用いているのだ、ということを認めた。そして同じ精神をもつ同じ人間が、幼時からフランス人またはドイツ人の間で育てられるとき、かりにずっとシナ人や人喰《く》い人種の間で生活してきたとした場合とは、いかに異なった者になるかを考え、またわれわれの着物の流行においてさえ、十年前にはわれわれの気に入り、またおそらく十年たたぬうちにもう一度われわれの気に入ると思われる同じものが、いまは奇妙だ滑稽だと思われることを考えた。そしてけっきょくのところ、われわれに確信を与えているものは、確かな認識であるよりもむしろはるかにより多く習慣であり先例であること、しかもそれにもかかわらず少し発見しにくい真理については、それらの発見者が一国民の全体であるよりもただひとりの人であるということのほうがはるかに真実らしく思われるのだから、そういう真理にとっては賛成者の数の多いことはなんら有効な証明ではないのだ、ということを知った。こういう次第で私は、他をおいてこの人の意見をこそとるべきだと思われるような人を選ぶことができず、自分で自分を導くということを、いわば、強いられたのである。

しかし私は、ただひとり闇《やみ》の中を歩む者のようにゆっくりと行こう、すべてに細心の注意をはらおう、と決心した。そしてそうすれば、たとえ少ししか進めなくとも、せめて倒れることだけはまぬがれるだろう、と考えた。のみならず私は、理性に導かれずに前から私の信念の中へはいりこんでいた意見のどれをも、はじめから一挙に投げ捨てようとは思わなかった。それに先だち、まず十分な時間を費やして、自分の企てる仕事の計画を立て、自分の精神が達しうるあらゆる事物の認識にいたるための、真の方法を求めようとしたのである。

私はまだ若いときに、哲学の諸部門のうちでは論理学を、数学のうちでは幾何学者の解析と代数とを、少しばかり学んでいた。そしてこれら三つの技術あるいは学問は、私の計画にいくらか役だつはずだと思ったのである。しかしそれらを吟味してみると、まず論理学については、次のことが気づかれた。すなわち、それの示す三段論法やその他の教えの大部分は、ものを学ぶためによりはむしろ、すでに自分が学び知っていることを他人に説明するために、役だつのであり、あるいはまた、かのルルスの術*2のように、みずからの知らない事がらについて、なんの判断もせずに、ただしゃべるというために、役だつものである、と。そして論理学には実際きわめて真できわめて善なる多くの規則が含まれてはいるが、同時にそれと混ざって、有害ないしは無用な多くの他の規則がそこにはあり、それら善《よ》いほうの規則を悪いものから分離することは、まだ荒削りもしてない大理石のかたまりからディアナの像やミネルヴァの像を刻みだすこととほとんど同じくらいむずかしいのである。次に、古代人の解析[*3]と近代人の代数[*4]とについていえば、それらはいずれも、きわめて抽象的でなんの役にもたたぬと思われる問題にのみ用いられているばかりでなく、前者すなわち古代人の解析のほうは、つねに図形の考察に縛られていて、想像力を大いに疲労させることなしには悟性をはたらかせえないのである。また後者すなわち近代人の代数においては、人々はある種の規則とある種の記号とにひどくとらわれていて、それを、精神を育てる学問どころか、むしろ精神を悩ますところの、混乱した不明瞭《ふめいりょう》な技術にしてしまっているのである。こうしたことから私は、これら三つの学問の長所を兼ねながら、その欠陥をまぬがれているような、何か他の方法を求めねばならぬと考えた。そしてたとえば、法律が多くあることはしばしば悪行に口実を与えるものであり、国家はわずかの法律しかもたず、しかもそれがきわめて厳格に守られている場合のほうが、はるかによく治まっているのであるから、私は、論理学を構成するあの多数の規則の代わりに、たとえ一度でもそれからはずれまいという固い不動の決心をさえするならば、次に述べる四つの規則で十分である、と信じた。

　第一は、私が明証的に真であると認めたうえでなくてはいかなるものをも真として受け入れないこと。いいかえれば、注意深く速断と偏見とを避けること。そして、私がそれを疑ういかなる理由ももたないほど、明晰にかつ判明に、私の精神に現われるもの以外の何ものをも、私の判断のうちにとり入れないこと。

第二、私が吟味する問題のおのおのを、できるかぎり多くの、しかもその問題を最もよく解くために必要なだけの数の、小部分に分かつこと。

第三、私の思想を順序に従って導くこと。最も単純で最も認識しやすいものからはじめて、少しずつ、いわば階段を踏んで、最も複雑なものの認識にまでのぼってゆき、かつ自然のままでは前後の順序をもたぬものの間にさえも順序を想定して進むこと。

最後には、何ものも見落とすことがなかったと確信しうるほどに、完全な枚挙と、全体にわたる通覧とを、あらゆる場合に行なうこと。

幾何学者たちが彼らの最も困難な証明に到達するために用いるのをつねとする、まったく単純な容易なもろもろの推理の、あの長い連鎖は、私に次のようなことを考える機縁を与えた。すなわち、人間の認識の範囲にはいりうるすべての事物は、同様なしかたで互いにつながっているのであって、それら事物のうち、真ならぬいかなるものも真として受け入れることなく、かつそれら事物のあるものを他のものから演繹《えんえき》するに必要な順序をつねに守りさえするならば、いかに遠く隔たったものにでもけっきょくは達しうるのであり、いかに隠されたものでもけっきょくは発見しうるのである、ということ。そしてこのときどのようなものからはじめねばならぬかをたずねるのに、私はたいして手間どらなかった。

なぜならば、私はすでに、それが最も単純で最も認識しやすいものからはじめるべきであることを知っていたから。そしてそれまでに学問において真理を探求したすべての人々のうちで、いくつかの論証を、すなわちいくつかの確実で明証的な推理を見いだしえた者は、ただ数学者のみであったことを考えて、私は数学者が吟味したのと同一の問題をもってはじめるべきだということを疑わなかった。もっとも、私がそういう数学の問題から得ようと期待したのは、私の精神がいつも真理を糧《かて》とし、偽りの推理には甘んじないという習慣を得る、ということだけであったが。しかしながら、このように数学からはじめねばならぬといっても、私は、数学という共通の名によって指示される数々の個々の学問のすべてを学ぼうと企てたわけではない。そして、これら学問の対象は種々異なってはいるものの、それら学問は、対象において見いだされるさまざまな関係すなわち比例[*5]のみを考察するという点において、すべて一致しているのを認めて、私は次のようにするのがよいと考えた。すなわち、これらの比例のみを一般的に吟味すること、しかもそういう比例の認識を私にとっていっそう容易にするに役だつような対象においてのみ、その比例を想定すること、しかもまたその比例をいつまでもその対象にのみ結びつけておくのではなく、それが適合しうる他のすべての対象にも、のちにいっそううまく適用しうるようにすることである。次に、そのような比例を認識するためには、あるときはそれを一つ一つ別々に考察する必要があり、またあるときはただそれらを心にとどめる、いいかえればそれらの多くを一度に把握《はあく》する必要があるだろうことに気づいたので、私はこう考えた。まず、それらを個別的に、いっそうよく見るためには、私はそれらを線において規定すべきであること。なぜなら線以上に単純なものは私には見つからなかったし、また線以上に判明に私の想像と感覚とに示しうるものはなかったからである。しかし次に、それら比例を心にとどめる、いいかえればそれらの多くを一度に把握するためには、私はそれらを、できるかぎり短いある種の記号によって示さねばならないこと。そしてこういうふうにすることによって、幾何学的解析と代数とのあらゆる長所を借り、しかも両者のあらゆる欠点を矯正《きょうせい》することになる、と私は考えた。

そして実のところ、遠慮なくいってしまえば、私が選んだこれらわずかの規則を正確に守ることによって、私はうえの二つの学問の範囲に含まれるあらゆる問題を容易に解く能力をわがものにしたのである。そしてこれらの学問を吟味するに費やした二、三ヵ月の間に、私は最も単純な最も一般的な問題から手をつけたのだが、私が一つの真理を見いだすと、それが必ずさらに他の数々の真理を見いだすための規則として役だったから、けっきょく私は、以前たいへんむずかしいと思っていた多くの問題（三次四次の方程式の解、接線の問題など）を解くことができたばかりでなく、最後には、私がまだ知らなかった問題についてさえも、どういうふうにすれば、どの程度にまで、それらを解くことが可能であるかを、決定しうるように思われたのである。しかしこのようなことをいうと、いかにも私が、事実ありえぬことを誇大にいっているかのように思われるかもしれぬが、それがそうでないことは、次の点を考えて、おそらく認めてもらえるであろう。すなわち一つのことについてはただ一つの真理しかありえないのであるから、その真理を見つけた人はだれでも、そのことについてはもはや人の知りうるかぎりのことを知っているのであって、たとえば子供が算術を心得ていて、その規則に従って加え算を行なった場合、その子供は、彼が問題としている数和については、およそ人間精神の見いだしうるすべてのことを見いだしたのだと確信しうるのである。というのは、けっきょくのところ、真実な順序を守り、かつ、求めるもののあらゆる条件を正確に枚挙すべし、と教えるところの方法こそ、算術の規則に確実性を与えるところのすべてを含むものなのだからである。

しかしこの方法が私を最も満足させた点は、この方法により、私はすべてにおいて私の理性を、完全にではなくとも、少なくとも私のできるかぎりにおいて最もよく、用いているのだと確信しえたことであった。さらにまた、この方法を用いることによって、私の精神がその対象をいよいよ明晰に判明に考える習慣を少しずつ獲得してゆくと感じたことであり、また、その方法をなんらかの特殊な問題にかぎったのではないゆえに、それを代数の問題に用いた場合と同様に有効に、他の学問の問題にも用いうると期待できたことである。しかしながら、だからといって私は、はじめから、そういう学問の提出する問題のすべてを残りなく吟味しようなどと企てたわけではない。というのは、そのようなことをすればそれこそ方法の命ずるところの順序に違反することになるからである。それら学問の原理はすべて哲学に由来するものであるはずであること、しかも哲学においては私はまだ何も確実なものを見いだしていないこと、に注意して、私は何よりもまず哲学において確実な原理をうちたてることにつとむべきだと考えた。そしてこのことは世に最もたいせつなことであって、しかもそれにおいては速断と偏見とを最も恐れねばならないのであるから、当時二十三歳であった私は、もっと成熟した年齢にいたったうえでなければ、そういうことの結着をつけようなどと企てるべきではないと考えた。そしてまた、私の精神から、それまでに受け入れていたあらゆる誤った意見を根こそぎとり除き、かつ多くの経験を集めて、のちに私の推理の材料となるようにし、また私がみずからに課した方法をいよいよしっかり身につけるためにそれをたえず用いもして、あらかじめ多くの時を準備のために費やしたうえでなければならないと考えた。

＊1　一六一九年、フランクフルト・アム・マインでのドイツ皇帝フェルディナント二世の戴冠式。
＊2　ライムンドゥス・ルルス（一二三五〜一三一六）の説いた一種の概念結合法。
＊3　ギリシアの幾何学で、おもに作図題について、これから求める図形をかりにすでに得られたと仮定して、その条件にさかのぼる方法。
＊4　新たにアラビア人から伝えられた代数的方法で、やはり、求める量を既知と仮定して、方程

式をつくって進む方法。

＊5　原語は rapports ou proportions だが、せまい意味で「比または比例」というのでなく、順序関係と大小相等の量的関係の両方を含めて、関係とか比例とかいうのである。

第三部

さて最後に、自分の住む家の建て直しをはじめるに先だっては、それをこわしたり、建築材料や建築家の手配をしたり自分で建築術を学んだり、そのうえもう注意深く設計図が引いてあったりする、というだけでは十分でなく、建築にかかっている間も不自由なく住めるほかの家を用意しなければならないのと同様に、理性が私に対して判断において非決定であれと命ずる間も、私の行動においては非決定の状態にとどまるようなことをなくするため、そしてすでにそのときからやはりできるかぎり幸福に生きうるために、私は暫定的にある道徳の規則を自分のために定めた。それは三つ四つの格率からなるものにすぎないが、それらを読者にも伝えておきたい。

第一の格率は、私の国の法律と習慣とに服従し、神の恩寵《おんちょう》により幼時から教えこまれた宗教をしっかりともちつづけ、ほかのすべてのことでは、私が共に生きてゆかねばならぬ人々のうちの最も分別ある人々が、普通に実生活においてとっているところの、最も穏健な、極端からは遠い意見に従って自分を導く、ということであった。というのは、いまや私自身の意見をすべて吟味にかけようとして、それらはもはやなんの価値もないと見はじめているのであるから、最も分別ある人々の意見に従うのが最もよいと信じたのである。そしてペルシア人やシナ人の間にも、われわれの間においてと同じく、分別ある人々がたぶんいるであろうけれども、やはり、私が共に生きねばならぬ人々の考えに従って私を律することが最も有益であると思われた。そしてまた、それら分別ある人々の意見が、真実にはどういうものであるかを知るためには、彼らが口にするところよりはむしろ彼らが実際に行なうところに注意すべきであると思われた。これは、われわれの道徳が退廃していて、みずから信ずるところをすべて口にだそうとする人はほとんどなくなっている、という理由によるばかりでなくて、いったい多くの人は自分が信ずるところを自分でも知らない、という理由にもよるのである。というのは、人があることを信ずるときの思考のはたらきは、自分があることを信ずることを知るときの思考のはたらきとは、異なるものであって、前者が後者をともなわぬことはたびたびあるからである。さらに私は、等しく世に受け入れられている多くの意見のうちでは、その最も穏健なもののみを選んだが、これは、一つには、あらゆる極端は悪いものであるのがつねであって、どのような場合にも穏健な意見のほうが実行するにいっそう便利であり、おそらくいっそう善《よ》いものであるからであり、また一つには、私がまちがう場合にも、穏健な意見をとっているほうが、両極端の一つを選んだのちにそのもう一方をとるべきだったとわかった場合よりは、ほんとうの道からそれることが少なくてすむだろうからである。そして私は特に、あとになって自分の考えを変える自由を多少とも失うことになるところの、約束というものを、すべて極端なことのうちに数えたのである。ただし、だからといって私は、約束というものを是認しているあのさまざまな法律を、不当とする者ではない。そういう法律は、人々が何か善い計画を心にいだいたときには（たとえば宗教上の発心）、弱い心の移り気を防ぐために、あるいはまた人々が別に善くも悪《あ》しくもない計画をいだく場合にさえも（たとえば商取引）、取引の安全を期するために、人々にそれら計画をもちつづけるよう強制するところの、誓いとか契約とかを、行なうことをゆるしているのであるが、私はそういう法律を不当とするのではない。私が約束というものを退けるのは、この世の中ではいかなるものもつねに同じ状態にとどまることがないのを認めたからであり、また特に私自身についていえば、私は私の判断をしだいに完全なものにしようと思っているのであって、それをより悪いものにしようと思っているのではないから、もし私がそのときあることを善しとしたために、のちにそのことがもはや善でなくなるようなことが起こる場合、あるいは私がそれを善とは認めなくなるような場合にでも、なおそのことを善しと認めざるをえないはめに陥ることがあるならば、私は良識に対して大きな過失をおかすことになる、と考えたからである。

　私の第二の格率は、私の行動において、できるかぎりしっかりした、またきっぱりした態度をとることであり、いかに疑わしい意見にでも、いったんそれをとると決心した場合は、それがきわめて確実なものである場合と同様に、変わらぬ態度で、それに従いつづけること、であった。どこかの森に迷いこんだ旅人たちは、あちらへ向かったりこちらへ向かったりして迷い歩くべきではなく、いわんやまた一つの場所にとどまっているべきでもなく、つねに同じ方向に、できるかぎりまっすぐに歩むべきであって、その方向を彼らに選ばせたものがはじめはたんなる偶然にすぎなかったかもしれぬにしても、少々の理由ではその方向を変えるべきではないのである。というのは、こうすることによって、旅人たちは彼らの望むちょうどその場所には行けなくとも、少なくとも最後にはどこかにたどりつき、それはおそらく森のまん中よりはよい場所であろうからである。うえの格率においてて私はこういう旅人に倣《なら》おうとしたのである。そしてそれと同様に、実生活の行動はしばしば猶予をゆるさぬものであるから、より真なる意見を見分けることができない場合に、より蓋然《がいぜん》的なるものをわれわれがとるべきであるという、このこと自身は、きわめて確実な真理なのである。のみならず、たとえわれわれが、どちらの意見が蓋然性をより多くもつかを認めえないような場合でも、われわれはやはりそのどちらかをとることを決心せねばならず、しかもいったん決心したあとは、実行に関するかぎりその意見をもはや疑わしいものとは見ず、きわめて真で確実なものとみなすべきである。なぜならば、われわれをして、それをとることを決心せしめた理由そのものは、真実で確実なのであるからである。そしてこういう態度によって私はこのとき以来、かの心弱く動かされやすい人々、すなわちあるときあることをよいと認めてあやふやな態度で実行し、あとになってまたそれを悪かったと思うような人々の、良心をつねに悩ます、後悔や悔恨のすべてから、脱却することができたのであった。

私の第三の格率は、つねに運命によりもむしろ自己にうちかつことにつとめ、世界の秩序よりはむしろ自分の欲望を変えようとつとめること、そして一般的にいって、われわれが完全に支配しうるものとしてはわれわれの思想しかなく、われわれの外なるものについては、最善の努力をつくしてなおなしとげえぬ事がらはすべて、われわれにとっては、絶対的に不可能である、と信ずる習慣をつけること、であった。そして、私をしてみずからが獲得しえぬものを未来に望まないようにさせ、したがって、私に満足を得させるには、うえのことだけで十分である、と私には思われた。事実、われわれの意志はその本性上、なんらかのしかたで可能なものとして悟性が示すところのもののみを、欲するのであるから、もしわれわれが外なる善をすべて等しくみずからの支配しえぬものだとみなすならば、われわれの生まれつきに由来すると思われる善をわれわれがもたぬとしても、それをみずからの過失によって失ったのではない以上、あたかもわれわれがシナやメキシコの王国を所有せぬからとて残念がらぬと同じく、それを残念がることはないであろう。そしてまた、われわれが現在ダイヤモンドのように腐らぬ物質からできた身体をもちたいとか、鳥のように飛ぶため翼をもちたいとか望まぬのと同様に、われわれは、諺《ことわざ》にいうように「必然を徳に化する」ことによって、いま病気でありながら健康でありたいと思ったりせず、いま牢獄にいながら自由でありたいと思ったりしなくなるであろうことも確かである。しかしながら、あらゆる事物をこういう角度から見ることに慣れるためには、長い間の訓練と、たびたびくりかえされる思索とを必要とすることは私も認める。そして私は、昔、運命の支配を脱して、苦痛や貧困にもかかわらず、神々とその幸福を競うことのできた哲学者たち（ストア哲学者たち）の秘訣《ひけつ》も、主としてここにあったのだと思う。というのは、彼らは自然によって彼らに課せられた多くの制限をたえず考察しつづけて、けっきょく、彼らの支配しうるものは彼らの思想しかない、ということを完全に確信するにいたり、ただこのことによって、他の事物に対するあらゆる執着を脱しえたのだからである。しかし彼らはみずからの思想に対しては絶対的な支配権をもっていたのであって、この点では、たとえ生まれつきと社会的地位とにおいていかにめぐまれていても、この哲学をもたず、みずからの欲するところのすべてをけっしてそれほど自由に支配しえぬ人々のだれよりも、彼らがみずからを、より富んでおり、より有力であり、より自由であり、より幸福である、と考えたのは、もっともであった。

　最後に、このような道徳の結論として、私は人々がこの世でたずさわるさまざまな仕事をすべて吟味にかけ、そのなかから最もよいものを選ぼうとした。そして、ほかの人の仕事については何もいうつもりはないが、私自身は、いまたずさわっている仕事をつづけるのが最もよい、と考えた。それはみずからの全生涯をみずからの理性の開発に用い、みずから課した方法により、真理の認識においてできるかぎり前進する、ということである。そして私は、この方法を用いはじめて以来、つねにこのうえない満足をおぼえてきたのであって、この世でこれ以上に快く、また罪のない、満足をもつことはできまい、と思われたほどである。そしてこの方法によって、私には相当たいせつだと思われるがほかのたいていの人には知られていない、いくつかの真理を、日々発見していったので、そこから得られる満足は私の精神を完全にみたし、ほかのことはすべて、私にはどうでもよいと思われたほどであった。そしてまた、先にあげた三つの格率も、実は、みずからを教育しつづけようとする私の計画にもとづいたものにほかならなかったのである。すなわち、神はわれわれの一人一人に、真なるものを偽なるものから分かつある光を与えているのであるから、もし、のちに適当な時期がきたときに、私自身の判断力を用いて他人の意見を吟味することをみずから期していたのでなければ、ほんのしばらくでも他人の意見に満足すべきである（第一格率）などと、私は信じなかったであろう。また私は、よりよい意見がでてきた場合、それを見いだす機会をけっして失うことはないと期待していたのでなかったならば、それら他人の意見に従って安心して進む（第二格率）などということはできなかったであろう。そして最後に、もし私のとった途が私の達しうるあらゆる認識を、確かに獲得できる途であるとともに、またそのまま、私の支配しうるあらゆる真実な善を確かに獲得できる途である、と考えたのでなかったならば、私は私の欲望を制限することも、満足を得る（第三格率）こともできなかったであろう。実際、われわれの意志は、われわれの悟性が、ものの善悪を示すに応じて、そのものを追求したり避けたりするに向かうのであるから、よく行なうためには、よく判断すればたりるのであり、したがってみずからの最善をなすには、いいかえれば、あらゆる徳を獲得するとともにわれわれの手に入れうるあらゆる他の善をも獲得するには、できるかぎりよく判断するだけでたりるのであって、このことをわれわれが確信しうるかぎり、心の満足をけっして欠くことはないであろう。

　これらの格率をこのように確かめ、それらをつねに私の信念の第一位におかれていた信仰の真理とあわせて、ひとまず別にしたうえは、私の意見の残りの部分については、これを投げすてるのにもはやなんの遠慮もいらぬと私は判断した。そしてこのことをよくなしとげうるには、いままでのことをすべて考えた炉部屋にこれ以上とどまっているよりは、世間にでて人と交わるほうがよい、と思ったので、その冬がまだ終わりきらぬうちに（一六二〇年三月ごろ）私はまた旅にでた。そしてそれにつづくまる九年の間、世間で演ぜられるどの芝居においても、役者であるよりも見物人であろうとつとめながら、あちこちめぐり歩いてばかりいた。そして一つ一つの事がらについて、その疑わしい点、それがわれわれを誤らせやすい点について、反省することに心を用いつつ、前から私の精神に忍びこんでいたすべての誤謬《ごびゅう》を、次々に根こそぎにしていったのである。ただし、だからといって私がかの懐疑論者たち、すなわちただ疑わんがためにのみ疑い、いつでも非決定の態度をよそおう人々に、倣《なら》ったわけではない。というのは私の計画はまったくその反対であって、みずから確信をかちうること、動きやすい土や砂をかきのけて岩か粘土を見いだすこと、をのみめざしていたのだからである。そしてこのことを私は相当うまくやれたと思っている。というのは、自分が吟味している命題の虚偽あるいは不確実性を、弱い推測によってではなく明晰《めいせき》な確実な推理によって、暴露しようとつとめたゆえに、どんなに疑わしい命題に出会っても、そこからつねに、十分に確実ななんらかの結論をとりだすことができたからである。たとえその結論が、当の命題は確実なものを何も含まない、ということそのことであったにしても。そして人々が古い家をこわすとき、こわれものをとっておいて新しい家を建てるときに使うように、私も、私の意見のうち基礎薄弱であると判断したものを一方では破壊しながら、他方ではさまざまな観察を行ない多くの実験を蒐集《しゅうしゅう》したのであり、そしてこれらはその後もっと確実な意見をうちたてるために役だったのである。さらにまた、私は私が自分に課した方法を用いる練習をつづけてもいった。というのは、もちろん私は自分の思想を全体として、方法の規則に従って導こうと心がけたが、ときどきはいくらかの時間をとっておいてそれを用いて特に数学の問題について、あるいはまた数学の問題とほとんど同じ形に直すことのできた他のある種の問題（屈折光学の問題など）〔そういう問題を数学の問題の形に直すには、それらを、私にはあまり確実でないと思われた他の学問の原理のすべてから分離すればよかったのであって、この書物（特に「屈折光学」と「気象学」）で述べられている多くの問題について私がそれを実行しているのを読者は見られるであろう」について、方法の練習をしたのである。さてこのようにして、楽しい罪のない生活を送るというほかになんの仕事もなく、快楽を悪から分かつことに注意はするがしかし閑暇を退屈せずにすごすためにさまざまな罪のない気晴らしにふける人々の生活と、見かけ上は少しも変わらぬ生活をしながら、やはり私は自分の計画をもちつづけ、真理の認識において、かりに私が書物を読んでばかりいたり学者をたずねてばかりいたとした場合よりも、おそらくはいっそう多く前進することができたのである。

しかしながら、学者の間で普通に議論されるいろいろな問題については、まだなんの決定にもいたらず、通常の哲学（スコラ哲学）以上に確実ななんらかの哲学の基礎をまだ求めはじめもしないうちに、九年の年月が流れた。そして以前に同じことを計画して成功しなかったと思われる多くのすぐれた人々の例は、それがきわめて困難であることを思わせた。それゆえ、私がすでにそういう計画を完成したといううわさをだれかが流しているのを知らなかったなら、私はおそらくこのように早くそれをみずから企てるなどということをしなかったであろう。私は人々が何にもとづいてそう考えたのか知らない。私自身が談話によっていくらかそういううわさに力をそえたのであるならば、それは、学問を少しばかりした人々の普通のやり方よりももっと率直に、自分の知らぬことを知らぬと告白したからであるに相違ない。そしてまたおそらくは私自身が、なんらかの学説を得意になって述べるよりはむしろ、ほかの人々が確実だと考えている多くの事がらについて私が疑いをさしはさむ理由を示したからであるに相違ない。しかしながら、私の気性として、自分が事実あるのとはちがった者のように人に見られるなどということを潔しとしなかったから、私は自分を与えられた名声に値する者とするために全力をあげてつとめねばならぬと考えた。そしていまからちょうど八年前になるが、そういう望みが私を、知人のいるかもしれぬすべての場所から遠ざからせ、この国（オランダ）に隠れて住む決心をさせたのであった。この国では、長くつづいた戦争（オランダ独立戦争。一五六八〜一六四八）がりっぱな規律を生みだしていて、常備されている軍隊は、人々がいっそうの安心をもって平和の賜物を楽しみうるようにするためにのみあるかのごとくである。ここで私は、他人のことに興味をもつよりは自分の仕事に熱心な、きわめて活動的な多数の人々の群れの中で、最も人口の多い町で得られる生活の便宜を何一つ欠くことなく、しかも最も遠い荒野にいると同様な、孤独な隠れた生活を送ることができたのである。

第四部

この国での私の最初の思索について語るべきかどうか私にはわからない。というのは、それはきわめて形而上学的《けいじじょうがく》（抽象的）で、普通の考えからかけ離れているので、だれでもが興味をもつとはおそらくいえないであろうから。けれども私が選んだ土台が十分しっかりしたものであるかどうか、判断してもらうために、私はそれについて語ることを、ある意味で強《し》いられているのである。さて、前にもいったように、実生活にとっては、きわめて不確実とわかっている意見にでも、それが疑いえぬものであるかのように従うことが、ときとして必要であると、私はずっと前から気づいていた。しかしながら、いまや私はただ真理の探求のみにとりかかろうと望んでいるのであるから、まったく反対のことをすべきである、と考えた。ほんのわずかの疑いでもかけうるものはすべて、絶対に偽なるものとして投げすて、そうしたうえで、まったく疑いえぬ何ものかが、私の信念のうちに残らぬかどうか、を見ることにすべきである、と考えた。かくて、われわれの感覚がわれわれをときには欺くゆえに、私は、感覚がわれわれの心に描かせるようなものは何ものも存在しない、と想定しようとした。次に、幾何学の最も単純な問題についてさえ、推理をまちがえて誤謬《ごびゅう》推理をおかす人々がいるのだから、私もまた他のだれとも同じく誤りうると判断して、私が以前には明らかな論証と考えていたあらゆる推理を、偽なるものとして投げすてた。そして最後に、われわれが目ざめているときにもつすべての思想がそのまま、われわれが眠っているときにもまたわれわれに現われうるのであり、しかもこの場合はそれら思想のどれも、真であるとはいわれない（夢の思想には存在が対応しない）、ということを考えて、私は、それまでに私の精神に入りきたったすべてのものは、私の夢の幻想と同様に、真ならぬものである、と仮想しようと決心した。しかしながら、そうするとただちに、私は気づいた、私がこのように、すべては偽である、と考えている間も、そう考えている私は、必然的に何ものかでなければならぬ、と。そして「私は考える、ゆえに私はある」Je pense, donc je suis. というこの真理は、懐疑論者のどのような法外な想定によってもゆり動かしえぬほど、堅固な確実なものであることを、私は認めたから、私はこの真理を、私の求めていた哲学の第一原理として、もはや安心して受け入れることができる、と判断した。

次いで、私がなんであるかを注意深く吟味し、次の（二つの）ことを認めた。すなわち、私は、私が身体をもたず、世界というものも存在せず、私のいる場所というものもない、と仮想することはできるが、しかし、だからといって、私が存在せぬ、とは仮想することができず、それどころか反対に、私が他のものの真理性を疑おうと考えること自体から、きわめて明証的にきわめて確実に、私があるということが帰結する、ということ。逆にまた、もし私がただ考えることだけをやめたとしたら、たとえそれまで私が想像したすべての他のもの（私の身体や世界）が真であったとしても、だからといって私がその間存在していた、と信ずべきなんの理由もない、ということ。さて、これらのことから私は次のことを知った、すなわち、私は一つの実体であって、その本質あるいは本性はただ、考えるということ以外の何ものでもなく、存在するためになんらの場所をも要せず、いかなる物質的なものにも依存しない、ということ。したがって、この「私」というもの、すなわち、私をして私たらしめるところの「精神」は、物体から全然分かたれているものであり、さらにまた、精神は物体よりも認識しやすいものであり、たとえ物体が存在せぬとしても、精神は、それがあるところのものであることをやめないであろう、ということ。

　次に私は、一般に一つの命題が真で確実であるために必要な条件を考察した。というのは、真で確実だと私の知る一つの命題をいま見いだしたのであるから、その確実性が何において成立するかをも、やはり知りうるはずだと考えたのである。そして、「私は考える、ゆえに私はある」という命題において、私が真理を言明していることを私に確信させるものは、考えるためには存在せねばならぬということをきわめて明晰《めいせき》に私が見るということより以外に、まったく何もない、ということを認めたから、私は、「われわれがきわめて明晰に判明に理解するところのものはすべて真である」ということを、一般的規則として認めてよいと考えた。ただしかし、われわれが（たんに明晰にというだけでなく）判明に理解するものがいかなるものであるかを、正しく認めるには、いくらかの困難がある、と考えた。

それにつづいて私は、私が疑っているということ、したがって私の存在はあらゆる点で完全なのではないということ〔というのは、疑うよりも認識することのほうが、より大なる完全性であることを、私は明晰に見るから〕を反省し、私は私自身より完全な何ものかを考えることをいったいどこから学んだのであるか、を探求することに向かった。そして私は、それが、現実に私より完全であるところのなんらかの存在者から、でなければならぬということを明証的に知った。私の外にある多くの他のもの、たとえば天や地や光や熱やその他無数のものについて、私がもっている思想に関しては、それらがどこからきたかを知るのに、そう骨は折れなかった。というのは、それら思想の中には、それらを私自身よりすぐれたものたらしめるように見える点は、何も認められなかったから、それらが真である場合は、それらは、私の本性がなんらかの完全性をもつかぎりにおいて、この私の本性に依存するものである、と私は考えることができたし、またそれらが偽である場合には、それらが無からきたものである、いいかえれば、私が欠陥をもつがゆえに、それらは私のうちにあるのだ、と考えることができたからである。しかしながら、私の存在よりも完全な存在の観念に関しては、同じようにはいえなかった。というのは、そういう観念を、無からとりだすことは明白に不可能であるし、また、それを私自身からとりだすこともできなかったからである。なんとなれば、より完全なもの（神の観念）が、より不完全なもの（私の存在）の結果であり、これに依存するものである、というのは、無からあるものが生ずる、というのに劣らず、矛盾だからである。したがって、当の観念は、私よりも完全でかつ私が考えうるあらゆる完全性をみずからのうちにもつところの存在者、すなわちひとことでいえば、神であるところの存在者、によって、私のうちにおかれたものである、というほかはなかった。[*1] そして私はこれに加えて次のようにも考えた。私は私のもたないいくつかの完全性を知っているのであるから、私は現存する唯一の存在者ではなく〔ここでスコラ哲学の用語[*2]を自由に使うことをゆるされたい〕、私がそれに依存し、私が私のもっているものを、それから得たところの、他のいっそう完全な存在者が、どうしてもなければならない。というのは、もし私が唯一のものであって、他のすべてから独立であり、したがって、私がわずかながら完全な存在からの分けまえとしてもっているものを、私自身から得ているのならば、同じ理由により、私がみずからに欠けていると知っているところの、残りの完全性のすべてをも、私自身からとりだしえたはずであって、したがって私は私自身、無限で、永遠で、不変で、全知で、全能であり、けっきょく、神においてあると私の認めえたあらゆる完全性をもつことができたはずだからである。というのは、私がうえに行なった推理（神の存在の二つの証明）によれば、私の本性にとって可能であるかぎりにおいて神の本性を認識するためには、私が私のうちにその観念をもつところのあらゆるものについて、そのものを所有することが完全性であるか否かを、考察しさえすればよかったのであり、かつ、なんらかの不完全性を示すところのものはどれも神のうちにはなく、その他のすべてが神のうちにある、ということは、私の確かに知るところだったからである。たとえば、疑いとか、心の動揺とか、悲しみとかその他同様のものは、私自身がそれらをまぬがれたいと思っているのだから、神のうちにはありえない、と私は認めた。さらに、これらのほかに私は、感覚的で物体的な多くのものの観念をもっていたが〔というのは、私は夢みており、私の見たり想像したりするものはすべて偽である、と私は想定したのだけれども、しかし、それらのものの観念が私の考えの中に真実にある、ということは否定できなかったから〕、しかし私はすでに、知性的本性が物体的本性とは異なることを、私自身の中できわめて明晰に認識していたのであるから、さらに、合成ということがつねに依存性を示すものであり、依存性は明らかに一つの欠陥であるということを考えたうえで、次のように判断した。すなわち、これら二つの本性から合成されているということは、神のもつ一つの完全性ではありえず、したがって神は（精神と物体とから）合成されてはいない、と。また、世界の中に、なんらかの物体、あらゆる点で完全だとはいわれないところの、なんらかの知性的存在者（たとえば天使）または他の存在者（たとえば人間）、が存在するならば、これらのものの存在は、神の力に依存せざるをえず、これらは神なくしては一瞬間も存続しえないであろう、と。

つづいて私はほかの真理を求めようとし、まず幾何学者の扱う対象を思い浮かべた。それは、一つの連続的な物体、いいかえれば長さと幅と高さまたは深さとにおいて限りなく延長せる一つの空間であって、さまざまな形と大きさとをもちうるさまざまな部分に分割されうるものであり、あらゆるしかたで動かされうる、すなわちおきかえられうる（運動は場所の変化である）ものである、と私は考えた〔というのは幾何学者がこれらすべてのことを彼らの対象の中に想定しているのだからである〕。さて私はこのような対象を思い浮かべ、幾何学者たちの論証のうち比較的単純なものをいくつかたどってみた。そしてすべての人が幾何学の論証に帰する、あの大きな確実性は、それらが私がさきに述べた規則に従って明証的に理解されるものである、ということにのみ、もとづいているのを認めたのち、また、それら論証の中には、それの対象の現存を私に確信させるようなものは何もない、ということをも認めた。というのは、三角形があるとすれば、当然それの三つの角の和は二直角に等しくなければならないが、しかし、だからといって、世界の中に三角形があると私に確信させるものはこの論証の中には認められなかったからである。しかるに、ふたたび完全な存在者の観念の吟味にもどれば、[*3] 完全な存在者の観念の中には現存ということが含まれており、それはあたかも、三角形の観念にはその三つの角の和が二直角に等しいことが含まれ、球の観念の中にはその各部分が中心から等距離にあることが含まれる、のと同様に明証的であり、あるいはむしろいっそう明証的である、ということを私は見いだした。

したがって、完全な存在者なる神はあり、現存する、ということは、少なくとも、幾何学のどの論証にも劣らず、確実であることを、私は見いだしたのである。

しかしながら、神があることを知るのはむずかしいと信じ、さらにみずからの精神がなんであるかを知ることさえ、むずかしいと信ずる人々が多いのは何によるかといえば、それは、彼らが彼らの精神を、感覚的事物よりうえに高めることがけっしてない、ためである。彼らは、ものを想像することによってしか考えぬという習慣にとらわれており、しかも想像とは物質的事物にのみあてはまる思考のしかたなのであるから、けっきょく、想像されえないものはすべて理解されえないものであるかのように彼らには思われるのである。そしてこのこと（人が想像にとらわれがちであること）を十分に示すのは、哲学者たちでさえ、学院において（スコラ哲学において）「まず感覚のうちに存しなかったものは悟性のうちには存しない」ということを格率としてとっていることである。しかし、神の観念と精神の観念とが感覚のうちにまず存したのではないことは確かなのである。神と精神とを理解するのに、想像力を用いようとする人々は、音を聞き香《かお》りを嗅《か》ぐために眼を用いようとする人々と、まるで同じことをしているのだ、と私には思われる。ただし次のような相違を考慮の外においてのことである。すなわち、視覚は嗅覚《きゅうかく》や聴覚と同じ程度に対象の真理を確信させるに反し、われわれの想像も感覚も、悟性が介入しなければ何事をもわれわれに確信させえない、ということ。

最後に、私が述べた理由によっては、神とみずからの精神との現存についてなお十分な確信をもちえない人々があるならば、私はそういう人々に知ってもらいたい、彼らがおそらくいっそう確実だと考えているであろうその他のもののすべて、たとえば、身体をもつとか、星や地球やその他同様のものがあるとかいうことが、実はいっそう不確実なのだ、ということを。なんとなれば、なるほどこれらのことについて人々は実際的な確信をもち、それを疑うのは常識はずれだと思われるであろうが、しかしまた、形而上学的な確実性が問題となる場合には、理性に反したやり方をすまいとすれば、われわれが眠っているときに、自分の身体とはちがった身体をもつとか現にあるとはちがった星や大地を見るとか、そんなものは何も現実に存在しないのに、思いこんでしまうことがある、と気づいただけで、うえのような事がらをもはや全面的に確かだとは考えないための十分な理由になるのを否定できないであろう。というのは、夢に現われる思想のほうがしばしば他の思想より力強くはっきりしていることがある以上、夢の思想のほうが他より偽であると、どうして確かに知りうるであろうか。私は思う、最もすぐれた精神をもつ人々が、どんなにこのことを詮索《せんさく》しても、もし彼らが神の存在を前提するのでなければ、この疑いを除く十分な理由を示すことはできぬであろう、と。なぜならば、まず第一に、さきに私が規則として定めたこと、すなわちわれわれがきわめて明晰に判明に理解するところのものはすべて真である、ということすらも、神があり現存するということ、神が完全な存在者であること、および、われわれのうちにあるすべては神に由来しているということ、のゆえにのみ、確実なのである。そしてこのことから、われわれの観念や概念は、それらの明晰判明な部分のすべてにおいて、ある実在性（観念的または表現的実在性）を有し、かつ神に由来するからこそ、その点において真ならざるをえないのだ、ということになる。したがってまた逆に、われわれの観念や概念がしばしば虚偽を含むことがあるのは、それら観念や概念の混乱した不明晰な部分についてであり、そういう点においてそれらは無を分有しているからなのである。いいかえれば、それらがわれわれのうちでそのように混乱しているのは、われわれがあらゆる点において完全なのではないからなのである。そして、虚偽または不完全性が、虚偽または不完全性であるかぎりにおいて、神に由来する、ということは、真理または完全性が無から由来する、というのと同様に、矛盾であることは明らかである。しかし、われわれのうちにあって実在性をもち真であるところのすべてのものは、完全で無限な存在者から由来すると、われわれが確かに知るのでなかったならば、われわれの観念がいかに明晰で判明であろうとも、それら観念が「真である」という完全性をもつことを、確信しうる理由を、われわれはもたないであろう。

さて神と精神との認識が、かの規則をわれわれにとってこのように確実なものたらしめたうえは、われわれが睡眠中に心に描く幻想が、覚醒《かくせい》時にわれわれのもつ思想の真理性を疑わせる理由とはもはやならぬことが、まったくたやすく知られるのである。というのは、たとえ眠っていても、もし非常に判明なある観念をもつならば、たとえば一人の幾何学者が何か新たな論証を見いだすとするならば、彼がそのとき眠っていたとしても、その論証はやはり真であることに変わりはないからである。しかしわれわれの夢の示す最も普通な誤謬《ごびゅう》、すなわち夢がさまざまな対象をわれわれの外部感覚と変わらぬしかたで示す、ということはどうかといえば、そのような夢の誤謬が、感覚的観念の真理性をわれわれに疑わせる機会を与えてもいっこうさしつかえはないのである。なぜなら、感覚的観念は、たとえわれわれが眠っていなくとも、同じくらいたびたびわれわれを欺きうるのだからである。たとえば黄疸《おうだん》にかかっている人はすべてを黄色に見るし、星やその他きわめて遠方にある物体はわれわれには、実際よりもはるかに小さく見えるのである。けっきょくのところわれわれは、目ざめていようと眠っていようと、われわれの理性の明証によってのほかは、けっしてものごとを信じてはならないのである。そして私がここで、「理性」といって「想像」とか「感覚」とかいわないことを注意してほしい。たとえばわれわれは太陽をきわめて明晰に見るにしても、だからといってそれが、見られるとおりの大きさであると判断してはならない。またわれわれはライオンの頭を山羊の胴に接《つ》いだものを十分想像することができるが、だからといってあのキマイラといわれる獅子頭羊身の怪物が世に存在すると結論すべきではない。なぜなら理性は、われわれがこのように見たり想像したりするものが真であるとは、教えないのだからである。しかし理性は、われわれの観念や概念がすべて、やはりなんらか真なる点を基礎にもっているはずであること（たとえば感覚や想像もまったく偽なのではない）を教える。なぜならまったく完全でまったく真実なる神が、そのような真理性の基礎なしに観念をわれわれのうちにおいたということはありえぬはずだからである。そして、われわれの推理のほうは、われわれが眠っているときには、目ざめているときほど明証的でも完全でもけっしてありえないのであるから、たとえわれわれの想像のほうが、睡眠中に覚醒時と同様にあるいはそれ以上に力強くはっきりしていることがときにはあるとしても、理性はやはり次のように教えるのである、われわれがあらゆる点で完全なのではないゆえにわれわれの思想もあらゆる点で真ではありえぬのだから（特に感覚や想像は無を含むのだから）、われわれの思想の真なる部分は、夢においてよりもむしろ、われわれが目ざめてもつ思想において、まちがいなく見いだされるはずである、と。

＊1　この節の以上の部分が神の存在の第一証明、以下は第二の証明と神の属性の説明である。

＊2　「現存する」exister や「分けまえとしてもつ」participer など。

＊3　ここから神の存在の第三の証明いわゆる存在論的証明になる。

第五部

私はさらに話をつづけて、これら第一の真理から私が演繹《えんえき》した他の真理の連鎖のすべてをここに示したいのである。しかしながら、そうなると学者たちの間で争われている多くの問題について語らねばならなくなるであろうが、私はそれら学者たちと不和になりたくはない。それで私は、詳しく語ることはさしひかえ、ただそういう問題が何々であるかを概括的に述べるにとどめ、私より賢い人々に、これらの問題をもっと詳しく世間に知らせることが有益かどうかの判断を、まかせるほうがよいと思う。さて私は、神と精神との存在を証明するためにさきに用いた原理以外の、いかなるものをも想定せぬようにし、また以前に明晰で確実だと私に思われたところの、幾何学者たちの論証よりもなお明晰で確実だと思われるものでなければ、何ものをも真として受け入れぬことにしよう、というすでになした決心を、どこまでも固く守りつづけた。しかしそれにもかかわらず、遠慮なしにいえば、私は哲学において論ぜられるのをつねとする主要な難問のすべてについて、わずかの間に、みずから満足すべき結果を得ることができたばかりでなく、さらにまたある種の法則をも認めえたのである。その法則は、神が自然の中にしっかりと定めているものであり、かつその観念をわれわれの精神の中にしっかりと刻みつけているものであって、それについて十分反省しさえすれば、それら法則が、世界において存在し生成するすべてのものにおいて厳格に守られていることをわれわれは疑いえないのである。そしてさらに私は、これら法則の帰結を吟味して、それまでに私が学びまたは学ぼうと望んだすべてのことよりも、さらに有益でさらに重要な多くの真理を発見したと思う。

　しかしながら、それら真理のおもなものを私は、考えるところあって発表をひかえている一つの論文において、説明しようとつとめたから、それらの真理を人に示すには、その論文の内容をここにかいつまんで述べることが、いちばんよいやり方だと思う。私は物質的事物の本性についてそれまでに自分が知っていると思っていたすべてのことを、その論文に含めたいと思った。けれども、画家たちが、立体のさまざまな面のすべてを、みな十分に、平らな画面に描くことができないで、主要な面の一つを選んでそれだけに光をあて、他の多くの面は陰におき、これらを、光をあてた一つの面をわれわれが見るときおのずから眼にはいるかぎりにおいてのみ、部分的に画面にあらわすにとどめるように、私も、心にもっていたすべてのことをその論文にとても書きつくせまいと思ったから、光について私のもつ考えだけを、十分に詳しく説明しようと企てた。そしてそのついでに、光はほとんどすべて太陽と恒星とから発するのだから、太陽と恒星とについても、また天空は光を運ぶから、天空についても、また遊星や彗星《すいせい》や地球は光を反射するのだから、遊星・彗星・地球についても、また地上のすべての物体はあるいは色をもちあるいは透明でありあるいは光るものであるから、特にそれら地上の物体についても、また最後に人間はこれらすべてのものを見る者であるから、人間についても、それぞれいくらかのことをつけ加えようと企てた。のみならず、これらすべてのものを少々かげらせて、それらについての私自身の考えをいっそう遠慮なくいえるようにし、しかもそのさい学者たちの間で受け入れられている意見に、賛成したり反対したりせずにすませるため、私はこの現にある世界のほうはそっくり彼ら学者の論争にゆだねてしまおうと決心した。そしてかりに、神が想像的空間のどこかに、新たな世界を組み立てるにたりるだけの物質をつくったとし、しかも神がこの物質のさまざまな部分をさまざまにかつ無秩序にゆり動かして、詩人の想像するような混乱した混沌《こんとん》状態をつくりだしたとし、そしてそのうえで、神はただその通常の協力をのみ自然に与えて、彼の定めた諸法則に従って自然が動くにまかせた場合に、この新たな一つの世界において起こるであろうところのもの、これらについてのみ私は語ろうと決心した。かくてまず、私はこの物質について述べ、以前に神と精神とについて述べられたことを除いては、これほど明晰でこれほど理解しやすいものはこの世にないと思われるくらいにはっきりと、物質を描き示そうとつとめた。というのは、私は、物質の中には、学院で論議されるような（実体的）形相《けいそう》や（実在的）性質などというものは存在せず、一般に、われわれが知らぬふりすらもできぬくらいに、それらの認識がわれわれの精神に生まれつきそなわっているのでないような、いかなるものも、かの物質の中には存在しない、とあからさまに想定しさえしたのだからである。次に、私は自然の諸法則がなんであるかを示した。そして私の推理を、神の無限な完全性という原理のみにもとづけて、少しでも疑う余地のあるような法則はすべてこれを証明しようとつとめ、それらの法則は、たとえ神が多くの世界をつくったとしても、それらのいずれにおいても、守られぬことのありえぬような、法則であることを示そうとつとめた。さらにつづいて、私は次のことを示した。かの混沌状態にある物質のほとんどが、これら法則に従って、あるしかたで配置され整頓《せいとん》されて、われわれの諸天空に似たものとなること[*1]。そうする間に物質のある部分は地球をつくり、ある部分は遊星と彗星とをつくり、他のある部分は太陽と恒星をつくること。そしてこのところで光のほうに向かい、私は、太陽や恒星の中に見いだされるはずの光とはどういうものであるか、いかにして光は太陽や恒星をでて諸天空の広大な空間を一瞬の間に横切るか、いかにしてそれは遊星や彗星から反射されて地球に達するか、をはなはだ詳しく説明した。私はまた、これら天空と天体との、実体・位置・運動およびそのさまざまな性質のすべてについて、多くのことをつけ加え、かくて、われわれのいるこの世界の中に認められる天空や天体で、私のいま述べている世界の中に、よく似た形で現われていないもの、あるいは少なくとも現われえないものは、何もない、ということを知らしめるにたりるだけのことは述べたと考えた。それから私は地球について詳しく述べることに向かった。地球をつくっている物質の中に「重さ」というようなものを神は置かなかったと私がはっきり仮定したにもかかわらず、やはり地球のあらゆる部分がまさにその中心に向かって引かれること。地球の表面には水と空気とがあるため、諸天空と諸天体との配置、特に月の配置によって、そこに潮の満干が起こり、これはわれわれの世界の海に認められる潮の満干とあらゆる点で似ていること。さらに水と空気との両方に、東から西に向かうある流れが起こり、これもまたわれわれの世界の熱帯地方に認められるようなものであること。山や海や泉や川が地球上に自然にでき、鉱物が鉱山に生じ、植物が野原に生え、一般に、混合体とか合成体とかいわれるもののすべてが、そこに生みだされること。そしてとりわけ、この世で光を生むものとしては、天体のほかには、火しか認められないから、私は火の本性に属するすべてのことを十分に明らかに述べようとつとめた。火はどうして生じ、どうして養われるか。どうして火はときに熱だけをもって光をもたないか（干草や石灰のもつ熱）。またときには光だけをもって熱をもたないか（燐光を発する水や腐木）。どのようにして火はさまざまな物体にさまざまな色やその他さまざまな性質を生ぜしめうるか。どうして火はある物体を溶かし、ある物体を固くするか。どうして火はほとんどすべてのものを焼くか、すなわち灰と煙とに変えるか、最後に、どうしてこの灰から、火は、みずからのはたらきのみによって、ガラスをつくりだすのか。灰のガラスへのこの変化は、自然において起こる他のどの変化にも劣らずおどろくべきものと私には思われたので、私は特に好んでそれを述べた。

しかしながら私は、これらすべてのことから、われわれの住むこの世界が、私の述べたようなしかたで創造されたのだと結論しようとしたのではなかった。というのは、神が世界をはじめからそれのあるべきさまにあらしめた、というほうが、はるかにいっそう真実らしく思われるからである。しかしながら、神が世界を現在保存しているはたらきは、神が世界をはじめに創造したはたらきと、まったく同じものであることは確かであり、かつ神学者たちの間で普通に受け入れられている意見である。したがって、たとえ神が、はじめに、世界に対して混沌《こんとん》の形態をしか与えなかったと仮定しても、同時に神は、自然の諸法則を定め、自然が通常のしかたではたらくように協力を与えた、とさえ考えるならば、ただそれだけで、純粋に物質的なすべての事物は、時とともに、われわれが現在見るようなものになりえたであろうと、かの創造の奇跡をなんらそこなうことなしに、信じうるのである。そしてそれら物質的なものの本性は、それらをすっかりできあがった姿においてのみ見る場合よりも、うえのようにしだいに生まれてゆくさまを見るほうが、はるかに理解しやすいのである。

無生の物体と植物との叙述から、私は動物特に人間の叙述へとうつった。しかしながら、動物や人間については私の知識は当時まだ不十分であって、ほかのものと同じ様式でそれらについて述べることはできなかった。すなわち、結果を原因によって論証し、いかなる種子から、いかなるしかたで、自然がそれらを生みだすことになるかを示すことはできなかった。それで私は、次のように想定することで満足した。すなわち神が、手足などの外形においても器官の内的構造においてもわれわれのうちの一人にまったくよく似ているところの、一個の人体をつくり、しかも私がすでに述べたところの物質のみを用いてそれを組み立てたのであり、かつはじめは理性的精神も、またいわゆる植物精神や感覚精神のはたらきをするようないかなるものをも、そこに宿らせることなく、ただその人体の心臓の中に、あの光なき火の一種を起こした、と想定することで満足した。〔この種の火のことはすでにうえに述べたが、それは私の考えでは、干草をまだ乾かぬうちに密閉しておくときそれを熱くするところの火や、新しいぶどう液をそのしぼりかすといっしょに発酵させるときその液を沸騰させるところの火、と同じ性質の火である。〕というのは、うえのような想定の結果、この人間の身体の中に生じうる諸機能を調べて、私はそこに、われわれのうちにあってわれわれがそれを考えない（意識しない）あらゆる機能——したがってわれわれの精神〔すなわち身体とは分かたれていて、既述のように、考えることのみを本性としてもつところの、われわれの部分〕からなんの助力をも受けずに、われわれのうちにありうる機能——をそっくりそのまま、見いだしたからである。そしてこれらの機能はすべて、理性をもたぬ動物がわれわれと等しくもっている機能なのである。ただし私はそこに、かの考えるはたらきに依存し、人間としてのわれわれのみに属する諸機能は、見いだしえなかった。このほうの機能がすべて見いだされたのは、のちに、神が理性的精神をつくり、私の述べたあるしかたでそれをうえの身体に結合した、ということをさらに想定したうえのことであった。

しかしながら、どういうふうに私がこの問題を扱ったかを見てもらうために、私は心臓と動脈との運動の説明をここで示したいと思う。この運動は、動物において認められる第一の、そして最も根本的な運動であるから、他のすべての運動についてどう考えるべきかは、これによってたやすく判断されるであろう。そして私がこれから述べることの理解を容易にするため、解剖学に通じていない人々は、これを読む前に、肺臓をもつ大きな動物の心臓――それは人間の心臓とあらゆる点でよく似ている――を眼の前で解剖させてみ、そこに見られる二つの心室すなわち心窩《しんか》を、見せてもらわれるよう希望する。第一に、心臓の右側にある心室。これには非常に太い二つの管が通じている。一つは大静脈であって、血液のおもな容器であり、身体内の他のすべての静脈を枝としてもつ木の幹のようなものである。他は動脈性静脈であって、これは実は動脈であるから名はまちがっているのだが、それは心臓に源をもち、そこをでてから多くの枝に分かれ、肺臓のあらゆる部分にひろがっている。第二には、心臓の左側にある心室。これにも同じく二つの管が通じており、これらは前の管と同じくらいあるいはいっそう太い。その一つはすなわち静脈性動脈であって、これは実は静脈であるから名はまちがっているのだが、肺臓からきており、肺臓においては多くの枝に分かれており、その枝は、動脈性静脈の多くの枝と、また呼吸気の入る、気管という名の管のもつ多くの枝と、からみあっている。もう一つの管は大動脈であって、心臓からでて全身に枝をだしているのである。さて私はまた、二つの心室にある四つの入口を、ちょうど小さな戸のようなぐあいに、開いたり閉じたりするところの、十一の小さな弁を、ていねいに見せてもらわれるように望む。十一の弁のうち三つ（三尖弁）は大静脈の入口にあり、この弁は、大静脈の容《い》れている血液が心臓の右心室に流入することを少しも妨げないが、逆に血液が心臓からでてくることを厳しく阻止するようにとりつけられている。また三つ（三つの半月弁）は動脈性静脈の入口にあり、前のとはまったく反対の向きにつけられていて、この心室にある血液が肺臓へゆくことはゆるすが、肺臓にある血液がもどってくることをゆるさない。同様に他の二つ（二尖弁）は静脈性動脈の入口にあり、血液が肺臓から左心室に流入することをゆるすが、それがもどってくることには反対する。さらに三つ（三つの半月弁）は大動脈の入口にあり、血液が心臓からでることはゆるすが、心臓へもどることは阻止するのである。そしてこれら弁の数が十一である理由としては、静脈性動脈の入口が、その場所の事情から、卵形をしているため、二つの弁でつごうよく閉じられるが、他の三つの入口は円形であって、三つの弁でうまく閉じられる、ということで十分である。さてさらに次のことをも見せてもらっておいてほしい。すなわち大動脈と動脈性静脈とは、静脈性動脈や大静脈よりもずっと固く丈夫にできていること。また静脈性動脈と大静脈とは、心臓にはいる前にふくらんで二つの袋のようなかっこうになっていて、これらは心臓の耳（心耳）とよばれ、心臓と同じ肉からできていること。心臓の中にはつねに身体のどの他の場所におけるよりも多くの熱があること。最後に、血液の幾滴かが心室にはいると、この熱の力により、急にふくれ、膨張し、それはあたかもすべての液体が何か非常に熱い容器の中へ一滴ずつ落とされる場合と同様であること。これらのことを見ておいてほしいのである。

というのは、それだけ見ておいてもらえば、心臓の運動を説明するのに次のことをいえばたりるからである。すなわち、心臓の心室に血液が満ちていないときには、大静脈から右心室へ、静脈性動脈から左心室へ、血液は必然的に流入する。なぜなら大静脈と静脈性動脈との二つはいつも血液で満ちており、かつそれらから心臓への入口はこのときふさがれてはいないから。そしてこのようにして二滴の血液が、おのおのそれぞれの心室へはいると、この滴《しずく》——はいる口が非常に大きくまたその滴がでてくる管は血液で満ちているから、この血の滴ははなはだ大きなものにならざるをえない——は、心臓内にある熱のために、希薄になり膨張する。そしてこの膨張によって、心臓全体をふくれさせ、血液のでてきた二つの管の入口にある五つの小さな戸をおして閉じてしまい、もはやそれ以上に心臓の中に血液がおりてこないようにする。そしていよいよ希薄になりつづけて、もう二つの管（動脈性静脈と大動脈）の入口にある他の六つの戸をおし開いてでてゆき、かくて動脈性静脈と大動脈とのあらゆる枝を、心臓とほとんど同時に膨張させる。ところで心臓は、すぐまた収縮し、動脈のほうも同様である。そこへはいった血液が冷えるからである。そこで動脈の六つの弁はふたたび閉じ、大静脈と静脈性動脈との五つの弁がふたたび開き、また二滴の血を通すことになり、これらが前の二滴とまったく同様に、ふたたび心臓と動脈とをふくらますのである。そしてこのように心臓にはいる血液は、心耳とよばれる二つの袋を通るゆえに、心臓の運動は心臓の運動と反対になり、心臓が膨張するとき心耳は収縮することになるのである。なお、数学的論証の力を知らず、真の推理を真らしい推理から区別することに慣れていない人々が、私のここに述べたことを軽はずみに否定するということのないように、次のことを注意しておきたい。すなわち、ちょうど時計の運動がその錘《おもり》と車輪との力や位置や形から必然的に生ずるのと同様に、私がいま説明した心臓の運動は、心臓においてわれわれが眼ではっきり認めうるところの、諸器官の配置そのものと、心臓において指をもって感じうる熱と、実験によって知ることのできる血液の性質とから、必然的に生ずるものだということ。

しかしながら、静脈の血液がそのようにたえず心臓に流入しているのに、どうして涸《か》れてしまわないか、また心臓にはいった血液はすべて動脈へうつるのに、動脈が血液であふれることがどうしてないのか、と問われるならば、英国の一医学者（ハーヴェイ）によってすでに書物に書かれたこと以外のこたえをする必要はない。この医学者はこの問題について氷を割り、はじめて次のことを教えた人として賞賛されねばならない。すなわち動脈の末端には多くの小さな通路があり、心臓から動脈にはいった血液はその通路を通って静脈の小さな枝に入り、それからまた心臓へもどってゆくのであって、かくて血液の流れは不断の循環にほかならない、ということ。このことを、彼は外科医のやる普通の実験によりたいへんうまく証明している。その実験とは、腕の静脈を切開したとき、その切り口より上のところをほどよい強さで縛ることにより、そこを縛らなかったときよりも多量の血液をその切り口から流出させうることである。そしてもし切り口より下のところを、切り口と手先との間で縛るか、あるいは切り口より上のところをこんどは非常に強く縛るかするならば、正反対のことが起こるであろう。なぜなら、明らかに、ほどよく縛った紐《ひも》は、すでに腕にきている血液が静脈を通って心臓のほうにかえることを防ぎうるが、動脈を通って新たな血液がつねに流れてくることを防ぎえないからである。というのは動脈は静脈よりも奥のほうにあり、それの膜は静脈よりも丈夫でおさえにくいからであり、また心臓からくる血液は、動脈を通って手のほうにゆくときのほうが、静脈を通って手から心臓にもどるときよりも、ずっと勢いよく流れるからである。そしてこの動脈血は静脈の一つにある切り口を通って腕から流れでるのだから、紐より下のほうに、すなわち手先のほうに、なんらかの通路がどうしてもなければならず、それをへて血液は動脈から静脈にうつりうるのでなければならないのである。彼はまた血液の流れ方についてのみずからの主張を、第一に、ある種の弁のあるのを示すことにより、第二に、ある実験により、たいへんうまく証明している。すなわち第一に、静脈に沿ってさまざまな場所にある種の小さな弁があり、これらが静脈血を身体の中心から末端へ逆流させず、ただ末端から心臓のほうへもどることのみをゆるすのである。また第二に、ただ一本の動脈を切開するだけで、しかも、たとえその動脈を心臓にきわめて近いところできつく縛り、その紐と心臓との間で切開する場合でも、身体の中にある血液は、きわめてわずかな時間のうちに、全部そこから流出してしまうのであって、したがって血液が心臓以外のところからくると想像する余地はまったくないのである。

しかしながら、血液のこのような運動の真の原因は、私がうえにいったものなのであって、それを証拠だてる多くの他の事がらがあるのである。たとえば第一に、静脈からでる血液と動脈からでる血液との間に認められる相違は、血液が心臓を通ることにより希薄になりいわば蒸溜《じょうりゅう》されるため、心臓からでたばかりのとき、すなわち動脈中にあるときは、心臓にもどる少し前のとき、すなわち静脈中にあるときよりも、より微細で、より活発で、より熱い、ということに由来するとしか考えられない。そしてよく注意するならば、この相違が、心臓の近くでのみいちじるしく現われ、心臓からずっと離れた場所ではそれほどいちじるしく現われぬ、ということを見いだすであろう。次に（第二に）動脈性静脈と大動脈とをつくっている膜が固いということは、血液が、静脈の膜壁よりも動脈の膜壁のほうを、より強い力で打つことを、十分に示している。また（第三に）なぜ左心室と大動脈とが、右心室と動脈性静脈とよりも、それぞれいっそうひろくいっそう太いのであろうか。それは静脈性動脈の中にある血液が、すでに心臓をへて、かつ肺臓をも通ってきていて、大静脈からきたばかりの血液よりも、いっそう微細であり、いっそう勢いよくかついっそう容易に希薄化するからだ、というよりほかはないのである。また（第四に）血液はその性質を変えるにつれて、心臓の熱により希薄化されることが、以前よりも強くなったり弱くなったりし、また速くなったり遅くなったりする、ということをもし医者が知らないのならば、彼らは脈搏《みゃくはく》に触れてみることによって、いったい何を察知しうるのであろうか。また（第五に）心臓の熱がどのように身体の他の部分に伝わるかを調べてみれば、それは血液が心臓を通ることによって熱せられ、そこから全身をめぐるからである、と認めねばならないであろう。それでもし身体のどこかから血液をとり去るならば、同時にそこから熱をとり去ることになる。またたとえ心臓が、焼けた鉄のように熱くとも、それがたえず新たな血を送りださないなら、事実上認められるほどに、足や手を暖めるにはいたらないであろう。次にまた（第六に）、うえのことから知られるのであるが、呼吸の真の用は、肺臓に冷たい空気を十分に送りこみ、心臓の右心室で希薄にされ、いわば蒸気に変えられて肺臓へきた血液を、左心室にはいる前に、肺臓で冷やしてふたたび濃厚にし、ふたたび液状に変えることである。そしてこうしないと血液は心臓の中にある火の適当な養分となりえないのである。このことはまた次の事実からも確かめられる。すなわち肺臓をもたぬ動物は、心臓においても一つの心室しかもっておらず、また母の胎内に閉じこめられている間、肺臓を使えない胎児は、血液を大静脈から左心室へ流す一つの孔《あな》と、動脈性静脈から肺臓をへずに大動脈へ血液を導く管とをもっているのである。次に（第七に）、もし心臓が動脈によって胃へ熱を送らず、また同時に胃にとり入れられた食物を溶かす助けをするところの、血液の最も流動的な部分のいくらかを胃へ送らないとしたら、どうして胃において消化ということが行なわれうるであろうか。そしてもし、その食物の汁が、幾度も幾度も、おそらく日々百回または二百回も、心臓を通過することによって蒸溜される、ということを考えれば、食物の汁を血液に変える作用というものもたやすく理解されるのではなかろうか。また（第八に）栄養作用と、体内にある種々な体液の産出とを説明するには次のことだけでたりるのではないか。[*2] すなわち血液が希薄になって動脈の末端に進む力のはたらきにより、血液のいくぶんかはそれがたまたま出会った身体部分の間にとどまることになり、そこに以前にあった血液の部分を追いだしてこれにとって代わること。そして血液が出会う孔の位置や形や大きさに応じて、血液の、ある部分は他の部分とはちがった場所に向かうことになるのであって、これはちょうどいろいろな目をもつ篩《ふるい》が、さまざまな穀粒をふるい分ける役目をするのと同じであること。そして最後に（第九に）、これらすべての事がらのうち最も注目すべきことは、動物精気[*3]の発生である。動物精気とは、きわめて微細な空気のようなもの、あるいはむしろ、きわめて純粋な活発な焔《ほのお》のようなものであって、たえず豊かに心臓から脳へとのぼってゆき、そこから神経管によって筋肉のほうへ向かい、身体のすべての部分に運動を与えるのである。このとき血液の諸部分のうち最も活動的で透過力が強くてこの精気となるに最も適した部分を、脳のほうへ向かわせて他には向かわせない原因としては、次のことを考えればたりる。すなわち精気を脳へ送る諸動脈は、ほかの動脈よりも、心臓からまっすぐな直線をなして脳にきていること、および、左心室からでた血液が脳に向かう場合のように、多くのものが同時に同一方向に動こうとし、しかもその方向にそれらすべてを容《い》れるに十分な場所がないときは、自然の規則でもあるところの機械的技術の規則に従って、より弱くより不活発なものは、より強いものによっておしのけられ、したがって、より強いもののみがその場所に達することになるということ。

これらのすべてのことを私は、以前に発表しようと思った論文の中で、相当詳しく説明したのであった。そしてこれらにつづいて、次のようなことをも述べた。首が切り落とされると、それはもはや生きてはいないにもかかわらず、しばらくはなお動き、土を嚙《か》んだりする、という例に見られるように、動物精気が人間の身体の部分を、内部から動かす力をもつにいたるためには、神経や筋肉の構造はどのようなものでなければならないか。覚《かく》醒《せい》や睡眠や夢を起こす原因としては、どのような変化が脳のうちに起こらねばならないか。光や音や香《かお》りや味や熱やその他の外的対象のもつすべての性質が、どのようにして、感覚器官を通じて脳の中にさまざまな観念を刻みつけうるのか。どのようにして飢えや渇きやその他の内的情念もまた、みずからの観念を脳に送りこむことができるのか。脳の中で、それら観念を受けとる場所である、共通感覚は、どういうものと考えるべきか。観念を保存するところの、記憶とはどういうものか。観念をさまざまに変えたり、新たな観念を組み立てたりすることのできる、想像とはどういうものか。そしてこの想像はまた、動物精気を筋肉中へ送りこみ、この人体の諸部分にさまざまな運動を行なわせるのであって、その運動は、われわれの身体部分が意志に導かれることなしに行なう運動と、その多様性において等しく、また感覚器官に現われる諸対象および身体内にある種々な内的情念に応じてさまざまであるという点でも、等しいのである。——人間のくふうがいろいろな自動機械を数多くつくりうるのを知る人々、しかもそのさい、多数の骨や筋肉や神経や動脈や静脈やその他の各動物の身体のもつさまざまな部分のすべてに比してまことにわずかな部分しか用いていないことを知る人々は、うえのような人体を、神の手によってつくられたゆえに、人間がつくりだしうるどの機械よりも、比較にならぬほどすぐれた秩序をもち、かつみごとな運動をみずからなしうるところの、一つの機械とみなすであろう。そしてそういう人々ならば、うえに私が述べたことを、奇妙なこととは思わないであろう。

なお私はここで特に立ちどまって次のことを述べておいた。猿またはどれかほかの、理性をもたぬ動物と、まったく同じ器官をもちまったく同じ形をしているような機械があるとすると、その機械がそれら動物とどこかでちがっているということを認める手段をわれわれはもたないであろう。しかしながら、われわれの身体とよく似ておりかつ事実上可能なかぎりわれわれの行動をまねるような機械があるとしても、だからといってそれがほんとうの人間なのではない、ということを認めるための、きわめて確かな二つの手段を、われわれはやはりもつであろう。その第一は、そういう機械が、われわれが他人に自分の考えを述べるときのように、ことばを用いたり、またはほかの記号を組み立てて用いたりすることは、けっしてなしえないだろうということである。というのは、なるほど一つの機械がことばを発しうるように、さらにはその器官になんらかの変化を起こす物体的作用に応じて、なんらかのことばを発しうるようにさえ——たとえばどこかをさわると「なんのご用ですか」と問うとか、ほかの場所にさわると「痛い」と叫ぶとか——つくられている、と考えることはできる。けれどもそういう機械が、自分の前でいわれるすべてのことの意味に応じたこたえをするために、ことばをさまざまに排列するとは考えられないのである。これは人間ならばどんなに愚かな者にでもできることである。さて第二の手段は、そういう機械は多くのことをわれわれ同様に、あるいはときにわれわれ以上にうまく、なしうるであろうが、やはり必ず何かほかのことではなしえないことがあって、この点から見てその機械は、認識によって行動しているのでなく、ただ器官の配置のみによって行動しているのだということが、暴露されることである。というのは、理性は普遍的な道具であってあらゆる種類の機会に用いうるものであるに対し、それらの器官は、いちいちの個別的な行動のためになんらかの個別的な配置を必要とするのであり、したがって、生のあらゆる状況において、われわれの理性がわれわれを行動させると同じしかたでその機械をして行動せしめるにたるだけの、多様な器官の配置が、一つの機械の中にあるなどということは、実際上不可能なことだからである。

さてこの二つの手段によってまた、人間と動物との間にある相違を知ることができる。人間ならばいかに鈍い愚かな者でも、またおそらくは気の狂った者でも、さまざまなことばを集めて排列し、一つの談話をつくりあげて、自分の考えを他の人に伝えることができるが、反対に、他の動物には、いかに完全でありいかによい素質をもって生まれていても、同じことができるものはない。これはきわめて注目すべきことである。それは動物になんらかの器官が欠けているために起こることではない。その証拠に、鵲《かささぎ》や鸚鵡《おうむ》は、われわれ同様ことばを発しうるが、しかしわれわれのようには話すことができない。すなわち、自分が口にすることは自分が考えていることであるということを明らかに示しながら話す、ということはできない。しかるに人間は、生まれつきの聾啞《ろうあ》者であって、他の人がものをいうために用いる器官を欠いていること動物と同様であるかまたは動物よりもはなはだしい場合ですら、ある種の記号をみずからつくりだすのがつねであり、そういう記号によって、始終彼らと共にいて彼らのことばを覚える時間をもつ人々に、自分の考えを通じるのである。そしてこのことは、動物が人間よりも少ない理性をもつ、ということを示すだけなのではなくて、動物が理性をまったくもたない、ということを示しているのである。というのは、話すことができるためには、ほんのわずかの理性しか必要でないことは明らかだから。そして同一の種に属する個々の動物の間には、個々の人間の間におけると劣らず、不平等が認められ、あるものは他のものより訓練されやすいということがあるのだから、その種において最も完全な一匹の猿または鸚鵡が、人間のうち最も愚かな子供あるいは少なくとも頭に障害のある子供にさえ、ことばの使用という点で匹敵しえないなどということは、もし彼らの精神が、われわれの精神と全然異なったものでないとするならば、とても信じられぬことである。なおまたことばと自然的動作とを混同してはならない。自然的動作は情念を表明し、動物によってもまた機械によっても模倣しうるものである。またある古代人たち（ルクレティウスら）のように、われわれは動物のことばを理解せぬけれども動物は語っているのだ、と考えてはならない。なぜなら、もしそれがほんとうならば、動物たちはわれわれの器官に似た多くの器官をもっているのだから、彼らは彼らの仲間に話を通じうると等しくわれわれにも話を通じうるはずだからである。また次のような注目すべきこともある。多くの動物はその行動のあるものにおいては、われわれ人間をしのぐ巧みさを示すが、しかしその同じ動物が、多くの他の事がらにおいてはまったくそれを示さぬことが認められる。したがって彼らがわれわれよりうまくやるということは、彼らが精神をもつということを証明するものではない。というのはもしそうならば、彼らはわれわれのだれよりも多く精神を有することになり、すべてのことにおいてわれわれよりうまくやるはずだからである。それはむしろ、彼らが精神をまったくもたず、彼らのうちには自然が彼らの諸器官の配置に従ってはたらいているのだ、ということを証明するのである。あたかも時計が、車輪とぜんまいとだけから組み立てられているにもかかわらず、われわれが知恵をしぼってもおよばぬ正確さで、時刻を数え時間をはかることができるようなものである。

次に私は理性的精神について述べ、それが、今まで述べてきたことのように、物質の力からとりだされうるものではけっしてなく、特別に創造されたものでなければならぬ、ということを示した。そしてまた理性的精神は、水先案内人が舟に乗っているようなぐあいに、人間のからだの中に宿っている、というだけでは不十分であること、もっとも手足を動かすだけならばそう考えるだけでたりるかもしれないが、それに加えてわれわれのもつような感覚や欲望をもつことができ、したがって、一人の真の人間を形づくることができるためには、精神は身体にさらに密接に結ばれ合一しているのでなければならぬことを、私は示した。なお私はここで精神の問題について少し立ち入った議論をした。それは最もたいせつな問題の一つだからである。というのは、神を否定する人々の誤りはすでに十分に反駁《はんばく》したと私は思うが、この誤りに次いでは、動物の精神がわれわれの精神と同じ性質のものであり、したがって蠅《はえ》や蟻《あり》と同じくわれわれも、この世の生ののちになんの恐るべきものも望むべきものももたぬと思いこむことほど、弱い精神を徳の途《みち》からそれさせがちな誤りは、存在しないからである。そして反対に、ひとが動物精神とわれわれの精神とがどれほどちがったものであるかを知るならば、われわれの精神が身体からはまったく独立な種類のものであって、したがって身体とともに死ぬべきものでないということを証明する議論を、はるかによく理解するであろう。かつまた、精神を破壊しうる原因として、身体の死以外に何も見あたらぬのであるから、ひとはおのずからに、精神が不死であると判断するにいたるのである。

＊1　エーテルのような物質に渦巻ができ、その中心に星ができる、渦巻の一つ一つが一つの天空である。

＊2　身体の各部分は血液から栄養をとり、不用な部分を尿や汗として外にだすと考える。体液とは、尿や汗や唾液のことである。

＊3　『情念論』一一三ページの注1参照。

第六部

今から三年前、これらすべてを述べた論文を書きあげて、出版者の手に渡すために見直しはじめていたときであったが、私がうやうやしく従い、私自身の理性が私の思想に対してもつ権威に劣らぬ権威を私の行動に対してもつ人々（ローマ法王庁の人々）が、少し前に、ある人（ガリレイ）によって発表された自然学上の一意見を非としたことを知った。ところで、私自身その意見をとっているとはいうつもりはないが、こうはいっておきたい、彼らの検閲の前には、その意見中に、宗教にも国家にも有害であると私に思えるような点は認められなかった、したがってかりに理性がその意見を私にとらせたとするなら、私にそれの発表を思いとどまらせたであろうような点は何一つ認められなかった、と。そして私は今まで、きわめて確実な論証なしにはいかなる新たな意見をも私の信念のうちにとり入れまい、だれかの不利になりそうな意見については何も書くまい、とたいへん注意をはらってきたものの、うえのようなことがあってみると、私の意見の中には誤っているものもやはりあるかもしれぬとおそれた、と。さてこのことは、私をして、私の意見を発表しようとする決心を変えしめるに十分であった。というのは、私が前にその決心をした理由はたいへん有力なものではあったが、本をつくる職業をいつも嫌っていた私のもちまえの傾向は、その決心を捨てる口実となるような他の理由の数々を、私にただちに見つけさせたからである。そういうあれやこれやの理由を私はここで述べてみたい気がするが、私ばかりでなく世間の人々もまた、それを知りたいと思われるかもしれない。

私は自分の精神からでてきたものを、たいしたものだと思ったことは一度もない。そして私が用いる方法の生んだ果実としてとり入れたものが、理論的な学問に属するある難問について、満足すべき解を得たとか、あるいはまたその方法が私に教えている諸理由により私がみずからの行ないを律するにつとめたとか、こういうことだけにとどまった間は、私はそれについて何か書かねばならぬなどとは思わなかった。というのは、道徳に関する問題については各人はおのおの十分自分の考えをもっているのであって、もしも、神が君主として人民のうえに据えたとか、また十分な恩寵《おんちょう》と熱意とを与えて予言者たらしめたとかいうのではない、ほかの人々に、道徳を少しでも変革することがゆるされるということになれば、人々の頭の数だけの改革者が現われるかもしれないからである。また私の理論的思索は私には非常に気に入っているが、ほかの人々もまたおそらくさらにいっそう彼らの気に入る理論をもっているだろう、と私は考えたのである。しかしながら、私が自然学に関してある一般的な原理を獲得し、それらをさまざまな特殊問題において試《ため》しはじめて、それら原理がどこまで導きうるか、また今まで人の用いてきた諸原理とどれほどちがっているか、を認めるやいなや、私は、それらを人に知らせずにおくことが、われわれの力のかぎりあらゆる人間の一般的幸福をはかれと命ずる、あの掟《おきて》に、大いにそむくことにどうしてもなる、と考えるにいたった。というのは、それらの一般的原理が私に教えるところでは、人生にきわめて有益なもろもろの認識にいたることが可能なのであり、学院で教えられる理論的哲学の代わりに一つの実際的哲学を見いだすことができ、これによりわれわれは、火や水や風や星や天空やその他われわれをとりまくすべての物体のもつ力とそのはたらきとを、あたかもわれわれが職人たちのさまざまなわざを知るように判明に知って、それらのものを、職人のわざを用いる場合と同様それぞれの適当な用途にあてることができ、かくてわれわれ自身を、いわば自然の主人かつ所有者たらしめることができるのだからである。このことはただに、労せずして地上世界のもろもろの果実とあらゆる便宜とを人々に楽しませるところの、無数の技術の発明、という点で望ましいばかりではなく、また主として、明らかにこの世の生の第一の善でありかつあらゆる他の善の基礎であるところの、健康の保持、という点からも望ましいのである。というのは、精神でさえも体質と身体諸器官の配置とに依存するところまことに大であって、人間をだれかれの区別なしに今までよりもいっそう賢明かつ有能ならしめる手段が何か見いだされうるものならば、それは医学のうちにこそ求むべきである、と私には思われるほどなのである。なるほど現在行なわれている医学も、わずかながら目ざましい効用を示すものを含んではいる。しかしながら、といっても私は今の医学を軽蔑《けいべつ》するつもりは少しもないのだが、だれでも、医を業とする者ですらも、現在医学において知られているすべてのことが、これからなお知るべきこととして残されていることに比すればほとんど無に等しい、と認めぬ者はないと私は確信する。そして身体ならびに精神の無数の病気について、またおそらくは老年の衰弱についてすらも、もしそれらの原因と、自然がわれわれに与えているあらゆる療法とを、十分に知るならば、ひとはそれらをまぬがれうるであろうと私は確信するのである。ところで私は、このように必要な学問の探求に全生涯を用いようと企て、命の短さと実験の不足とによって妨げられさえしなければ、まちがいなくその学問の発見に導いてくれると思われる一つの途《みち》を見いだしたのであるが、この短命と実験の不足という二つの障害に対する策としては、次のようにするにしくはないと判断した。すなわち私が見いだしたものはわずかでもすべてありのままに世間に伝え、有能な人々を私よりもさらに先へ進むようにうながし、彼らがおのおのの好みと能力に応じて、必要な実験に協力するように、かつ彼らもまたみずからの学び知ったところをすべて世間に伝えるようにうながすことである。こうすれば、後の者は先の者が終えたところからはじめることになり、かく多くの人の生涯と努力とをあわせることによって、われわれは皆いっしょに、めいめいがひとりで達しうるよりもはるか遠くまで進むことになるであろう、と思ったのである。

さらに、実験については、われわれの知識が進めば進むほど、それがいよいよ必要となることを私は認めた。というのは、はじめのうちは、われわれの感覚におのずからに現われ、少しでも反省すれば知らずにはおれぬような経験を用いるほうが、珍しい手のこんだ実験を求めるよりもよいのであるから。なぜかといえば、そういう珍しい実験は、ひとがありふれた事がらの原因をまだ知らないときには、しばしばひとを欺くからであり、またそれの依存する諸条件はほとんどつねにきわめて特殊な細かなものであって、つきとめることがむずかしいからである。さてこのことに関して私がとった順序は次のようなものである。第一に私は、一般にこの世界にあるもの、ありうるもののすべての、諸原理すなわちもろもろの第一原因を見いだそうとつとめた。ただしそのために、世界をつくった神のみを眼中におき、また諸原理を、われわれの精神に生まれつきそなわっている一種の真理の種子からのみとりだしたのである。次に私は、これらの原因から導きだせる最初の最も普通の結果がどういうものであるかを調べた。こうすることによって私は、諸天空、諸天体、地球を見いだし、さらに地球上では、水、空気、火、鉱物およびすべての中で最も普通で最も単純でしたがってまた最も知りやすい他のいくらかのもの、を見いだしたと思う。次いで、私がもっと特殊なものへくだってゆこうとしたとき、私にはあまりに多種多様のものが示されたので、人間精神にとっては、地上にある物体の形相《けいそう》、いいかえれば種(さまざまな化学的物質)を、もし神が意志すればそこにありえたであろう無限の他の物質種から、はっきり区別することは不可能であり、またしたがってそれをわれわれの使用に供することも不可能である、と私には思われたほどである、もしもわれわれが（順序を逆にして）結果のほうを先に見てそれから原因におよぶようにし、多くの特殊な実験を用いるようにする、のでないならば。さて引きつづいて、私はそれまでに私の感覚に現われたあらゆる対象をふたたび見いだしたが、すでに見いだした原理によってまったく容易に説明できぬようなものは何も認められなかった、というをはばからない。しかしながら、私はやはり次のことを認めなければならない。すなわち、自然の力はきわめて豊富で広大であり、かの原理ははなはだ単純で一般的であるため、私の見いだすほとんどすべての特殊な結果については、最初はそれらが、原理から、多くのちがったしかたで演繹《えんえき》されうることを私は知るのであり、したがって私の最大の困難は、通常、これら多くのしかたのうちのどれにおいて、その特殊な結果が原理に依存しているのか、を見いだすことなのである。そしてこれが困難だというわけは、その方策としてただ次のことしか知らぬからである。すなわち、その説明の一つのしかたをとるのが正しい場合と、他のしかたをとるのが正しい場合とでは、それぞれちがった結果を生みだすような、なんらかの実験をさらに探すこと。そして私はいまや、そういうふうに役だてうる実験の大部分に、どういう角度から手をつけるべきかが十分に見える点まで達したと思う。しかしまたそれら実験がめんどうなものであり、かつきわめて多数であって、私の手も私の収入も、たとえ今の千倍あったところで、そのすべてを実行するにはたりないであろうということも私は知っている。したがって今後私がつごうをつけてその実験を多くやりうるか少なくしかやれないかに従い、自然の認識における私の進みもまた多くも少なくもなるであろう。これらのことを私は、私が書いた論文によって示そうと企てたのであり、またそういう研究から世間が受けうる利益を明らかに示して、人間の善一般を望む人々、すなわち見せかけだけでなくまたみずから称するだけでなくほんとうに有徳な人々が、彼らのすでに行なった実験を私に伝えるなり、今後行なうべき実験の探求において私を助けるなりしようという気になってくれることを期待したのである。

しかしその後ほかの理由が現われて私は考えを変えるにいたった。もちろん私はいくらかでも重要だと判断した事がらはすべて、それの真理を発見するにつれて記しつづけ、しかもそれを印刷させようとする場合と同様の注意をはらわねばならぬ、とは考えていた。それは一つには、事がらを十分に吟味する機会を多くするためであって、われわれは多くの人に見られるはずだと思うものに対しては、自分だけのためにするものに対してよりも、つねにいっそう注意をはらうことは明らかであり、考えはじめたときには真であると思われたものが、それを紙に書こうとする段になると虚偽に見えたことが私にもたびたびあったからである。また一つには、できるかぎり公衆の利益をはかろうとしてであって、私の書いたものが多少とも価値をもつならば、私の死後それを手に入れた人が最も適当なしかたで用いることができるようにしたいためである。しかしながら私は、私の生きている間にそれを公にすることにはけっして同意すべきでないと考えた。それは、私の書いたものがおそらく受けるであろう反対や論争のために、さらには書物によって得られるかもしれぬ何ほどかの名声などのために、自己を教育するために予定している時間を失ってしまうようなことになると困るからであった。なるほど人はみな、できるかぎり他人の善をはかる義務があり、だれの役にもたたぬ人間は、きびしくいえばなんの値うちもない人間なのであるが、しかしまた、われわれの配慮は現代よりも遠くにおよぶべきであって、今の人にいくらかの利益をもたらすであろうと思われることを無視することも、もしさらに多くの利益をわれわれの子孫にもたらすところの他のことをするためであるならば、ゆるされてよいのである。実際、私はあからさまにいうが、今まで学んだわずかのことは、私のまだ知らないことにくらべれば、ほとんど無に等しいのであり、しかも私は、まだ知らぬ事がらを学びうるという希望を捨ててはいないのである。というのは、学問において少しずつ真理を発見してゆく者の場合は、金持ちになりはじめた人が大きな利を得るに、前にまだ貧しかったときにずっと小さな利を得るために費やした労苦よりも、はるかに小さな労苦でことたりるという場合と、ほとんど同じであるからである。あるいはむしろ、学問をする者を軍隊の指揮官にたとえることもできよう。指揮官の力は勝利につれて増すのがつねであって、一つの戦いに敗れたのちにもちこたえるためには、勝ったのちに町や国を占領するに要するよりも、はるかに大きな腕前を要するのである。というのは、われわれが真理の認識に達することを妨げるあらゆる困難と誤謬《ごびゅう》とを克服しようとつとめることは、まことに、戦いをいどむことにほかならず、いくらか一般的で重要な問題について何か誤った考えを受け入れることは、戦いに敗れることなのである。そしていったん誤りにおちたあと、以前と同じ状態に復帰するには、すでに確実な原理をもっていて大きな前進をするに要するよりも、はるかに大きな巧みを必要とするのである。私のことをいえば、私が以前に学問においていくらかの真理を見いだしたとするなら〔この書物に含まれている事がらを見て読者はそう判断してくださると思うが〕、それは私がのりこえた五つ六つのおもな難問の帰結であり派生物であって、それら難問を私は自分が勝った五つ六つの合戦に数える、ということができる。そしてさらに、はばからずにいえば、私は私の計画をなしとげるには二つまたは三つの、同様な合戦に勝つだけで十分だと考えているし、また私はそう年をとってもいない（このとき四十一歳）から、自然の普通の例によれば、私はまだそのために十分な時間をもつことができるであろう。しかし私は、残された時間をよく用いうるとの希望をもつだけに、いよいよそれを節約せねばならぬと思う。そして私の自然学の基礎を公表したなら、時間をむだにする多くの機会が現われるにきまっているのである。というのは、私の自然学の基礎原理はすべて明証的であって、それを理解すればただちに真だと信ぜざるをえぬほどであり、かつまた必要とあればどの原理にも私は証明を与えうると考えるのだが、それら原理が他の人々の意見のすべてと一致するなどいうことは不可能であるゆえ、それらがひき起こす反対論によって私はたびたび自分の仕事から心をそらさせられるにきまっているからである。

そういう反対論は有益であろう、といわれるかもしれぬ。それは私に自分の誤りを気づかせるであろうし、また、私が何かよいものをもっているとすればそれを人々は、この反対論という手段によって、よりよく理解するにいたるであろうし、一人よりも多人数のほうがいっそう多くを見うるのであるから、彼らは今すぐにも、私の見いだしたものを用いてみずから新たな発見をし、それで私を助けてくれるだろう、といわれるかもしれぬ。しかしながら、私は自身がきわめて誤りやすいことを認めており、私の心に現われる最初の思いつきにはほとんどいつも信をおかぬとはいえ、人々から受ける反対について私のもつ経験は、それから何かの利益を期待することを禁ずるのである。というのは、私はすでになんども他人の判断というものを吟味し、私が自分の友人とみなしていた人々の判断も、私のことを別によくも悪くも思っていないと見える人々の判断も、さらには、愛情のために友人たちには見えなかったところを、悪意と嫉妬《しっと》とをもってあばきだそうとつとめているると私にわかっている人々の判断さえも、吟味した。しかしほとんどすべての場合、人々が反対したことは、私がすでに予見していたことであるか、それとも私の問題からひどくかけ離れた事がらであった。したがって、私の意見の批判者としては、私は、私自身ほど厳格で公正だと思われる者にはほとんど出会わなかったことになるのである。また私は学院で行なわれる論争という手段によって、前には知られなかったなんらかの真理が発見されたということを、一度も見たことがない。というのは、だれもかれも相手をいい負かそうとしているときには、双方の理由をはかりにかけるよりは、まことらしさに物をいわせようとやっきになっているからであり、長い間すぐれた弁護士であった人々は、だからといって、あとになってすぐれた裁判官になるとはいえないからである。

私の思想の伝達ということから人々が受けるであろう利益を考えてみると、これもまたあまり大きいものではありえない。というのは、私は私の思想をまだそう遠くまでひろげていないのであって、それを実用に供するに先だって、多くのことをつけ加えなければならないからである。そしてそれができるだれかがあるとしたら、それは他のなんぴとであるよりもむしろ私自身であると、うぬぼれでなく、いいうると思う。世の中に私の精神よりも比較にならずすぐれた多くの精神がありうるということを否定するのではない。あることを他人から学ぶ場合には、みずから発見する場合ほど十分に、そのことを理解しそれをわがものにすることができないものだからである。そしていまわれわれの問題としている事がらに関してはまったくそのとおりであって、私は自分の意見のいくつかを、非常にすぐれた精神の人々にたびたび説明したことがあり、私が話している間は彼らはきわめて判明に私の意見を理解しているように思われたにもかかわらず、それを彼ら自身の口からもう一度いう段になると、彼らはほとんどつねに、それを変えてしまい、私としてはもうそれを自分の意見だとは認められないようにしてしまうのであった。なおこの機会にここで後世の人々に、私の意見だと人から聞いても、私が自身で公にしたことでなければ、けっして信じないようにと、お願いしておきたい。それゆえ私は、その著書の伝わらない古代の哲学者のすべてに人々が帰している奇嬌《ききょう》な考えに驚かないし、また、だからといって彼らの思想が実際きわめて不合理であった、とは判断しない。彼らはその時代の最もすぐれた人々であったのだからである。私はただ、彼らの思想が誤り伝えられたのだと判断するだけである。なおまた彼らの追随者たちのだれかが、彼らをしのいだことがほとんどなかったことも、明らかな事実である。そして現在最も熱心にアリストテレスに従う人々は、自然についてアリストテレスがもっていただけの認識をみずから得るならば、たとえそれ以上は何も得られないという条件つきであっても、自分を幸福な者だと思うであろうことは確かである。彼らは木蔦《きづた》のごとくであって、それを支える木より高く登ろうとはせず、頂上まで達したのちは、しばしばふたたび下に降りてくる。実際、自分らの尊ぶ著者の本の中で明快に説明されているだけのことに満足せず、なおそのうえに、その著者が何も述べずおそらく一度も考えもしなかったような多くの問題の解決をもそこに見いだそうとする人々は、木蔦のようにふたたび降りてくるのであり、いいかえれば、彼らが研究をやめた場合よりもある意味で自分をいっそう無知にするのである。しかしながら、彼らの哲学研究のやり方は、きわめて凡庸な精神しかもたぬ人々にとっては、きわめて好都合なのである。なぜなら、自分が用いる区別や原理の不明瞭《ふめいりょう》さのおかげで、彼らは何ごとでも知らぬことがないかのように大胆に語ることができ、もっと鋭い有能な人々を向こうにまわしてでも、みずからの全主張を固執することができ、しかもいい負かされる心配がないのである。この点で、彼らのすることは、盲人が目明きに対等の条件で打ちかかるために、相手を真暗な洞穴《ほらあな》の奥につれこむのに似ていると私には思われる。そしてこういう人々には、私が、みずから用いている哲学の原理の公表をひかえることは、有利であるといってよい。なぜならその原理は事実きわめて単純できわめて明白であるゆえに、それを公表することによって私は、彼らが打ち合うために降りていった洞穴に、いくつかの窓を開けて光を入れるに似たことをするわけだからである。しかしながら、よりすぐれた精神の人々もまた、私の原理を知ろうと願う理由をもたないであろう。なぜならば、もし彼らが、いっさいのことについて語りうることを望み、学者だという名声を得たいと望むならば、真理を求めるよりも、まことらしさに甘んずるほうが早道であろうから。まことらしさのほうは、あらゆる種類の事がらにおいてたいした骨折りなしに見いだされうるが、真理は、ある限られた事がらについて、少しずつしか発見されず、そのほかの事がらについて語らねばならぬことになれば、「それは知らぬ」と率直に告白することを強《し》いるものなのである。しかし今かりに彼らが、何ごとについても知っているふりをする虚栄よりも、少数の真理の認識のほうをよしとしても〔事実そのほうがはるかによいことはいうまでもない〕、そして彼らが私の計画と同様な計画を追求するとしても、だからといって私がこの序説で今までにいったこと以上のことを彼らにいうことは、彼らにとって必要ではないのである。なぜならば、もし彼らが、私が達したよりもさらに先へ進むことができるのならば、彼らは私がすでに見いだしたと考えている事物を、もちろん、彼ら自身で見いだすことができるはずだからである。さらにまた、私は何ごとをも順序を立てて吟味してきたのだから、私がまだこれから発見しなければならぬものは、それ自体において、私が前に見つけだすことのできたものよりも、いっそう困難で隠されたものであることは確かであって、彼らはそれを、私から学ぶことにより、それをみずから学ぶ場合よりも、はるかに小さな喜びしかもちえぬことになるであろう。彼らが、まず容易なものを求め、徐々にいっそう困難な他のものにうつってゆくことにより、身につけるであろう習慣は、私のすべての教示よりも彼らの役にたつであろう。実際私自身のことをいえば、もし私が若いときすでに、そののちになって私が証明を求めた真理のすべてを、人から教えられ、それを学ぶのになんの労苦もいらなかったのであったなら、私はおそらくそのほかのどのような真理をも知るにはいたらなかったであろう。少なくとも私は、自分が真理を求めようと本気になってかかればすぐ続々と新たな真理を見いだしてゆけるという習慣と熟練とを〔それを私は現にもっていると思うが〕得るにはいたらなかったであろう。要するに、それをはじめた者がまた最もよくそれを仕上げうる者であるような仕事が世にあるとすれば、それこそ私のやっている仕事なのである。

この仕事に役だちそうな実験についていえば、一人の人間がそれらのすべてをやりおおせるわけにゆかぬことはもちろんである。けれどもまた、職人その他の者の手、すなわち金で雇うことができ、利得の希望というたいへん有力な手段によって、こちらの命ずるすべてのことを正確に実行させうる人々の手を別にすれば、自分の手以外の他人の手を、有効に用いることもできないであろう。というのは、好奇心または知識欲によって、助力を申しでる有志の協力者についていえば、彼らはたいてい自分が実際にできる以上のことを約束するものであり、数々のりっぱな提案をするだけでそのどれもけっしてうまくゆかない、というばかりでなく、必ずその報酬として、なんらかの問題の説明とか、少なくとも無益な挨拶《あいさつ》や談話を求めるが、これは、損にならぬ程度のわずかな時間の費えではけっしてすまないものである。また他の人々がすでに行なった実験はどうかといえば、たとえ彼らがそれを伝えてくれる意志があっても〔実験を「秘密」と名づける人々（錬金術士など）はけっして伝えようとはしないが〕、それら実験はたいてい多くの条件や無用な要素から成っていて、そこから真理を読みとることはきわめてむずかしい。そのうえ実験をした人々が、それを自分らの原理に合致するものと見せかけようとつとめたため、それら実験はほとんどすべて、ひどいしかたで述べられており、ときには偽りであったりして、たとえ役にたつものが中にはあるとしても、時間をかけてそれを選びだすほどの値うちはないのである。したがって、もしかりに、きわめて重大な、公衆をこのうえなく益するような事がらを、発見しうる能力をたしかにもつと皆に認められている人がこの世におるとして、ほかの人たちもそれに加担して、あらゆる手段をつくして彼の計画の完成を助けようとつとめる、とするならば、人々が彼に対してなしうることとしては、彼が必要とする実験の費用を支弁することと、さらにそのうえに、彼の時間がなんぴとの邪魔によっても奪われることのないようにすること、よりほかにないと私には思われるのである。しかしながら、私自身は、何か異常なことを約束しようとするほどうぬぼれていないし、世間が私の計画に大きな関心をよせるはずだと思いこむほど、むなしい考えにふける者でもないし、また私がそれに値せぬと思われるような、なんらかの好意を、だれかから受けようなどという、卑しい心をもつ者でもない。

　こうした考えがすべていっしょになって私を動かした結果、三年前には、私は手もとにあった論文を世に示すまいと思い、さらに、生きている間は、このように全般的な、また私の自然学の基礎を人々にわからせるような、いかなる他の論文も、けっして発表すまいと決心した。しかしその後また二つの別の理由が現われ、ここに若干の特殊な試論（「屈折光学」「気象学」「幾何学」の三試論）を書き、かつ私の行動と計画とについてのいくらかの説明（方法序説）を公にせねばならなくなった。第一の理由は、もし私がそうしなければ、以前に私がなんらかの著作を出版しようとする意図をもっていたことを知っている多くの人が、私が出版を思いとどまった原因を、事実以上に私に不利なものだったかのように思いこむかもしれないからである。というのは、私は名誉をひどく愛する者ではなく、それどころか、私が何よりもたいせつに思っている心の平和を害すると判断するかぎりにおいては、こういってよければ、名誉を憎む者であるが、しかしまた、私は自分の行動を何か罪悪ででもあるかのように隠そうとつとめたことはないし、世に知られまいとひどく用心したこともない。そういうことは私自身を不当に扱うことだと考えたからであり、またそんなことをすれば、私の求める心の平和にはやはり反するところの、ある種の不安を、心にいだくことになったろうからである。そしてこうして、かくべつ人に知られたいとも人に知られたくないとも思わずにずっとすごしてきて、けっきょくある種の名声を得ないわけにはゆかなかったから、私は少なくとも悪名だけはどうかしてまぬがれるようにしなければならぬと考えたのである。さて私にこの書物を書かせた第二の理由は、無数の実験が必要でありながら他人の助けなしでは行なえないために、みずからを教育するという私の計画がいよいよ遅々として進まないのを日々見ていると、たとえ世間が大いに配慮してくれると期待するほどのうぬぼれはもたぬにせよ、私よりあとまで生きる人々が、後日次のように私を非難する種をまいておくほど、私自身のことをなおざりにしたくはないからである。すなわち、いかなる点で彼らが私の計画に協力しうるかを知らせることを、私がそれほど無視しすぎなかったならば、私ははるかによい遺産を彼らに残しえたであろうに、と。

そこで、たいして論争の種にならず、また私の原理について私が望む以上のことを公表させられることもならず、しかも私が学問において何をなしうるか何をなしえないかを十分明らかに示すような、若干の問題を、容易に選ぶことができると私は考えた。しかしこの点で成功しているかどうか私にはいえない。私みずから自分の著作について語ることによって、人々の判断の先まわりはしたくない。私は自分の著作を人々によく吟味してもらいたいのである。そしてその気になってもらう機会を多くするために、何か反対論をもたれるかたはどなたでも、それを私の書店に送ってくださるようお願いする。そうすれば書店から通知を受けて私は同時に私の答弁を添えるようにつとめよう。こうすれば読者は、反対論と答弁との両方を見て、それだけ容易に真理について判断がくだせるであろう。というのは、私はけっして長々しい答弁をするつもりはなく、ただ自分の誤りに気づけば率直にそれを承認し、またそれに気づきえなければ、私の書いたことの弁護のために必要だと考えるところを簡単に述べ、そのさい、何か新たな問題の説明を加えたりして次から次へとはてしなく引きまわすようなことはけっしてしないつもりだからである。

「屈折光学」と「気象学」とのはじめのところで私の述べた事がらのあるものを、私は「仮説」とよんでいながらそれを「証明」しようともせぬように見えるのを、読者ははじめ怪しまれるかもしれぬ。しかし辛抱して全体を注意深く読んでもらえば納得してもらえるだろうと思う。というのは、私の考えでは、そこではもろもろの理由が相互につながっていて、あとのものはそれらの原因であるところの、初めのものによって論証され、初めのものは、それらの結果であるところの、あとのものによって論証される、というようになっているのだからである。しかしこういっても、論理学者が循環論証とよぶ誤りを私がおかしていると考えてはならない。というのは、実験がそれらの結果のほうの大部分を確実なものとしているのであり、それら結果が演繹《えんえき》される原因のほうは、それら結果を「証明」するよりはむしろ「説明」する役をしており、まったく反対に原因こそ結果によって「証明」される、のだからである。そして私がそれら原因のほうを「仮説」と名づけたのは、すでに述べたもろもろの第一原理からそれら原因を演繹できると私は考えるけれども、その演繹をここではわざとしないのだ、ということを人々に知らせるためにほかならないのである。なぜしないかといえば、人が二十年もかかって考えたことのすべてを、それについて二つ三つのことばを聞くだけで、一日でわかると思いこむ人々、しかも鋭くすばやい人であればあるほど誤りやすく、真理をとらえそこねることが多いと思われる人々が、私の原理だと彼らが信ずるものをもとにして、何か奇矯《ききょう》な哲学をたてるきっかけになり、そういう哲学が私のあやまちにされる、というようなことを防ぐためなのである。というのは、ほんとうに私のものであるところの意見についていえば、私はそれを新奇な意見だとしてそのためにいいわけをしたりしたくはないのだから。なぜなら、私の意見がどういう理由にもとづいているかをよく考えてもらえば、私の意見がきわめて単純で常識に合致していることがわかり、同じ問題についての他のどの意見よりも異常な点や奇妙な点は少ないと見えてくるだろうと私は確信するのだからである。また私は、それらの意見のどれについても、その最初の発見者だなどといって誇るのではない。以前にほかの人がその意見をいったからでも、いわなかったからでもなく、ただ理性がそれを私に納得させたから私はその意見を受け入れたのだ、といって誇りたい。

「屈折光学」で述べられた発明を、職人たちがすぐには実行できぬからといって、その発明が悪いとはいえない、と私は信ずる。というのは、私の述べたもろもろの機械を、あらゆる点にわたって欠けたところのないように、つくりあげてうまく組み合わせるためには、腕がきいていてしかも慣れたうえでなくてはだめであって、それを職人たちがはじめからうまくやってのけるようなことがあるなら、だれかがよい楽譜をもらっただけで、一日のうちに、琵琶《びわ》をひきこなせるようになったという場合に劣らず、私はおどろくことだろうからである。また私が、私の先生たちのことばであるラテン語でなく、私の国のことばであるフランス語で書くのは、生まれつきの理性のみを用いる人々のほうが、むかしの書物しか信じない人々よりも、私の意見をいっそう正しく判断してくれるだろうと思うからである。そしてそういう良識をもつうえにさらに学問をも兼ねている人々はといえば、こういう人々をこそ私は私の裁判官としてもちたいのであるが、彼らも、私が私の議論を通俗のことばで述べているからといってそれを聴くことを拒むほど、ラテン語をひいきにはしていないであろうと信ずる。

なおまた、学問において今後自分がなしうると思っている進歩について、私はここで詳しく述べようとは思わないし、たしかに実行できるとはわからぬ何かの約束を世間に対してしようとは思わない。ただ次のことだけはいっておきたい。医学に対して今までの規則よりも確かな規則を与えうるような、ある種の自然認識を得ようとつとめることにのみ、私は私の余生を用いようと決心していること。あらゆる他の種類の計画、ことにある人々を益すれば必ず他を害することになるような計画（軍事技術の研究など）は、私の好みからきわめて遠いものであるから、ひょっとしてそういうことに携わることを強《し》いられることがあっても、それをうまくやりとげる力が私にあるとは思わないこと。このことを私はここではっきりいっておく。これをいうことは、私を世間で重んぜしめるゆえんでないことはよく承知しているが、私のほうでも世間で重んぜられたいという望みは少しももっていないのである。そして私は、私にこの世で最も名誉ある役を与えてくれる人々よりも、私がなんの邪魔もなく閑暇を楽しみうるように好意をもってはからってくれる人々のほうを、つねにありがたく思うであろう。

情念論（精神の諸情念）

本文中に挿入した第1図から第4図までの図版は、デカルトの著作断片で没後刊行された『人間論』にあるものを、理解のためにここに掲載した。

第一部

情念一般について。そしてついでに、人間の本性全体について

一　ある主体に関して受動であるものは、他のある主体に関してはつねに能動であること

昔の人々からわれわれのうけついだ知識が、いかに欠陥の多いものであるかは、彼らが情念について書いたことのうちに最もよく現われている。というのは、情念という主題の認識はいつの時代でも大いに求められてきたにもかかわらず、そしてまた、だれでも情念を自己自身のうちに感ずるのであって、その本性を見いだすために、他から観察を借りる必要はないのだから、この主題はきわだってむずかしい主題に属するとは思われないにもかかわらず、昔の人々がそれについて教えているところは、まことにとるにたりないものであり、大部分信用しがたいものであって、私には、彼らのとった道から遠ざかることによってしか、真理に近づく希望がもてないほどだからである。そういうわけで、私はここで、前にだれもまだ手をつけたことのない主題を論ずるかのように、書かざるをえないであろう。

さて、はじめにまず私は、次のことに注目する。すなわち、すべて新たに生ずること、新たに起こることとは、哲学者たちの一般に用いるよび名によれば、そのことが起こるのを受け入れる主体に関しては「受動《パッション》」とよばれ、そのことを起こす主体に関しては「能動《アクション》」とよばれること。したがって、能動者と受動者とは多くの場合たいへんちがっているが、能動と受動とはいつも同一の事がらであって、それは、二つのちがった主体に関係づけられうるがゆえに、能動と受動という二つの名をもつのであること。

二　精神の情念を知るには、精神の機能を身体の機能から区別しなければならないこと

さらに私は、次のことにも注目する。すなわち、われわれの精神が合一している身体以上に直接に、われわれの精神に対して能動的にはたらきかける主体があるとは認められないこと。それゆえ、精神において受動であるものは、通常、身体においては能動であること。したがって、われわれの受動《パッション》（すなわち情念《パッション》）の認識にいたるための最上の道は、精神と身体との相違を吟味し、そうすることによって、われわれのうちにある多くの機能のおのおのを、精神と身体とのいずれに帰すべきかを知ること、にほかならないこと。

三　そのために従うべき規則

そのことを、たいした困難にあわずになしうるには、次のことに注意すればよいであろ

う。すなわち、われわれがわれわれのうちにありと経験する事がらであって、同時に、まったく精神を欠いた物体のうちにもまたありうると認める事がらはすべて、われわれの身体にのみ帰すべきであり、反対に、われわれのうちにあり、しかも物体に属しうるとはどうしても思われぬ事がらはすべて、われわれの精神に帰すべきであること。

四　肢体の熱と運動とは身体から生じ、思考は精神から生ずること

たとえば、われわれは、いかなる意味でも、物体が考えるなどとは思わないゆえに、われわれのうちにあるすべての種類の考えは、精神に属すると信ずるのが正しいのである。そしてわれわれは、精神をもたぬ諸物体が存在し、それらは、われわれの身体と同じくらいに、またはそれ以上にさまざまなしかたで運動しうることを疑わないゆえに〔経験はそのことを焔《ほのお》において示している、すなわち焔はそれだけでわれわれの肢体のどれよりもはるかに多くの熱と運動とをもつ〕、われわれのうちにある熱や運動のすべては、それらが思考に依存するのでないかぎり、身体にのみ所属すると信ずべきなのである。

五　精神が身体に運動と熱とを与えると考えるのは誤りであること

これによってわれわれは、きわめて大きな誤りを避けることになるであろう。その誤りには多くの人々が陥ったのであり、それは私の見るところでは、情念やその他精神に属す

る事がらを、いままで十分説明できなかった最もおもな原因なのである。その誤りとはすなわち、死体がすべて熱を失っており、したがって運動を失っておるのを見て、精神の不在がこの運動と熱とを消失させたのだと想像し、かくて、われわれの生まれながらにもつ熱と身体のあらゆる運動とは、精神に依存すると誤り信ずるにいたった、ということである。しかし、実は反対に、人が死ぬとき、熱がなくなりかつ身体を運動させる役目をする諸器官がこわれるからこそ、精神が去るのだ、と考えるべきなのである。

六　生きている身体と死んだ身体との間にどういう相違があるか

そこで、この誤りを避けるために、死はけっして精神の欠如によって起こるのではなく、ただ身体のおもな部分のどれかがこわれることによってのみ起こるのだ、ということに注意しよう。そして、生きている人間の身体と死んだ人間の身体との相違は、一つの時計またはほかの自動機械（すなわち、自己自身を動かす機械）が、ゼンマイを巻かれており、かつその機械のつくられた目的である、もろもろの運動を起こすところの物体的原理を、それの活動に必要なすべてのものとともにうちにもっている場合と、同じ時計または他の機械がこわれていて、その運動の原理がはたらきをやめた場合、との相違に等しい、と判断しよう。

七　身体の諸部分および身体のいくつかの機能についての簡単な説明

このことをさらにわかりやすくするため、私はここで、われわれの身体の機構が組み立てられているしかたのすべてを、簡単に説明するであろう。

われわれには、心臓、頭脳、胃があり、もろもろの筋肉や神経や動脈や静脈などがあることは、いまではだれでも知っている。また、食べた食物が胃にさがり、さらに腸にさがり、そこからその食物の液が肝臓に流れ入り、さらにすべての静脈に流れ入って、静脈の含む血液と混じり、こうして血液の量を増す、ということも知られている。医学の話を少しでも聞いたことのある人なら、さらにそのうえに、心臓がどのように組み立てられているかを知っており、また静脈中の血液の全体が、大静脈から心臓の右側に容易に流れ入り、そこから、動脈性静脈と名づけられている血管（肺動脈）を通って肺臓にうつり、次いで肺臓から、静脈性動脈と名づけられている血管（肺静脈）を通って心臓の左側にもどり、最後にそこから大動脈にうつるのであり、かつこの大動脈の多くの枝が全身に広がっているのだ、ということをも知っている。さらに、古人の権威によってまったく盲目にされておらず、目を開いて血液循環についてのハーヴェイの意見を調べてみようとした人々ならばだれでも、次のことを疑わない。すなわち、身体のすべての静脈と動脈とは、血液がたえずきわめてすみやかに流れている小川のようなものであって、その際、血液は、心臓の右心室から発して動脈性静脈（肺動脈）を流れ、しかもこの動脈性静脈の枝は肺臓全体に広がっていて、静脈性動脈（肺静脈）の枝とつながっているので、血液は肺臓からこの静脈性動脈を通って心臓の左側にうつるのであり、さらにそこから大動脈にゆくが、この大動脈の枝は身体のほかの部分の全体に広がり、大静脈の枝とつながっているので、同じ血液はさらに大静脈によってふたたび心臓の右心室へ運ばれる、ということ。そこで心臓のこれら二つの心室は、全血液が身体を一循環するごとに通過せねばならぬ二つの水門のようなものであること。

　さらに次のことも知られている。すなわち、肢体のあらゆる運動は筋肉によって起こり、もろもろの筋肉は互いに対抗し合っていて、対抗する二つの筋肉の一方が縮むとそれは自分が付着している身体部分を自分のほうへ引きよせ、同時に自分に対抗しているもう一方の筋肉を伸ばさせる、ということ。次いで、別のときに後者のほうが縮むと、そのためにこんどは前者がふたたび伸び、かつ後者は自分の付着している身体部分を自分のほうへ引きよせるということ。最後に、筋肉のこれらすべての運動、およびすべての感覚は、神経に依存しており、神経は、すべて脳からでるところの細い糸または細い管のようなものであって、脳と同様、動物精気と名づけられるきわめて微細な空気または風をいれている、ということも知られている。

八　これらすべての機能の原理は何か

しかしながら、どのようにして動物精気と神経とが運動と感覚に関与するか、また動物精気と神経とを活動させる物体的原理はなんであるかは、一般には知られていない。それゆえ私は、すでに他の著書でそれについていくらか述べたけれども、やはりここでも、簡単に次のことをいっておく。すなわち、われわれが生きている間は、われわれの心臓に不断の熱があり、これは静脈の血液が心臓において維持する一種の火[*1]であり、この火がわれわれの肢体のあらゆる運動の物体的原理である、と。

＊1　油が燃えて火になるとき、油がなくなれば火は消える。すなわち、油は火を「維持」している。心臓の火は「光のない火」であるが、血液によって「維持」されるのである。

九　心臓の運動はどのようにして起こるか

この熱の第一のはたらきは、心臓の二つの心室をみたしている血液を膨張させることである。その結果、血液はいっそう大きな場所を占めることを求め、強い勢いで、右心室から動脈性静脈（肺動脈）へ、また左心室から大動脈へ流れる。次いで、こうして膨張がやむと、ただちに、新たな血液が、大静脈から右心室へ、静脈性動脈（肺静脈）から左心室へはいってくる。というのは、これら四つの血管（大静脈・動脈性静脈・静脈性動脈・大動脈）の入口には、いくつかの小さな弁があり、それらの弁の配置によって血液は、大静脈と静脈性動脈とからしか心臓の中にはいりえず、動脈性静脈と大動脈とによってしか心臓からでることができないようになっているからである。ところで、こうして心臓にはいった新たな血液は、心臓内で、ただちに、前と同様に希薄化される。そしてただこれだけのことによって、心臓と動脈との脈搏《みゃくはく》すなわち鼓動が生ずるのであり、鼓動は新たな血液が心臓にはいるたびごとにくりかえされるのである。

またこのことが血液に運動を与え、血液をして、たえず、大きな速度で、あらゆる静脈と動脈との中を流れしめる。そして、こうして血液は、心臓で得た熱を、他のすべての身体部分に運ぶのであり、それら身体部分に栄養を与えるのである。

一〇　いかにして脳のうちに動物精気が生ずるか

しかしながら、ここで最も注目すべきことは、心臓で熱によって希薄化せられた血液の、最も活発な最も微細な部分のすべてが、たえず多量に、脳の空室に流入するということである。血液のその部分を、他のどの場所よりも脳に向かわせる理由は、心臓から大動脈へでるすべての血液がまっすぐに脳のほうへ進み、しかも脳の入口がたいへん狭いために、全部はそこにはいることができず、血液のうちで最も激しく動き、かつ最も微細な部分のみがその入口を通り、他の部分は身体のあらゆる他の場所に広がる、ということである。

ところで、血液のこのきわめて微細な部分が動物精気をつくるのである。そして、この部分は、動物精気となるために、脳の中で何か他の変化をうける必要はなく、ただ脳にはいることにより、それほど微細でない血液の部分から分離される、というだけでよいのである。というのは、私がここで精気と名づけるものは、物体にほかならないのであり、松明《たいまつ》からでる焔の粒子と同様、きわめて微小できわめて速く動く物体であるという以上に、なんら他の特性をもっていないのであるから。そこで精気はどの場所にも静止することがなく、またある精気が脳の空室にはいるに従って、他の精気は、脳の実質の中にあいている多くの孔《あな》によって脳からでてゆき、これらの孔は精気を神経に導き、神経からさらに筋肉に導く。かくて精気は、身体を、それにとって可能なあらゆる異なった運動のしかたで、運動させるのである。[*1]

＊1　「動物精気」esprits animaux; spiritus animales が、デカルトの意味では気体化した血液のようなものであって、血液と本質的には異ならない物質であることは明らかであるが、この語の由来を説明しておく。――ガレノス（一二六ころ～一九九）以来の古い医学では、「精気」pneuma; spiritus は血液に加わる生命物質であって、血液が食物の消化によってできるのに対して、精気は肺臓を通じて空中から摂取される。それは「自然精気」spiritus naturales、「生命精気」spiritus vitales、「精神精気」spiritus animales に分かたれ、「自然精気」は食物の液が静脈血となるとき与えられる精気であり、「生命精気」は静脈血が動脈血となるとき加わる精気であり、「精神精気」は動脈血が脳にのぼると加えられる精気である。そして

「精神精気」は、心的作用を生むものである。そこで、この伝統的な考えによれば、spiritus animales は、「動物精気」と訳すべきではなく「精神精気」とか「心的精気」とか訳すべきである（ガーディナー『心理学史』矢田部達郎・秋重義治訳）。——しかしながら、デカルトの考えでは、血液とは別に「精気」という生命物質があるわけではない。ただ、彼もガレノスの伝統に従って、血液と神経作用の媒質とが直接につながっていると見たから、この媒質に spiritus animales の名を与えたのである。同じやり方でデカルトは、一六四三年六月十九日、フォルスティウスあての手紙では、消化された食物の液そのものが spiritus naturales であり、血液そのものが spiritus vitales であると解している。

ところで、さらにデカルトは、意識作用をまったく非物質的な精神の作用であると考えるから、ガレノスにおける「精神精気」spiritus animales は、デカルトでは意識作用の主体という意味をまったく失ってしまい、感覚神経と運動神経とを流れる流体にすぎず、それだけでは意識をまじえない反射的行動（つまり「人間的」でない「動物的」行動）のみの説明原理となっている。それで、spiritus animales を「動物精気」と訳すのは、ガレノスの原義からいうと誤訳であるが、デカルト説そのものからいえばむしろ適訳なのである。

一一　筋肉の運動はいかに起こるか

なぜならば、肢体のあらゆる運動の唯一の原因は、すでに述べたように、ある筋肉が縮み、それに対抗する筋肉が伸びるということである。そしてある一つの筋肉を、それに対抗する筋肉をおいて、縮ませるところの唯一の原因は、脳から当の筋肉にくる精気が、他の筋肉へくる精気よりも、ほんのわずかでも多い、ということである。しかしこのとき、脳から直接にくる精気が、それだけで、それらの筋肉を動かすに十分であるというのではなく、脳からくる精気は、すでにこれらの筋肉のうちにある他の精気をして、全部きわめてすみやかに、一方の筋肉から他方へ移動させるのであり、その結果、精気のでてゆくほうの筋肉は伸びかつゆるむが、精気の流入するほうの筋肉は、精気によって急に膨張させられるから、縮むことになり、それの付着している肢体を引っぱることになるのである。

このことをたやすく理解するには、次のことを知りさえすればよい。すなわち、脳からたえず各筋肉にくる精気は、ごくわずかであるけれども、同じ筋肉の中にはいつも多量の精気がこめられていて、筋肉中できわめて速く動いており、ある場合には、その筋肉から外にでる通路を閉ざされているために、同じ所をぐるぐるまわっているが、ある場合には、その筋肉に対抗している筋肉のほうへ流入するのである。なぜならば、各筋肉には精気が一方から他方へ流れる多くの小さな入口があって、脳から一方の筋肉へくる精気が、他方の筋肉へくる精気よりも少しでも大きな力をもつとき、その力強いほうの精気は、他方の筋肉の含む精気を、自分の筋肉のほうへ流入せしめるすべての入口を開き、同時に自分のほうから他方へ精気のでてゆくすべての入口を閉じる。その結果、以前には両方の筋肉中に含まれていた精気が、すべて一方の筋肉のほうに集まることになり、かくてそれを膨張させて短くし、同時に他方の筋肉を伸ばしゆるませるのである。

一二　外部の対象が感覚器官にいかにはたらきかけるか

なおここで、精気が脳から筋肉へ、必ずしも同じしかたで流れず、ときにはある筋肉のほうへ、他の筋肉によりも多く流れる、ということの原因を知っておかねばならない。というのは、のちに述べる（一八・三一・三四節）ように、精神の活動が事実それら原因の一つとしてわれわれのうちにあるのだが、そのほかになお、身体のみに依存するもう二つの原因があり、これらに注意する必要があるからである。

原因の第一は、感覚器官の中にそれぞれの対象によってひき起こされる運動の多様性である。これを私はすでに『屈折光学』（第四篇）の中で相当詳しく説明したが、この『情念論』を見る人がほかの本を読んでおらねばならぬというようなことにならないように、ここでくりかえして次のことを述べておこう。すなわち、神経において注目すべき三つのものがあり、第一は神経の髄、いいかえればその内的実質であって、細い糸の形で、脳から発してそのほかの身体部分の端々まで伸びてそこに付着している。第二はこれらの糸をとりまく膜であって、脳をつつむ膜とつながっていて、細い管をつくり、糸を入れている。第三は動物精気であって、これらの管によって脳から筋肉まで運ばれるが、またこの精気のおかげで神経の糸は管の中で何ものにも拘束されずに伸びているのである。そこで、あたかも一本の紐《ひも》の一端を引けば他端をも動かすことになるように、神経の糸の付着している身体部分を、わずかでも動かすものがあると、それはまた同時に、糸のでてきている脳の部分を動かすことになる。

一三　外部の対象のこのはたらきが、さまざまなしかたで精気を筋肉に送りうること

そしてこれも『屈折光学』で説明したことであるが、視覚の対象のすべてがその姿をわれわれに示すのは、それら対象とわれわれとの間にある透明な物体を介して、まずわれわれの眼底にある視神経の細い糸を、次いでこれら視神経の源である脳の場所を、局所的に動かすということのみから起こるのである。しかも、対象は視神経や脳の場所を、対象がわれわれに示す物の多様性と同じだけの多様なしかたで、動かすのである。またそれら対象を精神に呈示するものは、直接には、眼に起こる運動ではなくて、脳に起こる運動なのである。そこでこういう視覚の例によってたやすく理解できることであるが、音、香り、味、熱さ、痛み、飢え、渇きなど、一般にわれわれの外的感覚ならびに内的欲求のすべての対象は、われわれの神経の中にある運動を起こすのであり、それが神経によって脳に達するのである。

さて、脳におけるこれら多様な運動は、このようにしてわれわれの精神に多様な感覚を与えるのであるが、そのうえになお、これらの運動は、精神の介入なしに、動物精気をある筋肉のほうへ流れさせて、肢体を動かさせることもできるのである。そのことをここで、

たんに一例をもって示すであろう。われわれの眼に向かってだれかが急に手をつきだして打ってかかるふりをすれば、その人がわれわれの親しい人で、ただたわむれにそうするだけであって、怪我《けが》などさせないように十分気をつけている、と知ってはいても、われわれはやはり眼を閉じないでいることがむずかしい。してみると、われわれの眼が閉じるのは、われわれの精神を介してでないことは明らかである。そのことは、われわれの意志に反して起こるのであり、意志こそわれわれの精神の唯一の、あるいは少なくとも主要な、能動的活動なのだからである。眼が閉じるのは、われわれの身体の機構のせいであって、他人《ひと》の手がわれわれの眼のほうにくる運動は、われわれの脳のうちにある他の運動をひき起こし、それが動物精気を、眼瞼《がんけん》をさげる筋肉の中へ導くようになっているのである。

一四　精気そのもののもつ多様性もまた精気の流れ方を多様ならしめうること

動物精気を筋肉へ多様なしかたで導くことにあずかっている第二の原因は、精気の動揺の不等性と、精気の粒子の多様性とである。というのは、精気の粒子のあるものが他より粗大であって他よりもひどく動揺するとき、それらの粒子は、脳の空室および脳の多くの孔へまっすぐにいっそう深く進入し、そのため、粒子がそれほど力をもたなかったなら達しないであろうような筋肉にまで達するのである。[*1]

＊1　デカルトは、脳のまん中に空室があり（前室と後室とに分かれてひょうたん形になっている）、その空室の内壁に、身体各部分に通ずるあらゆる神経管が開口していると考える。「脳の空室および脳の多くの孔」というのはそういうものをさしている。この空室中には、精気が充満していて、それらの孔に出入するわけである。なお、三一節の第1図を参照。

一五　精気の多様性の原因は何か

この精気の不等性は、精気をつくっているさまざまにちがった材料に由来することがある。たとえば、葡萄酒《ぶどうしゅ》を多量に飲んだ人に認められるように、酒の蒸気が急に血液に混じり、心臓から脳にのぼって精気に変わり、それが、普通に脳にある精気よりも活発かつ多量であって、身体を多くの異常なしかたで動かすことができるのである。

精気のこの不等性はまた、心臓や肝臓や胃や脾臓《ひぞう》やその他精気をつくりだすことにあずかる他のすべての身体部分の、種々異なる状態から、由来することもある。この場合特に注目すべきは、心臓の底にはめこまれているある小さな神経が、心室の入口を広げたりせばめたりする役をもっていて、神経のこのはたらきにより、血液が心臓内で膨張する度合いのちがいが生じ、したがってさまざまにちがった状態にある精気が生まれることである。さらにまた注目すべきことは、心臓にはいってくる血液は身体のあらゆる他の場所からくるのであるが、しばしば、特にある身体部分に応ずる神経や筋肉が特に強く血液を圧迫し動揺させるために、その身体部分からは、他からよりも多くの血液がおしだされてくることがあり、しかもそういうふうに血液が最も多くでてくる身体部分のちがいに応じて、血液は心臓内で種々ちがった膨張のしかたをし、その結果、ちがった性質をもつ精気をつくりだす、ということである。

たとえば、肝臓の下部には胆汁がはいっているが、ここからくる血液は、心臓内で、脾臓からくる血液とはちがった膨張のしかたを示し、脾臓からの血液はまた腕や脚からくる血液とはちがった膨張のしかたを示し、腕や脚からの血液はまた食物の液汁とはまったくちがったさまを示す。ただしこれは、食物の液汁が胃と腸とから新たにでてきて肝臓に長くとどまらずにすみやかに心臓へ移動する場合のことである。

一六　身体部分のすべては、精神の助けなしに、感覚の対象と精気とによって、動かされることができること

最後に注目すべきことは、われわれの身体の機構は、次のようにできているということである。すなわち、精気の運動に起こるすべての変化は、精気が脳の孔のどれかを、他の孔をおいて開くことになり、逆に孔のどれかが、感覚神経のはたらきによって普通より少しでも多くまたは少なく開かれると、それによって精気の運動も何ほどか変化し、感覚神経のそういうはたらきに応じた普通の身体運動を、身体に起こさせる役をもつ筋肉へ、精

気を送りこむことになるのである。したがって、われわれの意志があずかることなしにわれわれのなすあらゆる運動〔たとえばしばしばわれわれは、意志することなしに呼吸し、歩き、食べ、つまりわれわれと動物とに共通なあらゆる活動をする〕はわれわれの身体の構造と動物精気の流れ方〔精気は心臓の熱によってかきたてられて、その本性に従い、脳や神経や筋肉の中である流れ方をする〕とにのみ依存する。それは、時計の運動が、ただのゼンマイの力と、その多くの車輪の形とによって、生ずるのと同様である。

一七　精神の機能は何か

このように身体のみに属するすべての機能をよく見たうえは、われわれのうちにあってわれわれの精神に帰すべき事がらとしては、もはやわれわれのさまざまな思考しかない、ということはたやすく認められる。そして、われわれの思考は主として二つの種類のものからなっているのである。すなわち、一は精神のさまざまな能動であり、他は精神のさまざまな受動である。

私が精神の能動（活動）とよぶものは、われわれの意志のはたらきのすべてである。なぜなら意志のはたらきは直接に精神から発していること、かつただ精神のみに依存するらしいこと、[*1]をわれわれは経験するからである。これに反して一般に精神の受動とよんでよいものは、われわれのうちにあるあらゆる知覚、いいかえれば認識である。なぜなら、知覚を現にあるがごときものたらしめるのは多くの場合[*2]われわれの精神ではなく、かつ精神は知覚を、すべての場合に、その知覚によって表象されている事物から受けとる、のだからである。

＊1　意志が直接にわれわれの精神から発していることは、内的経験によって確かであるが、それが間接にわれわれの精神以外のもの（たとえば神）の協力をうけておらないとはいいきれないから、「ただ精神のみに依存するらしい」とやわらげたのである。

＊2　「多くの場合」といって「すべての場合」といわないのは、例外があるからであって、それはわれわれ自身が作為した観念（たとえばある化け物の観念）を知覚する場合である。

一八　意志について

次にわれわれの意志のはたらきは二種に分かれる。その一は、精神そのもののうちに終結する活動であって、たとえばわれわれが神を愛しようと欲する場合であり、一般にわれわれが物質的ならざるなんらかの対象にわれわれの思考を向ける場合である。他はわれわれの身体において終結する活動であって、たとえば、われわれが散歩しようとする意志をもつということのみから、脚が動き、歩くということが生ずる場合である。

一九　知覚について

われわれの知覚もまた二種に分かれる。一は精神を原因としてもち、他は物体を原因としてもつ。精神を原因としてもつところの知覚は、われわれの意志のはたらきを知覚する場合であり、また、意志によって起こされるすべての想像やその他の考えを知覚する場合である。というのは、われわれが何かを意志するとき、必ず同時に、みずからがそれを意志していることを知覚せざるをえない、ということは確かだからである。そして、精神のほうから見れば、何ものかを意志することは能動であるが、みずからが意志していることを知覚するのは、精神のうちなる受動でもある、ということができる。けれども、この知覚とこの意志とは実は同一の事がらにほかならず、かつ命名は、事がらのよりすぐれた点をもととしてなされるのがつねであるから、普通はそれを受動とはよばずただ能動（活動）とのみよぶのである。

二〇　精神みずからのつくる想像およびその他の考えについて

われわれの精神が、存在しない何ものかを想像することに向かう場合、たとえば魔法の城とか化け物とかを思い浮かべようとする場合、さらにまた、悟性によって理解しうるのみで想像に描くことのできないものを考えようとする場合、たとえば、精神自身の本性を考えようとする場合には、精神がこれらの事がらについてもつ知覚は、主として、精神をしてそれらを知覚することに向かわしめる意志のはたらきに依存する。このゆえに人々は普通、そういう知覚を、受動とみなすよりもむしろ能動とみなすのである。

二一　身体のみから起こる想像について

身体によって起こされる知覚の大部分は神経に依存している（視聴などの感覚）。しかし、神経に依存せず、想像とよばれるところの知覚も存在する。これは、いましがた述べた（能動的）想像と同じ名でよばれているが、ちがうところは、われわれの意志がこの（受動的）想像を形成するためにはたらかないという点であって、この点で、精神の能動の中に数えることはできないのである。実際にこの（受動的）想像は、動物精気がさまざまに動揺し、それに先だって脳の中に生じているさまざまな印象の痕跡《こんせき》に出会い、偶然にある孔に流入する、ということからのみ生ずる。そういう想像の例は、われわれの夢に現われる幻想、またわれわれの思考がみずから何かを目ざすことなしに、ゆきあたりばったりにさまようとき、われわれが目ざめていながらもしばしばもつところの、夢想である。

ところでこれら想像のいくつかは、「精神の受動」（情念）という語を最も狭い完全な意味にとっても「精神の受動」であり、また同じ語をもっと広い意味にとるなら、これら想像のすべてが「精神の受動」であるといえるが、しかし、これら想像は、精神が神経を介して受けとるところの知覚（感覚的知覚）のように目だったはっきりした原因をもたず、想像は

（感覚的）知覚の影や画《え》のようなものにすぎないのであるから、いろいろな想像をよく見わけることができるためには、その前にまずもろもろの（感覚的）知覚の間にある相違を注視しなければならない。

二二　他のもろもろの知覚の間に存する相違について

さて、私がこれまでまだ説明せずにいる知覚はすべて、神経を介して精神に到来するものである。そして、これら知覚の間には次のような相違がある。すなわち、それらのあるものを、われわれは、われわれの感覚器官にはたらきかける外的対象に関係づけ、他のものをわれわれの身体に関係づけ、また他のものを、われわれの精神に関係づけるのである。

二三　われわれが外的対象に関係づける知覚について

われわれが、われわれの外にある物、すなわちわれわれの感覚の対象に、関係づける知覚は、それら対象によってひき起こされる。少なくともそう考えるわれわれの考えが偽でない場合にはそうである。それら対象は、外的感覚の器官の中に、ある運動をひき起こし、さらに神経を介して脳の中にも、同様な運動をひき起こすのであり、この脳内での運動が精神をしてそれら対象を感覚せしめるのである。たとえば松明《たいまつ》の光を見、鐘の音を聞くとき、この音とこの光とは二つの異なる作用であって、われわれの神経のあるもののうちに、かつ神経を介して脳のうちにも、二つのちがった運動をひき起こすということのみによって、精神に対して二つのちがった感覚を与える。そして、これらの感覚をわれわれは、われわれがそれらの原因と想定する主体（もの）に関係づけることによって、われわれは松明そのものを見ると思い、鐘を聞くと思うのであり、たんに松明や鐘からくる運動を感じているのだとは思わないのである。

二四　われわれが自分の身体に関係づける知覚について

　われわれが、自分の身体または身体の部分のどれかに関係づける知覚というのは、われわれが飢えや渇きやその他の自然的欲求についてもつ知覚であり、さらにこれらに、われわれが自分の肢体のうちにあると感じ、外にある対象のうちにあるとは感じないところの、痛みや熱さやその他の変化を加えることができる。そこでわれわれは、同時に、かつ同じ神経を介して、われわれの手の冷たさと、手の近づく焔の熱さとを感ずることができる。また、まったく反対に、手の熱さと、手のさらされている空気の冷たさとを、感ずることができる。このとき、われわれの手のうちにある熱さまたは冷たさを感ぜしめる作用と、われわれの外にある熱さまたは冷たさを感ぜしめる作用との間には、ただ次のような相違があるだけである。すなわちこれら作用の一つが他につづいて起こるので、われわれは先に起こる作用がすでにわれわれのうちにあると判断し、つづいて起こる作用はまだわれわれのうちになく、その作用を起こす対象のうちにある、と判断する、という相違があるだけなのである。

二五　われわれが自分の精神に関係づける知覚について

われわれが精神にのみ関係づける知覚というのは、結果が精神そのもののうちにあると感ぜられ、しかもその結果を関係づけうる最も近い原因が通常知られないような、知覚である。それはたとえば、喜びや怒りや他の同様なものの感覚であって、これらはある場合にはわれわれの神経を動かす対象によってわれわれのうちにひき起こされ、ある場合にはまたちがった原因によってもまたひき起こされる。ところで、われわれの知覚は、われわれの外なる対象に関係づけられる知覚でも、またわれわれの身体の種々なる変化に関係づけられる知覚でも、すべて、われわれの精神のほうから見て最も広い意味においては「受動《パッション》」（情念）であることは事実なのであるが、しかしながら「受動」すなわち「情念」という語に、われわれは通常、精神そのものに関係づけられるところの知覚のみを意味せしめている。そして、私がここで「精神の諸情念」という名で説こうと企てたものは、この狭い意味の受動にほかならないのである。

二六　精気の偶然的な運動のみに依存する想像も、神経に依存する知覚と同じ意味での真

の受動でありうること

ここでなお注意しておくべきことは、精神が神経を介して知覚するすべてのものが、精気の偶然的な流れによってもまた精神に呈示されうるのであり、その場合、神経を通って脳にくるところの印象のほうが、精気が脳でひき起こす印象よりも、通常力強くはっきりしているということ以外には、両者の間になんの相違もないということである。このゆえに、私はさきに二一節において後者は前者の影や画《え》のようなものだといったのである。さらにまた注意すべきことは、この画がときとして、それの描き示す物自身にたいへん似ていることがあり、そのために、われわれの外にある対象に関係する知覚に関して、あるいはまたわれわれの身体のある部分に関係する知覚に関して、欺かれることがあるけれども、しかし、情念に関しては同じようなしかたで欺かれることはありえないということである。なんとなれば、情念はわれわれの精神にきわめて密接し、内在しているので、精神が情念を感ずるとき、必然的に、情念は精神の感ずるとおりに真実にあるといわざるをえないからである。

たとえば、人が眠っているときにはしばしば、また目ざめているときにも往々にして、あるものを非常に強く想像し、そういうものはどこにも存在せぬのに、それを自分の目の前に見ると思ったり、自分の身体において感ずると思ったりすることがある。しかしながら、眠っている場合にせよ幻想に耽《ふけ》っている場合にせよ、悲しく感ずるとかまたほかの情念に動かされるとかする場合には、精神がみずからの中にその情念をもつということはきわめて真なのである。

二七　「精神の情念」の定義

精神の情念が他のすべての意識と異なる点を注意深く見たうえは、それを次のように一般的に定義できると私は思う。すなわちそれは、「精神の知覚または感覚または感動であって、特に精神自身に関係づけられ、かつ精気のある運動によってひき起こされ維持され強められるところのもの」である。

二八　この定義の前半の説明

精神の情念を、「知覚」とよびうるのは、一般にこの「知覚」という語を、精神の能動すなわち意志のはたらきではないところのすべての思考をさすために用いる場合であって、この語を明証的な認識のみをさすに用いる場合ではない。というのは、経験が明らかに示すように、自分の情念によって最も強く動かされる人々は、情念を最もよく認識する人々ではないからであり、また情念は、精神と身体との密接な協同のために混乱した不明なものになっているところの知覚に、数えらるべきであるからである。

情念はまた、「感覚」とよぶこともできる。なぜなら、情念は外的感覚の対象と同じようなしかたで精神のうちに受けとられるものであり、感覚とまったく同じしかたで精神は情念を知るのだからである。しかし、さらに適切に情念は「感動《エモシヨン》」とよぶことができる。なぜなら、この「感動」という語は、精神のうちに起こるすべての変化、すなわち精神に現われるさまざまな意識のすべてをさすに用いてよいのみならず、特に、精神のもちうるあらゆる種類の意識のうち、情念ほど強く精神を動揺させ、ゆるがせるものはないのだからである。

二九　後半の説明

私は情念が「特に精神に関係づけられる」とつけ加えるが、それはほかの感覚〔そのあるものは香りや音や色のように外的対象に関係づけられ、また他のものは、飢えや渇きや痛みのように、われわれの身体に関係づけられる〕から区別するためである。また私は、情念が「精気のある運動によってひき起こされ、維持され、強められる」とつけ加えるが、それは情念を意志のはたらきから区別するためであり〔意志のはたらきも「精神がみずからに関係づける感動」とよんでよいが、しかしそれは、自己自身によってひき起こされるものなのである〕、また、情念の最後の最も近い原因を明らかにして情念をもう一度他の感覚から区別するためでもある。

三〇　精神は身体のあらゆる部分をひっくるめた全体に合一していること

しかしながら、これらすべての事がらをもっと完全に理解するためには、次のことを知らねばならぬ。すなわち、精神が真に身体全体に結合しておること、精神は身体のどれか一つの部分に、他の部分をおいて宿っているなどというのは適切でないこと。その理由の第一は、身体が一なるものであって、ある意味で不可分だからである。なぜなら、身体の諸器官の配置を見ればわかるように、諸器官はすべて互いに関係づけられていて、器官のどれかが除かれれば身体全体が欠陥あるものとなるようになっているからである。さらに理由の第二は、精神がその本性上、身体をつくっている物質の延長や諸次元や諸特性にはなんの関係ももたず、ただ、身体の諸器官の集まりの全体にのみ関係をもつからである。そして、それは次のことから明らかである。すなわち、人が一つの精神の半分とか三分の一とかを考えることも、精神がどれほどの延長をもつかを考えることもけっしてできぬこと。身体のどれかの部分を取り去っても、精神はそのために小さくなることはないこと。また身体の諸器官の結合を解いてしまえば、精神はまるごと身体から離れてしまうということ。

三一　脳のうちには一つの小さな腺《せん》があり、精神は他の部分よりも特にこの腺において、みずからの機能をはたらかせること

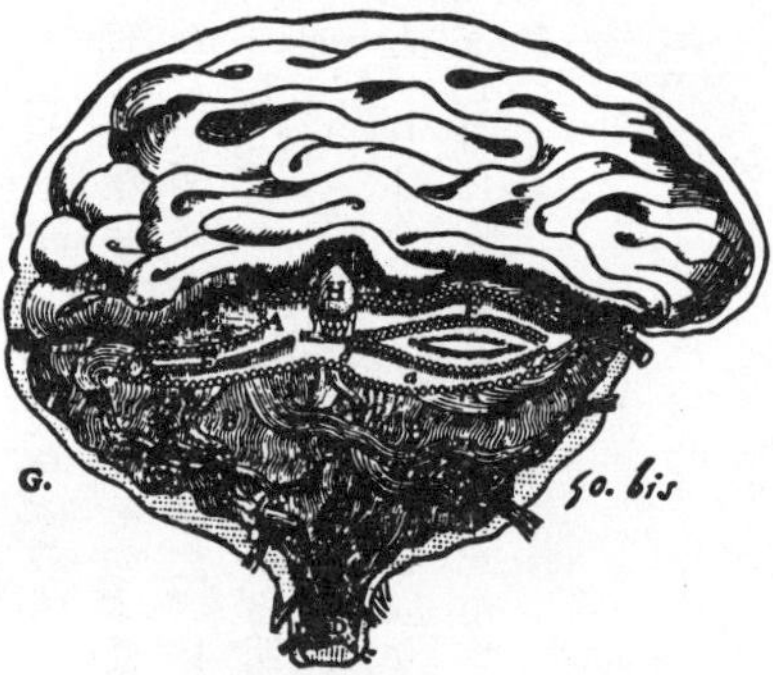

第１図　脳室と松果腺の図

しかし、次のことをもまた知る必要がある。すなわち、精神は身体全体に結合してはいるものの、それでもやはり身体のうちにはある部分があって、そこでは精神が他のすべての身体部分におけるよりもいっそう直接的にその機能をはたらかせていることである。そして、その部分は、通常、脳であると思われ、あるいはまた心臓であるかもしれぬと思われている。脳であると思われるのは、もろもろの感覚器官が脳に関係するからであり、また心臓だと思われるのは、もろもろの情念が心臓においてあるがごとくに感ぜられるからである。けれども私は、このことを注意深く調べた結果、次のことを明らかに認めたと思う。すなわち、精神がその機能を直接にはたらかせる身体部分は、けっして心臓ではなく、また脳の全体でもなく、脳の最も奥まった一部分であって、それは一つの非常に小さな腺であり、脳の実質の中心に位置し、脳の前室にある精気が後室にある精気と連絡する通路の上にぶらさがっていて、その腺のうちに起こるきわめて小さな運動でも、精気の流れを大いに変化させることができ、逆に精気の流れに起こるきわめて小さな変化でも、この腺の運動を大いに変化させることができるようになっているということである（第1図参照）。

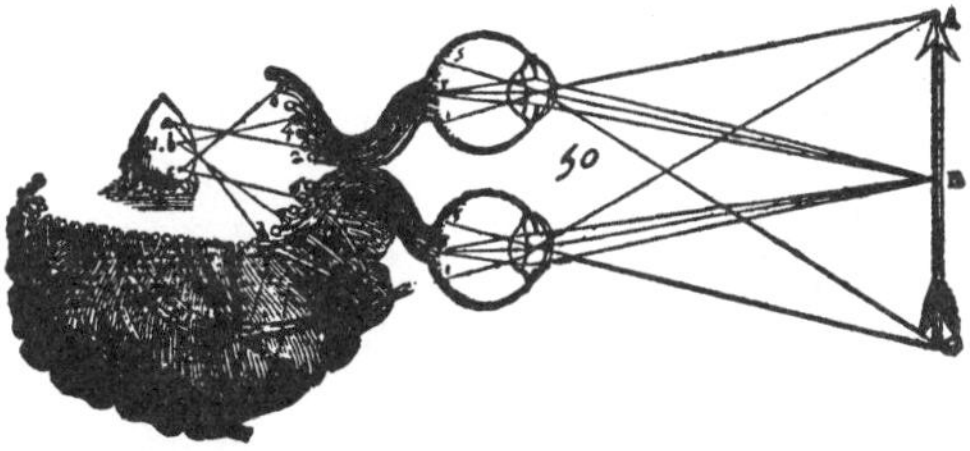

第2図　視覚の説明図で、眼球と視神経と松果腺

三二　この腺が精神のおもな座であることはいかにして知られるか

精神がその機能を直接にはたらかせる場所は、この腺以外には身体全体のどこにもありえない、と私が確信する理由は、次の点に注目するからである。すなわち、われわれの脳の他の部分がすべて対《つい》をなしており、またわれわれは二つの眼、二つの手、二つの耳をもち、結局、われわれの感覚器官はすべて対をなしておること、しかも、われわれは、同一のことについて同じときにはただ一つの単純な思考しかもたぬのであるから、二つの眼からくる二つの像や、対になっているその他の感覚器官を通じて、ただ一つの対象からくるところの、二つの印象が、精神に対して一つの対象でなく、二つの対象を示すというようなことにならないためには、二つの視覚像や印象が精神に達する前に一つに合一するなんらかの場所が、どうしてもなければ

ならないこと。しかも、この視覚像や印象が、脳の空室をみたしている精気を介して、この腺において合一するとはたやすく考えうるが、しかし、それらがまずこの腺において一つになるのでなくては、それらが一つになりうる場所は、身体のうちには見あたらぬということ（第2図参照）。

三三　諸情念の座は心臓にあるのではないこと

精神が、その情念を心臓において受けとると考える人々の意見はといえば、それはまったくとるにたらぬ考えである。というのは、この意見は諸情念が心臓においてある変化を感ぜしめるという事実のみにもとづいており、しかもこの変化が心臓にあると感ぜられるのは、脳から心臓におりている細い神経を介することによってのみそうなのだということが、たやすく気づかれるからである。あたかも痛みが、足の神経を介することによって、足にあると感ぜられ、星はその光と視神経とを介することによって、空にあると知覚されるのと同様である。それで、われわれの精神が、心臓においてその情念を感ずるために、心臓において、その機能を直接にはたらかせることを必要とせぬのは、空に星を見るために、精神が空にあることを必要とせぬのと同じなのである。

三四　精神と身体とはどのように互いにはたらきかけ合うか

それゆえここで、精神は脳の中心にある小さな腺のうちにそのおもな座をもち、そこから身体のすべての他の部分に、精気や神経や、さらには血液をも介して、作用をおよぼす、と考えよう。血液も精気の印象にあずかることによって、その印象を、動脈によりすべての肢体に運ぶことができるのである。そして、まずわれわれの身体の機構についてすでに述べられたことを思いだすとしよう。すなわち、われわれの神経の細い糸は、身体のあらゆる部分に行き渡っていて、ある身体部分において、感覚の対象によってひき起こされるさまざまな運動に応じて、神経は脳の孔をさまざまに開くが、このことによって、脳室に含まれている動物精気は、さまざまなしかたで筋肉にはいりこむことになり、そうすることによって神経は肢体を、それらが動かされうるかぎりのさまざまなしかたで動かすことができること。さらにまた、精気をさまざまに動かしうる他のすべての原因は、精気をさまざまな筋肉にはいりこませるのに十分であること。これらのことを思いだしたうえで、ここに新たに次のことをつけ加えよう。すなわち、精神のおもな座である小さな腺は、精気を容《い》れている二つの脳室の間につるされていて、精気によって、対象のもつ感覚的多様に対応する多様なしかたで動かされうること。しかし、この腺はまた精神によってもさまざまに動かされることができるのであり、精神はこの腺のうちに起こる多様な運動に対応する多様な知覚を受けとるという性質をそなえていること。また、逆にこの腺は、精神または他のなんらかの原因によってさまざまに動かされるということのみによって、腺をと

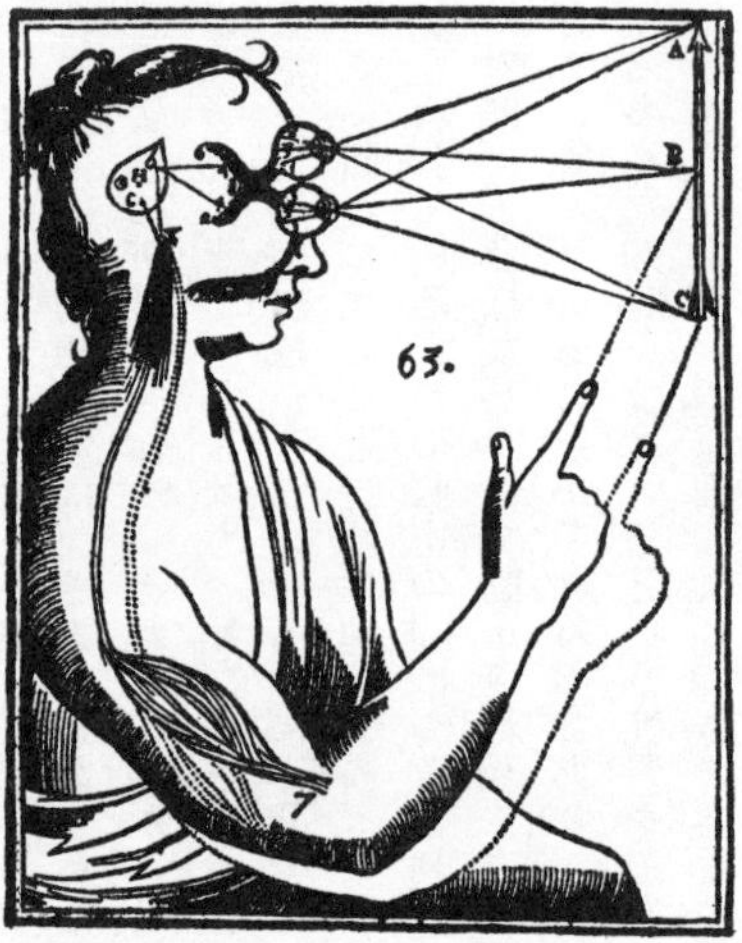

第３図　感覚作用と筋肉運動との連結

りまいている精気を脳の多くの孔のほうへおしやり、その孔は神経を通じて精気を筋肉の中へ送りこみ、こうすることによって腺は筋肉をして肢体を運動せしめるのであること（第３図参照）。

三五　対象のさまざまな印象が、脳の中心にある腺において合一するしかたの例示

たとえば、ある動物がわれわれのほうへくるとき、その体から反射する光は、その動物の二つの像を、おのおのの眼に一つずつ描き、これら二つの像は視神経を介してもう二つの像を脳室を囲む脳の内壁につくる。そしてそこから、脳室をみたす精気を介して、この二つの像は、精気のとりまくかの小さな腺へ投射され、一方の像の各点を形づくる運動は、他方の像において、その動物の同じ部分を示す点を形づくる運動が目ざすところの腺上の点と同一の点に向かい、かくして脳のうちにある二つの像は、腺の上で唯一の像をつくり、この唯一の像が直接に精神にはたらきかけて、精神にその動物の姿を見

させるのである（第4図参照）。

三六　諸情念が精神内にひき起こされるしかたの例示

なおそのうえに、この姿がたいへん異常でたいへん恐ろしいとき、いいかえれば、以前に身体にとって有害だったものと多くの関係をもつとき、その ことは精神のうちに「懸念」の情念をひき起こし、次いで「大胆」の情念あるいはむしろ「恐れ」と「恐怖」の情念をひき起こす。大胆と恐怖とのどちらをひき起こすかは、身体の状態のちがいや精神力の大小によることであり、また人が以前に、現在の印象が関係をもつ有害なものに対して、防御によって身を守ったか、逃走によって身を守ったかにもよることである。というのは、そういう過去の経験が、ある人々の脳の状態を次のようなものにするからである。すなわち、すでに述べたようにして腺の上に描かれた像から精気が反射され、その精気の一部は、逃げるために背を向け脚を動かすに役だつ神経に流れる。また、一部は、心臓の入口を広げたりせばめたりする神経や、血液がでてくる他の身体部分（肝臓や脾臓）を動かす神経のほうへ

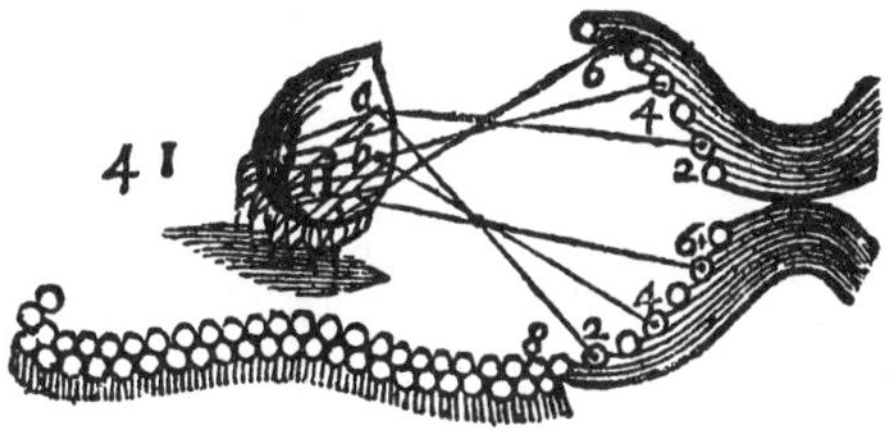

第4図　視神経と松果腺の図

流れて、その結果、血液は、心臓において普通とはちがったしかたで希薄化されることになり、この血液が脳に送る精気は、「恐れ」の情念を維持し強めるに適したものとなる。そして、このことは、その精気が、それを前と同じ神経に導くところの脳内の孔をずっと開いたままに保つのに、あるいはむしろふたたび開くのに適したものとなることなのである。なぜならば、精気はそれらの孔にはいるというそのことによって、腺のうちに特殊な運動をひき起こし、その運動が自然の定めによって精神にその情念を感ぜしめるようになっているのだからである。そして、これらの孔は、心臓の入口をせばめたり広げたりする役をもつ小さな神経に主としてつながっているので、その結果として、精神はその情念を、おもに心臓にあるように感ずるのである。

三七　情念がすべて精気のある運動によってひき起こされることの明示

そして、同様なことは他のすべての情念の場合にも起こる。すなわち、情念をひき起こすおもな原因は、脳室に含まれる精気であって、しかもそれが、心臓の入口を広げたりせばめたりするに役だつ神経のほうへ、あるいは他のところにある血液をさまざまなしかたで心臓におしやるに役だつ神経のほうへ、あるいはどのようなしかたによってであろうと、ともかくも同じ情念を維持するに役だつ神経のほうへ、流れるかぎりにおいてなのである。そこで、このことから、さきに私が情念の定義において情念は「精気のある特殊な運動によってひき起こされる」と述べた理由は明らかに理解できるであろう。

三八　情念にともない、かつ精神からは独立な、身体運動の例

なおまた、心臓の神経に向かって精気の流れることが、それだけで同時に腺に運動を与え、この運動によって、精神のうちに恐れの情念が生ずるのと同様に、逃げるための脚の運動をつかさどる神経のほうへ若干の精気がゆくというだけで、同時にその精気は同じ腺のうちにまたもう一つの運動をひき起こすのであって、腺のこの運動によって精神はこの逃走を感じ気づくのである。そして、逃げるというこの運動は、このように、ただ身体諸器官の一定の状態のみによって、身体のうちにひき起こされうるのである。

三九　同じ原因でも、人がちがえば、ちがった情念をひき起こしうること

恐ろしい対象によって腺に与えられ、ある人々のうちには恐れを生ぜしめる印象そのものが、他の人々のうちには勇気や大胆の情念をひき起こすことがある。その理由はといえば、すべての人の脳が必ずしも同じ状態にはないからであり、ある脳の中では恐れを起こさせるところの腺の運動そのものが、他の脳においては、脳室内の別の孔に精気を流れ入らせるのであって、その孔のあるものは、防御のための手の運動をつかさどる神経へ精気を送りこむ。そしてまた他の孔は、血液をかきたてて心臓へおしやるところの神経に、精

気を送りこむのであり、これは、防御をつづけ、防御の意志をもちつづけるに適した精気をつくりだすために必要なしかたでなされるのである。

四〇　情念のおもな効果は何か

というのは、人間におけるあらゆる情念の主要な効果は、情念が人間の身体にさせようと準備している事がらを、精神にもまた意志させようとして、精神を促し方向づけることである、ということを注意すべきだからである。たとえば「恐れ」の感情は、精神に対して、逃げることを意志せよと促し、「大胆」の感情は、戦うことを意志せよと促し、その他も同様なのである。

四一　精神の身体に対する支配力はどういうものか

けれども、意志はその本性上自由であって、けっして強制されえないものである。私は、精神において二つの種類の思考を区別し、第一は精神の能動すなわち精神の意志作用であり、第二は精神の受動である〔この場合受動という語を、あらゆる種類の知覚を含む最も広い意味にとる〕としたが、この二つの種類の思考のうち第一のものは、無条件に精神の力のうちにあり、物体によっては間接的にしか変ぜられえない。反対に第二のものは、それを生みだす能動（たいていは身体の能動）に無条件に依存しており、精神自身がそれの原因である場合は別として、精神によっては間接的にしか変ぜられえないのである。

そして精神の能動とはすべて、精神が何ごとかを意志するということのみによって、みずからが密接に結合しているかの小さな腺をして、この意志に応ずる結果を生みだすに必要なしかたで、運動せしめる、ということである。

四二　人は、思いだそうとするものを、記憶のうちにどのようにして見いだすか

たとえば、精神が何ごとかを想起しようと意志する場合、この意志のはたらきによって、腺は、次々にさまざまな方向に傾くことにより、精気を脳のさまざまな場所におしやり、想起しようとする対象が過去に残した痕跡《こんせき》のある場所にゆきあたらせるのである。痕跡というのは、以前にその対象の現存に促されて精気がある脳の孔に流入したということによって、その孔がほかの孔よりも、あとにそこへくる精気によってふたたび同じように開かれやすくなっている、ということにほかならないのである。そこで精気は、これらの孔にゆきあたると、他の孔によりも容易にその孔にはいりこむ。同時に、このことにより腺のうちにも特殊な運動をひき起こし、この運動は精神に同じ対象を思い浮かべさせ、かつその対象が精神の想起しようとした当のものであることを認識せしめるのである。

四三　いかにして精神は想像したり、注意したり、身体を動かしたりすることができるか

別の例をあげれば、人がいままで見たことのない何ものかを想像しようと意志する場合には、この意志は、腺にある運動を与えて精気をある孔のほうへおしやらせるのであり、そしてその孔は、その精気によって開かれると、当のものを思い浮かべさせるようにできているのである。さらに、例をあげれば、精神が同一の対象をしばらくの間注意してながめようと意志する場合、この意志は腺をその間同じ方向に傾けたままに保つのである。最後にもう一例をあげると、人が歩こうとか、またはほかのしかたで身体を動かそうとか意志するとき、この意志は、腺をして、そうするのに役だつ筋肉のほうへ精気をおしやらせるのである。

四四　いちいちの意志作用は、自然によって腺のある一つの運動に結合されているけれども、くふうまたは習慣によって他の運動に結合することができる

しかしながら、われわれのうちに、ある運動またはある他の結果を起こそうとする意志は、いつでも、実際にわれわれをしてその運動または結果を起こさせることができる、とはかぎらない。この点は、「自然」(生まれつきのもちまえ)または「習慣」が、腺のいちいちの運動を、いちいちの思考と、種々異なったしかたで結びつけている、ということによって、一定ではないのである。

たとえば（「自然」の定めを示す例）、非常に遠い対象を自分の眼に見させようと意志するとき、この意志は眼の瞳孔《どうこう》を拡大させる。また、非常に近い対象を見させようと意志するとき、この意志は瞳孔を縮小させる。けれども、もしただ瞳孔を拡大させようとのみ考えるならば、その意志をいくらもっても、それで瞳孔を拡大させるにはいたらないのである。なぜならば、自然は、瞳孔を広げたりせばめたりするに必要なしかたで精気を視神経のほうへおしやるところの、腺の運動を、瞳孔を広げまたはせばめようとする意志に結合せず、むしろ遠くのまたは近くの対象を見ようとする意志に、結びつけておいたからである。また（習慣的な結合の例）、われわれが物をいうのに、いおうとすることの意味のみしか考えない場合、われわれは、同じことばを発するのに要求されるあらゆるしかたで舌や唇を動かそうと意志する場合よりも、はるかに活発に、はるかに適切に舌や唇を動かすことになる。なぜならば、ことばを学ぶことによって得た習慣は、腺を介して舌や唇を動かしうるところの精神の活動を、この舌や唇の運動そのものと結びつけるよりも、むしろその運動から生ずることばのもつ意味のほうに結びつけたからである。

四五　情念に対する精神の支配力はどういうものか

同様にして、われわれの情念（受動）もまた、われわれの意志の活動（能動）によって直接にひき起こしたり取り去ったりできない。われわれがもとうと意志する情念には習慣的に結びついていて、われわれが退けようとする情念には反対するところのものを、思い浮かべることによって、間接にできるのである。

たとえば、みずからのうちに「大胆」の情念を生ぜしめ、「恐れ」をなくするためには、そうしようとする意志をもつだけでは十分ではないのであって、危険は大きくないとか、逃げるより防ぐほうがつねにより安全であるとか、勝てば「誉れ」と「喜び」を得るであろうが、逃げれば「残念」と「恥」しか得られないとかいうことを、われわれに確信させるところの、もろもろの理由や事物や実例を考えることに、心を凝らすべきなのである。

四六　精神が情念を完全には支配できぬようにしている理由は何か

しかも精神がその情念を急に変えたりおさえたりできないようにしている特殊な理由があり、この理由のゆえに私は、右に情念の定義において、情念が精気のある特殊な運動によって、ひき起こされるのみならず、また「維持され強められる」といったのである。その理由とは、ほとんどすべての情念が、心臓のうちに起こるなんらかの激動を、したがって、すべての血液と精気とのうちに起こるなんらかの激動をともなっており、その結果、この激動がやんでしまうまで、情念は、われわれの思考に現前することをやめないということである。それはちょうど、感覚の対象が、それがわれわれの感覚器官にはたらきかけている間は、われわれの思考に現前しつづける、のと同じである。

そして、精神は何か他のことに強く注意を向けることによって、小さな音を聞いたり、小さな苦痛を感じたりせずにおれるが、同じ方法では雷鳴を聞くことや手を焼く火を感ずることをおさええないと同様に、精神はほんのちょっとした情念にはたやすくうちかちうるが、きわめてはげしい強い情念には、血液と精気との激動がおさまってしまうまでは、うちかつことはできない。この激動が力を発揮している間、意志のなしうるせいいっぱいのことは、その激動の生む結果に心を従わせず、それの促す身体運動のいくつかをおさえるということだけである。たとえば、「怒り」の情念が、人を打とうと手をあげさせるとき、意志は通常その手をおさえることができる。「恐れ」の情念が脚を刺激して逃げようとさせるとき、意志はその脚をとどめることができる、など。

四七　精神の低い部分と高い部分との間にあると普通に想像されている戦いとはなんであるか

そこで、人々が精神の低い部分、いわゆる「感覚的」部分と、高い部分、いわゆる「理性的」部分との間に、あるいはむしろ自然的欲求と意志との間に、思い描くのをつねとする戦いのすべては、身体がその精気によって腺のうちにひき起こそうとする運動と、精神がその意志によって同じ腺のうちに同時にひき起こそうとする運動との間の、対立にほかならないのである。というのは、われわれのうちにはただ一つの精神しかなく、この精神はみずからのうちに部分の相違をもたないからである。感覚的であるところの同一のものが理性的なのであり、精神のすべての欲求は意志なのである。

精神は、いろいろちがった役割を演ずるものであって、それら役割は通常互いに相反するものだ、と考える誤りに人々が陥ったことは、精神のはたらきを身体（物体）のはたらきから十分に区別しなかったことからのみ起こっているのである。われわれのうちにあってわれわれの理性に反対すると見られるものは、すべて身体に帰すべきなのである。それで、このことにおいて認められる戦いとは、脳の中心にある小さな腺が、精神によって一方へ、また動物精気〔すでにいったようにこれは物体にほかならない〕によって他方へ、おしやられることができるために、この二つの衝撃が相反し、しかもより強いほうが他方のはたらきを妨げる、ということにほかならないのである。

さて、精気によって腺のうちに起こされる運動に二種を区別できる。一は感覚器官を動かす対象を、あるいは脳の中に生じている印象を、精神に呈示する運動であり、この運動は、意志に対して圧力を加えることはない。他は意志に何ほどかの圧力を加える運動であって、すなわち情念と、情念にともなう身体運動とをひき起こすものである。前者すなわち対象を呈示する腺運動は、精神の活動をときどきおさえることがあり、またそれが精神の活動によっておさえられることもあるが、しかし、その腺運動と精神の活動とは真正面から対立するものではないから、両者の間に「戦い」は認められない。「戦い」が認められるのは、後者すなわち情念や身体運動を起こす腺運動と、それに反対する意志との間においてである。たとえば、精気が腺をおして精神のうちにあるものへの欲望を生ぜしめる圧力と、その同じものを避けようとする意志が腺をおし返す圧力との間においてである。そして、かの「戦い」が精神のうちにあるように思わせるおもな原因はといえば、すでに述べたように、意志は情念を直接にひき起こす力をもたないために、やむをえずくふうを用いて次々にさまざまなものを注視することに努めるのであるが、そのとき、そういうものの一つは精神の流れ方をしばらくの間変える力をもつことがあるとしても、また他のものはそういう力をもたず、精気がすぐにまたもとの流れ方をとりもどすことがあり「これは、神経や心臓や血液の中にすでに生じていた状態のほうが変わっていないからそうなるのである」、かくて精神は、同一のものをほとんど同時に欲望し、かつ欲望せぬように強いられていると感ずることになる。こういう感じがもとになって、人々は精神のうちに、互いに戦い合う二つの力があるかのように想像するにいたったのである。

しかしながら、なおある戦いを考えることができる。それは精神のうちに、ある情念をひき起こすある原因が、同時に身体のうちに、精神のあずからない運動をひき起こし、精神のほうは、その運動に気がつくとすぐにおさえるかおさえようと努める、という場合である。たとえば、「恐れ」をひき起こすところの原因が、逃げるために脚を動かす役目をもつ筋肉の中へ精気を送りこみ、しかも大胆であろうとするわれわれの意志が、その脚の運動をおさえる場合に、われわれは（精神のうちでの）戦いを経験するのである。

四八　精神の強さと弱さは何において認められるか、最も弱い精神のもつ不幸はどういうものであるか

ところで、各人がみずからの精神の強さまたは弱さを知りうるのは、この戦いの結果によってである。すなわち、もちまえの意志によって、きわめて容易に情念にうち勝ち、情念にともなう身体運動をおさえうる人々は、もちろん最も強い精神をもつのであるが、みずからの精神の力を経験しえない人々もあるのである。それは、彼らが、意志をして、それみずからの武器をもって戦わしめず、ある情念に対抗するために、ある他の情念が意志に提供するところの武器のみをもって、戦わしめるからである。

私が、意志それみずからの武器とよぶものは、意志がそれに従ってみずからの生の行動を導こうと決心しているところの、善と悪との認識についての、しっかりした決然たる判断、である。そして最も弱い精神とは、その意志がそのように一定の判断に従おうとは決心せず、たえずそのときそのときの情念によって動かされるままになるような精神である。そして、それらの情念は多くの場合互いに相反するものであって、かわるがわる意志を自分のほうに従わせ、意志をして意志自身と戦わしめ、その結果、精神を、このうえなくなげかわしい状態におとしいれるのである。たとえば、「恐れ」が死を最大の悪として示し、

それを避けるには逃げるよりほかはないと思わせるが、他方「名誉心」は、この逃走の恥辱を死よりもわるい悪として示す、というような場合である。これら二つの情念は、それぞれちがったやり方で意志をゆり動かし、意志はあるときは一方の情念に、またあるときは他方の情念に従うことによって、たえず自己自身に反対することになり、かくして精神を不自由にし不幸にするのである。

四九　精神の強さだけでは十分ではなく、真理の認識も必要であること

情念の命ずるところのものしか意志しないというほど、弱くて不決断な人はごく少数しかいない、ということは事実である。大多数の人々は、彼らの行為の一部分を規制するための、きっぱりした判断をもっている。そして、しばしばこの判断は誤っており、それどころか、以前に意志をうち負かし、または誘惑したある情念を基礎としておりさえもするが、しかし、意志はその判断を生んだ情念がなくなっていてもやはりその判断に従いつづけているのだから、その判断は意志それ自身の武器であるとみなしてよく、精神がこれらの判断に従うことができ、その判断に反する現在の情念に対抗することができる程度の大小によって、その精神はより強いとか、より弱いとか、考えることができる。

しかしながら、ある偽なる意見から生ずる決心と、真理の認識にのみ支えられている決心との間には、やはり大きな相違があるのである。なぜならば、真なる認識に支えられた

決心に従う場合、その決心のせいでのちに残念に思ったり後悔したりすることはないと確信できるが、偽なる意見から生じた決心に従い、のちにその誤りに気づくにいたる場合には、つねに、その決心に従ったことを残念がり後悔するからである。

五〇　いかに弱い精神でも、よく導くならば情念に対する絶対権を必ず獲得しうること

なおまた、次のことをもここで知っておくことは有益である。すなわち、すでに述べたように、われわれの生のはじめから、腺の一つ一つの運動が、自然によって、われわれの思考の一つ一つに結びつけられてきたように思われはするが、しかし、またそれら腺の運動を、習慣によって、他の思考に結びつけることはできる、ということである。たとえば経験がことばについて示すように、ことばは腺のうちに、ある運動をひき起こし、その運動は、「自然」の定めに従えば、精神に対して、ことばの音〔ことばが声で述べられた場合〕を、または字の形〔ことばが書かれた場合〕を示すのみである。けれども、そのことばの音を聞いたり、その字を見たりしたときに、そのことばの意味するところを考えることによって獲得された「習慣」により、かの腺の運動は、通常ことばの字の形やことばの音節の音よりも、ことばの意味のほうを、精神に考えさせることになっているのである。

なお、次のことを知っておくこともまた有益である。すなわち精神に、ある対象を表象させるところの運動は〔腺の運動であれ脳室中の精気の運動であれ〕、精神のうちに、あ

る一定の情念をひき起こすところの運動と、「自然」によって、結びつけられているが、しかし、「習慣」によって前者は、後者から分離され、他の非常にちがった運動に結びつけられることができる。そしてさらに、この習慣は、ただ一つの行為によっても獲得されることができ、そんな場合には長い間に慣れるということを必要としないのである。たとえば、好んで食べる食物の中に、突然に何か非常にいやなものにぶつかり、このできごとの衝撃が脳の状態をひどく変じて、その食物を前には喜んで食べたのに、のちには嫌悪の情をもってしか見ることができない、ということがある。

そしてまた同じことを、動物においても認めることができる。というのは、動物は理性をもたず、おそらくは思考をももたないであろうが、われわれにおいて情念をひき起こすところの、精気や腺の運動はすべて、やはりそなえており、動物では、われわれの場合のように、情念を維持し強める役をするのではないが、われわれにおいて情念にともなうのをつねとする神経や筋肉の運動を、維持し強める役をしているのである。たとえば犬は鷓《しゃ》鴣《こ》を見ると、もちまえの性質によってそのほうにかけつける傾向をもち、また鉄砲を射つ音をきくと、やはりもちまえの性質によって、逃げ去る傾向をもっている。けれども、それにもかかわらず、通常、猟犬を訓練して、鷓鴣を見るとふみとどまり、そのあとで、鷓鴣を撃つ銃声をきくと、鷓鴣のほうにかけつけるようにさせるのである。

さて、これらのことは、すべての人に、みずからの情念を統制しようとする勇気を与えるために、知っておくのが有益なことなのである。なぜなら、理性を欠いた動物においてさえ、脳の運動をわずかのくふうで変えることができる以上、人間においてはもっとうまくそれができることは明らかであり、最も弱い精神をもつ人々でも、精神を訓練し導こうとして十分なくふうを用いるならば、みずからのすべての情念に対して、ほとんど絶対的な支配を獲得できるであろうことは、明らかだからである。

第二部

諸情念の数と順序について、ならびに六つの原始的情念の説明

五一　情念の第一原因は何か

さきに（三四節）述べたことから、精神の諸情念の最後の「最近の原因」は、脳の中央にある小さな腺を動かすところの、精気の激動、であることが知られる。しかし、それを知っただけではまだ、もろもろの情念を互いに区別することはできない。そこでさらに情念の源を求め、情念の「第一の原因」を調べなければならない。ところで、情念はときに、何か一定の対象を自発的に考えるところの、精神の活動によって、ひき起こされることがあり、また、悲しくあるいはうれしく感じながら、何が悲しいのかうれしいのかいえない場合にそうであるように、たんに身体状態によって、あるいは脳のうちに偶然的に生ずる印象によって、ひき起こされることがあるけれども、すでにいったことから明らかなように、これらすべての情念はまた、感覚を動かす対象によってもひき起こされることができ、こういう感覚の対象が、情念の最も普通な最も主要な原因なのである。それゆえ、情念を

残らず見いだすためには、これら対象のおよぼすすべての結果を注視すれば十分なのである。

五二　情念の効用は何か、情念をどのようにして数えあげうるか

なおまた、私は次のことを認める。すなわち、感覚を動かす対象は、それらのうちにある種々異なる性質のすべてに応じて、種々異なる情念をわれわれのうちにひき起こすのでなく、ただ、それら対象がわれわれを害したり利したりする種々異なるしかたに応じて、いいかえれば、一般にそれら対象がわれわれに重要である種々なるしかたに応じて、であること。かつまた、あらゆる情念の効用は、もっぱら、われわれにとって有益であると「自然」の示してくれる事がらを、精神が意志し、かつこの意志をもちつづける、ということにあり、また通常情念をひき起こすところの、精気の激動は、身体をしてそれらの事がらを実行するに役だつ運動へ向かわしめる、ということ。こういうわけで、諸情念を数えあげるには、われわれにとって重要な、どれだけの数の異なるしかたで、感覚がその対象によって動かされうるかを、順序だてて調べればよい、ということになる。

それで私は、ここに、すべての主要な情念を、それらが上述のやり方で見いだされる順序に従って、枚挙することにする。

情念の順序と枚挙

五三　「驚き」

なんらかの対象の最初の出現が、われわれの不意を打ち、それをわれわれが新しいと判断するとき、すなわち、以前に知っているもの、あるいはわれわれがかくあるべしと想定していたもの、とは非常にちがっていると判断するとき、われわれはその対象に驚き、驚愕《きょうがく》する。そしてこのことは、その対象がわれわれにとってつごうのよいものか、そうでないか、をわれわれが知る前に、起こりうるのであるから、「驚き」はあらゆる情念の最初のものであると私には思われる。そして、驚きはそれに反対の情念をもたない。なぜならば、現われる対象がわれわれの不意を打つ点を何ももたないならば、われわれはそれに少しも動かされず、情念なしにそれを見ることになるからである。

五四　「尊重」と「軽視」、「高邁《こうまい》」générosité と「高慢」、「謙遜《けんそん》」と「卑屈」

「驚き」には、われわれが対象の大きさに驚くか小ささに驚くかに従って「尊重」と「軽視」とが結びつく。したがってまた、われわれはわれわれ自身を尊重し、あるいは軽視することができる。そこから、「大度」magnanimité または「高慢」、および「謙遜」または「卑屈」という情念が生じ、さらには、それぞれ同じ名の習慣が生ずる。

五五　「尊敬」と「軽蔑《けいべつ》」

しかし、われわれが善または悪をなすことのできる自由な原因とみなすところの、われわれ以外の対象（すなわち他の人間）を、尊重しまたは軽視するとき、「尊重」からは「尊敬」が生じ、たんなる「軽視」からは「軽蔑」が生ずる。

五六　「愛」と「憎み」

ところで右にあげたすべての情念は、それらを生む対象が善《よ》いか悪いかをわれわれが少しも気づかないでも、われわれのうちに起こされうる。しかし、あるものがわれわれにとって善いものとして示されるとき、すなわち、われわれにつごうのよいものとして示されるとき、われわれはその物に対して「愛」をもつことになる。そして、そのものがわれわれに悪いもの、すなわち有害なものとして示されるとき、そのことはわれわれに「憎み」を起こさせる。

五七　「欲望」

善と悪との同様な考慮から他のすべての情念が生まれる。しかし、それらに順序をつけるため、私は時間を区別し、かつ情念が現在や過去よりもはるかに多く未来へわれわれを向かわせることを考慮して、私は「欲望」からはじめる。というのは、われわれがまだ手に入れていない善を得ようとか、また現われるかもしれぬ悪を避けようとか欲する場合のみならず、ただ善きものの保存または悪しきものの不在を望むのみである場合にも——これがこの欲望という情念のおよびうる最大限なのであるが——、欲望はいつも未来に向かっていることが明らかであるから。

五八　「希望」「懸念」「執心」「安心」「絶望」

ある善の獲得またはある悪の回避が可能であると考えるだけで、それらへの欲望を起こさせるに十分である。しかし、なおそのうえに、欲望の対象を獲得する見込みが多いか少ないかを考慮するとき、見込みが多いことを示すものは、われわれのうちに「希望」を起こさせ、見込みが少ないことを示すものは「懸念」を起こさせる。「懸念」の一種が「執心」である。「希望」が極度に達すると性質を変えて「安心」または「確信」とよばれ、反対に極度の「懸念」は「絶望」となる。

五九　「不決断」「勇気」「大胆」「負けぎらい」「臆病《おくびょう》」「恐怖」

それゆえわれわれは、われわれの期待するものが、われわれの力では全然左右できない場合でも、上述のような「希望」や「懸念」をもちうるのである。けれども、そのものがわれわれの力に依存するものとして示される場合、それに達するための手段の選択またそれの実現において、困難がありうる。前者すなわち手段の選択の困難から「不決断」が生じ、これはわれわれに、あれこれ思量させ、人の相談を求めさせる。後者すなわち目的の実現の困難に対抗するものが、「勇気」または「大胆」であり、それの一種が「負けぎらい」である。「臆病」は「勇気」の反対であり、「恐れ」または「恐怖」が「大胆」の反対である。

六〇　「内心の不安」
さらに、「不決断」が除かれないうちに、ある行動をすることにきめた場合、そのことは「内心の不安」を生む。しかしこれは、上述の諸情念のように未来に向かうものでなく、現在または過去に向かうものである。

六一　「喜び」と「悲しみ」
さらに善や悪が、われわれに属するものとして示されている場合、現在の善の考慮はわれわれのうちに「喜び」を起こさせ、現在の悪の考慮は「悲しみ」を起こさせる。

六二　「嘲《あざけ》り」「羨《うらや》み」「憐《あわ》れみ」

しかし、善や悪が他の人々に属するものとしてわれわれに示されているとき、われわれはその人々がその善や悪をもつにふさわしいと考えることもあり、ふさわしくないと考えることもある。ふさわしいと考える場合には、そのことがわれわれのうちに起こす情念は、事物が起こるべきように起こるのを見ることはわれわれにとってある善きことであるかぎり、「喜び」にほかならない。その際、しかし善から生ずる「喜び」はまじめなものであるが、悪から生ずる「喜び」は、「笑い」と「嘲り」とをともなっている。しかし、もしその人々がその善や悪にふさわしくないとわれわれが考えるとき、善は「羨み」を起こし、悪は「憐れみ」を起こす。「羨み」も「憐れみ」も「悲しみ」の一種である。

なお、注意すべきは、現在の善や悪に関係する上述の諸情念は、しばしば未来の善や悪にも関係づけられうることである。ただし、これはそれらの善や悪が現われるだろうというわれわれの考えが、それら善悪をすでに現在せるもののごとく示すかぎりにおいてである。

六三　「自己に対する満足」「後悔」

われわれはまた、現在ならびに過去の、善と悪との原因を考慮することもできる。そして、われわれ自身によってなされた善は、われわれに内的満足を与え、これはあらゆる情念のうちで最も快いものである。これに反してわれわれ自身によってなされた悪のほうは

「後悔」をひき起こし、これは最も苦いものである。

六四　「好意」と「感謝」

しかし、他人によってなされた善は、それがわれわれ自身に対してなされたのでなくとも、われわれをしてその人に「好意」をもたしめる。そしてその善がわれわれ自身に対してなされた場合には、われわれは「好意」に「感謝」を加える。

六五　「憤慨」と「怒り」

同様にして、他の人々によってなされた悪は、われわれに関係のない場合には、その人に対する「憤慨」を起こさせるだけであるが、その悪がわれわれに関係している場合には、「怒り」をもひき起こす。

六六　「誇り」と「恥」

なおまた、われわれのうちに現在あり、あるいは過去にあった善は、それについて他の人々がもちうる考えに関係づけられるとき、われわれのうちに「誇り」を起こさせ、悪の場合は「恥」を起こさせる。

六七　「いや気」「残りおしさ」「うれしさ」

そして、ときとしては善が長くつづくことは、「倦怠《けんたい》」あるいは「いや気」を起こし、悪の長くつづくことは「悲しみ」を減少させる。最後に、過ぎ去った善からは「悲しみ」の一種である「残りおしさ」が生じ、過ぎ去った悪からは、「喜び」の一種である「うれしさ」が生ずる。

六八　諸情念のこの枚挙が、普通に行なわれている枚挙とちがうのはなぜか

以上が、諸情念を枚挙するのに最もよいと私に思われる順序である。この点で私は、以前に情念について書いたすべての人々の考えから離れていることをよく知っている。しかし、それには大きな理由があるのである。というのは、彼らは、精神の感覚的部分において、彼らのいわゆる「欲望に属するもの」concupiscible と「怒りに属するもの」irascible との二つの欲求を区別し、これをもとにして、情念を枚挙しているからである。ところで、すでにいったように、私は精神のうちに部分の区別を認めないから、彼らの考えは、精神が二つの能力、すなわち一つは欲望の能力、他は怒りの能力、をもつということを意味するよりほかはないと私には思われる。しかし、それならば精神は同様に、驚く能力、愛する能力、希望する能力、懸念する能力、つまり他の一つ一つの情念をみずからのうちに受け入れる能力をもち、またはこれらの情念が精神に促す行為をする能力をもつわけである

から、彼らがなぜこれらの能力をすべて「欲望」と「怒り」とに帰着させようとしたか、私にはわからない。そのうえ、彼らの情念の枚挙は、主要な情念のすべてを含んでいるとはいえない。しかし、私の枚挙はそのすべてを含んでいると思う。ただし私は、ただ主要な情念だけのことをいっているのである。なぜなら、いっそう特殊な他の多くの情念を区別でき、その数は限りないからである。

六九　基本的情念は六つしかない

しかしながら、単純で基本的な情念の数はたいして多くない。というのは、右に数えあげたすべての情念を見直すと、単純で基本的なものは六つしかないこと、すなわち、「驚き」「愛」「憎み」「欲望」「喜び」「悲しみ」の六つしかないこと、そして他のすべての情念は、これら六つの情念のいくつかから複合されていること、あるいはむしろ六つの情念の種《しゅ》であることが、たやすく気づかれるからである。それゆえ、他の複合情念の数多いことに読者が悩まされないように、私はここで、まず六つの基本的情念を別に論ずるであろう。そして、そのあとで他のすべての情念がどのようにしてこの六つの情念から由来するかを示すであろう。

七〇　「驚き」について、その定義とその原因

「驚き」とは、精神が受ける突然の不意打ちである。それは精神をして、まれで異常なものと見える対象を注意して見ることに向かわせるものである。

そこで「驚き」の原因は、まず第一に、対象をまれなものとして、したがって注目に値するものとして示すところの、脳のうちなる印象であり、第二には、その印象に促されて、その印象の存在する脳の局所へ勢いよく流れ、その印象を、その場所に保存しかつ力づけるところの精気の運動である。そして、その精気はまた、その印象に促されて、その場所から、感覚器官をそれが現にある状態のままに保つに役だつ筋肉のほうに流れてゆき、はじめに印象をつくりだした当の感覚器官が、さらにその印象を保持しつづけるようにはからうのである。

七一　この情念においては、心臓にも血液にも、なんの変化も起こらないこと

また、この情念は、他の情念のように心臓と血液とに起こる変化をともなうことが認められない、という特徴をもっている。このことの理由は、驚きが善と悪とを目ざさず、ただ驚かれるものの認識のみを目ざすものであって、身体の善の全体が依存する心臓や血液には関係をもたず、かの認識に役だつところの感覚器官をいれている脳にのみ関係をもつからである。

七二 「驚き」の力はどういう点にあるか

しかし、それでもこの情念は、精気の運動を変えるところの印象の不意打ち、すなわち突然の思いがけない出現のゆえに、やはり大きな力をもつ。そしてこの不意打ちは、この情念に固有な特有なものである。それで、この不意打ちということが、他の情念にも見いだされるときには――実際ほとんどすべての情念において、不意打ちという特徴は見いだされ、それら情念の力を増すのがつねであるが――「驚き」がそれら他の情念と結合していることになるのである。そして、驚きの力は、二つのことにもとづく。一つは新しさであり、他は驚きの起こす運動が、はじめから全力をだすということである。

実際、そういう運動は、はじめ弱くて、ただだんだんに強くなってゆくために容易に方向を変えられるような運動よりも、大きな効果を生む、ということは確かである。また、新しい感覚の対象は、脳のうちの、ふだんはあまり触れられない部分に触れるのであり、これらの部分は、しばしばゆり動かされて固くなっている部分よりもやわらかく、動かされやすいから、その結果、対象が脳のその部分にひき起こす運動の効果が増大される、ということもまた確かである。そして、このことは次のような事実を考慮すれば、納得できるであろう。すなわち、われわれの足の裏は、それが支える身体の重みのために相当強い接触に慣れっこになっていて、われわれが歩くとき、その接触をわずかしか感じないが、足の裏をくすぐる場合の、はるかに弱い柔らかな接触のほうは、つねに与えられるものとはちがっているということだけで、われわれにとって、ほとんど耐えがたいほどの効果をもつ、というのもまったく同様な理由によってであること。

七三　「驚愕」とは何か

また、この不意打ちは、脳の空室にある精気を、大きな力で、驚きの対象の印象が存する場所へ流れてゆかせるので、ときには精気をすべてその場所へおしやることになり、そのため精気は、この印象を保存することにかかりきりになって、脳から筋肉に流れる精気がなくなり、それどころか脳の中で、はじめにたどった径路から少しもはずれずに同じ所をぐるぐるまわるだけになる。そのために全身が彫像のように静止し、人は対象についてはじめに示された面しか知覚できず、したがっていっそう詳しい認識をうることもできなくなる。これが普通に驚愕とよばれる状態である。驚愕は過度の驚きであって、どんな場合でも悪いものである。

七四　あらゆる情念は何に役だち何に害があるか

ところで、右に述べたことからたやすく知られることであるが、あらゆる情念の効用は、精神にとって保存することが有利であり、かつ情念なくしては容易に精神から消え去るであろうような思想を、情念が精神のうちで強化し長つづきさせるということ、にほかならない。また情念のひき起こしうる害はすべて、情念がそういう思想を必要以上に強化し保存すること、あるいはまた、精神が気をとられてはよくないような、ほかの思想を強化し保存すること、にある。

七五　「驚き」は特に何に役だつか

特に「驚き」については、その有用性は、それがわれわれをして、以前に知らなかった事がらを、学ばせ、記憶にとどめさせる、ということにある。というのは、われわれが驚くものは、われわれにとってまれで異常に見えるものであり、ものがまれで異常に見えるのは、われわれがそれを知らなかったゆえであり、さらにまた、それがわれわれのすでに知っているものとは相違するがゆえであるからである。そして実際この相違こそ、そのものが異常とよばれる理由なのである。ところで、われわれの知らないあるものが、新たにわれわれの悟性または感覚に現われても、もしそれについてわれわれのもつ観念が、脳の中でなんらかの情念によって強められないならば、あるいはまた、意志によって特別な注意と反省とに向けられるところの悟性のはたらきによって強められないならば、その観念をわれわれが記憶のうちに保持することはやはりないであろう。そして驚き以外の諸情念は、ものが善《よ》く見えまたは悪く見えることを注意させるに役だちうるが、たんにまれだとのみ見えるものに対しては、われわれは「驚き」の情念をもつだけなのである。それゆえに、この情念への生まれつきの傾向をもたない人々は、通常きわめて無知であることが認められるのである。

七六　どういう点で「驚き」は害があるか。またどのようにして「驚き」の不足を補い、その過度を正すことができるか

しかしながら、われわれが驚きたりない場合よりもむしろ、考慮する値うちのほとんどまたはまったくないようなものを知覚して驚きすぎる、すなわち驚愕する場合のほうが、はるかにしばしば起こるのである。しかもこのことは、理性の使用をまったく失わせたり、誤らせたりしうるのである。

そういうわけで、驚きへの傾向を生まれつきもっていることは、知識の獲得を促すゆえに、善いことであるとはいえ、われわれは年とともに驚きの生来の傾向を、できるかぎり脱しようと努めねばならない。というのは、眼前に現われたものが注目に値するとわれわれが判断するとき、われわれの意志は悟性を強制して特別な反省と注意とに向かわせることがいつでもできるのであり、そういう特別な反省と注意とによって、驚きへの傾向の不足を補うことは容易であるからである。しかし、過度の驚きをとどめる手段としては、多くの事物の認識を獲得し、最もまれで最も異常だと見られるようなすべてのものを、よくよく見る練習をするよりほかはない。

七七　最も驚きやすい者は、最も愚かな者でも最も賢い者でもない

なおまた、生まれつき驚きに向かう性質をまったくもたぬ者は、鈍く愚かな者よりほかにないが、だからといって、最も知力に富んだ者が、必ずしも最も驚きやすい者だとはいえない。最も驚きやすい者は、主として、相当な良識をそなえながらも、自分の精神能力に十分な自信をもたない人々なのである。

七八　驚きの過度はそれを正さないでおくと、習慣になりうる

そして、人は珍しいものに出会って驚くことがたび重なると、次第にそれに驚かなくなり、次に現われうるものはありふれたものだと考えるようになるのだから、この驚きの情念は慣れるに従って、力を失っていくように見える。しかしながら、驚きが過度である場合、すなわち、そのため眼前に現われた対象の最初の像にのみ注意を奪われてしまい、その対象について他の認識を獲得することができないようになる場合には、この情念はほかのどんな対象が現われても、それが少しでも自分にとって新しいと見えるならば、同じように気をとられてしまうという習慣をあとに残すのである。

そしてこのことが、盲目的な好奇心をもつ人々の悪癖、すなわち珍しいものを、認識するためでなく、ただそれに驚くために、求める人々の悪癖を、いつまでもつづかせるので

ある。なぜなら、彼らはだんだんに驚きやすくなって、最もつまらぬものでも、求めて益あるものと同様に、彼らの心を奪うことができるほどになるからである。

七九　「愛」と「憎み」との定義

「愛」は、精気の運動によってひき起こされた精神の、ある感動であって、精神を促してみずからに適合していると思われる対象に、自分の意志で結合しようとさせるものである。また「憎み」は、精気によってひき起こされたある感動であって、有害なものとして精神に現われる対象から、離れていようと意志するように精神を促すものである。

　これらの感動が「精気によってひき起こされる」というのは、情念（受動）であって身体に依存するところの愛や憎みを、次のものから区別するためである。すなわち、精神をして、善いと思う事物にみずからの意志によって結合させ、悪いと思う事物から離れようとさせるところの判断や、この判断のみによって精神のうちにひき起こされる感動（能動的な知的な愛や憎み）から区別するためである。

八〇　みずからの意志によって合一したり分離したりするとはどういうことか

　なおまた、「みずからの意志によって」という語によって、私はここで欲望のことをいおうとしているのではない。〔欲望は愛や憎みとは別の一つの情念であって、未来に向かうものである。」われわれがいますでに、みずからが愛するものと結合しているとみなすところの同意のことをいうのである。このときわれわれは一つの全体を想像しており、自分はその全体の一部分にすぎず、愛せられるものがその全体のもう一つの部分であると考えているのである。これに反し、「憎み」においてはわれわれはみずからを、われわれの嫌うものからまったく離れた一つの全体とみなしているのである。

八一　普通に行なわれている「欲望の愛」と「好意の愛」との区別について

ところで、普通二種の愛が区別されている。その一方は「好意の愛」amour de bienveillance とよばれる。すなわち、自分の愛するもののために善を意志することを促す愛である。他方は「欲望の愛」amour de concupiscence とよばれる。すなわち、自分の愛するものを欲望せしめる愛である。けれども私の考えでは、この区別はただ愛の生む結果に関してのみなされる区別であって、愛の本質に関してなされる区別ではない。なぜなら、それがどういうものであれ、なんらかの対象に、人が自分の意志によって結合するやいなや、人はその対象に対して好意をもつことになる。すなわち、その対象に適すると思われるものを、自分の意志によってその対象に結合させるのである。これは愛の生むおもな結果の一つである。また、愛するものを、意志による以外のしかたで、所有したりあるいはそれと結合したりすることが善であると判断するとき、人はそのものに対して欲望をもっているのである。これもまた愛の生む最も普通な結果の一つなのである。

八二　非常に異なる多くの情念が愛を分有する点で一致すること

なおまた、人の愛しうる種々ちがった対象と、同じ数だけの愛の種類を分かつことも必要ではない。なぜなら、たとえば、功名心盛んな者が名誉に対してもつ情念、貪欲《どんよく》な者が金銭に対してもつ情念、酒飲みが酒に対してもつ情念、乱暴者が犯そうとする婦人に対してもつ情念、紳士が自分の友人または愛人に対してもつ情念、よき父が子供たちに対してもつ情念は、互いに非常にちがってはいるが、しかし、それらが愛を分有しているという点では相似ているのである。しかし、はじめの四人は、彼らの情念が向かう対象の所有に対する愛のみをもち、対象そのものに対する愛をもたず、対象そのものに対しては、彼らは、他の特殊な情念をもまじえた欲望のみをもっている。これに反して、よき父がその子供たちに対してもつ愛は、きわめて純粋であって、子供たちから何ものかを得ようとする欲望をもつのでなく、すでに子供たちを所有しているのとはちがったしかたで彼らを所有しようとか、すでに子供たちと結合している以上に密接に結合しようとか求めず、子供たちを第二の自己とみなして、彼らの善を自己自身の善と同様に、あるいはそれ以上の心づかいをもって、求める。なぜなら、自分と子供たちとが一つの全体をなしていて、しかも自分はそのよりすぐれた部分ではないと考えるので、彼はしばしば自分の利よりも子供たちの利のほうを重視し、子供たちを救うためには自分の命を失うことをも意としないのである。

紳士たちが友人に対していだく愛情は、父の愛ほど完全なものである場合はめったにないにしても、父の愛と同じ性質のものである。そして彼らが愛人に対してもつ愛情も同じ性質をたぶんにもっている。けれども、これはまた、もう一方の愛の性質をもいくぶんももっているのである。

八三　たんなる愛情と友情と献身との区別について

われわれは、自己との比較において、みずからの愛の対象についてくだす評価にもとづいて、愛を区別することができ、このほうが（上述のように対象にもとづいて愛を区別するよりも）いっそう理にかなっていると思われる。すなわち、われわれがわれわれの愛の対象を自己よりも低く評価するとき、われわれはその対象に対してたんなる「愛情」affection をもつだけである。われわれが対象と自己とを同等と評価するとき、それは「友情」amitié とよばれる。対象のほうが自己より高いと評価するとき、われわれのもつ情念は「献身」dévotion と名づけうる。

たとえば、われわれは一つの花、一羽の鳥、一匹の馬に対して「愛情」をもつことができる。しかし、たいへん度はずれの考えをもつのでないかぎり、「友情」を人間以外のもわれわれがのに対してもつことはできない。そして、人間こそこの情念の対象であって、われわれがある人から愛せられ、かつわれわれ自身がのちに一五四節および一五六節において説明するような意味で真実にけだかい高邁な精神をもっているならば、その人がどんなに不完全な人間であっても、われわれはその人に対してきわめて完全な友情をもちうるのである。「献身」についていえば、そのおもな対象は疑いもなく至高の神であり、神を正しく認識するならば神に対して献身的であらざるをえない。しかし、われわれは君主に対しても、国に対しても、町に対しても、さらには一人の個人に対してすらも、もし彼を自己より高いと評価する場合には、献身の情念をもちうるのである。

ところで、これら三種の愛の間にある相違は、主としてそれらの結果によって明らかに認められる。すなわち、それらすべてにおいてわれわれは、自己が愛の対象に結合し合一しているとみなすのであるゆえ、われわれはつねに、その全体を構成する二つの部分のうち、価値のより低い部分を、他の部分の保存のために、進んで捨てる用意があるのである。したがって、「たんなる愛情」においては自己の愛するものよりも自己のほうをわれわれはつねに選ぶが、「献身」においては自己の愛するもののほうを自己よりもたいせつと考えて、自己の愛するものを保存するためには死ぬことをも意としない。その例はいままでたびたび、君主を守るために、町を守るために、さらにはときとしてみずからの献身的に愛している個人のために、確実な死に身を投じた人々において認められたところである。

八四　「憎み」には「愛」ほど多くの種類はない

なお、「憎み」は愛の正反対のものではあるが、しかし「憎み」は愛と同じ数の種《しゅ》に区別せられていない。なぜなら、われわれは、自分が一体となっているもろもろの善の間の相違に気づくほどには、自分の意志によって離れているもろもろの悪の間の相違には気づかないからである。

八五　「愛好」と「嫌悪」

さて、愛にも憎みにも同様に見いだされる注目すべき区別は、ただ一つだけである。それは、愛にしても憎みにしてもその対象が、精神に対して与えられうるのは、外的感覚によってか、あるいは内的感覚と精神自身の理性とによってか、いずれかであるということである。というのは、われわれは普通、われわれの内的感覚または理性が、われわれの本性に適合しているとか、あるいはそれに反しているとか、われわれに判断させるものを、それぞれ「善」または「悪」とよんでいるが、われわれの外的感覚によってわれわれの本性に対する適不適が示されるものを、「美」または「醜」とよんでいるからである。そしてその場合、外的感覚とは主として視覚をさすのであって、視覚だけで他の感覚のすべてを合わせたもの以上の重要性をもつと認められている。さて、右のことから、二種の愛が生ずる。すなわち、善いものに対する愛と美しいものに対する愛とであり、この後者には「愛好」agrément という名を与えて、前者との混同を避け、また、われわれがしばしば愛の名を与えるところの「欲望」との混同をも避けることができる。同様にしてまた、右のことから二種の憎みが生ずる。その一は悪いものに向かい、他は醜いものに向かう。この後者は「嫌悪」または「忌避」とよんで前者と区別することができるのである。

ところで、このことについて最も注目すべきは、感覚を通じて精神にくるもののほうが、理性によって示されるものよりも強く精神を動かすがゆえに、この「愛好」と「嫌悪」との情念は、愛と憎みとのもう一つの種類のものよりも強烈であるのがつねであること、しかもそれにもかかわらず「愛好」と「嫌悪」とは通常もう一方のものよりも真理性を欠いていること、である。それで愛好と嫌悪とは、あらゆる情念のうち最も多く欺くものであり、われわれが最も心を用いて避けねばならぬものなのである。

八六　「欲望」の定義

「欲望」の情念は、精気によって起こされた精神の動揺であって、精神が自分に適合していると想像する事がらを、未来に向かって意志するように促すものである。そこで「欲望」の対象は、いま存在しない善の現存のみならず、また現にある善の保存でもありうる。さらにまた、悪の不在、すでにもっている悪の不在のみならず、将来受けることがあるであろうと考えられるところの悪の不在でもありうるのである。

八七　「欲望」は反対をもたない情念であること

学院《スコラ》（哲学）では通常、善の追求に向かうところの情念のみを「欲望」とよび、悪の回避に向かう情念、すなわち「忌避」とよばれるものに対立させていることを、私はよく知っている。しかしながら、いかなる善でも、その欠如は必ず悪であり、また積極的なものと見られている悪ならば、その欠如は必ず善なのであり、たとえば富を求めることによってわれわれは必然的に貧乏を避けており、病気を避けることによって健康を求めており、その他同様なのであるから、いつでも同一の運動が善の追求と同時に、その善に反対する悪の回避に向かっているのだと私には思われる。ただし、そこに私は、次の相違は認める。すなわち、われわれがなんらかの善のほうへ向かうときにもつ欲望は、愛をともなっており、さらに希望と喜びをともなっているに対して、同じ欲望は、われわれがその善に反対する悪から遠ざかろうとする場合には、憎みをともない、懸念と悲しみとをともなうということ。そしてこの相違が、われわれをして、欲望は相反する二つのものからなっていると判断せしめるのである。しかしながら、もし欲望というものを、それがある善を眼中においてそれを求め、同時にその善に反対の悪を眼中においてこれを避ける場合についてよく見るならば、善の追求と悪の回避とを促すのは、ただ一つの情念にほかならないことは、きわめて明らかに認めうるのである。

八八　「欲望」のさまざまな種類は何々か

（欲望を二つに分けるよりも）欲望を、われわれが追求する種々異なる対象と同数の異なった種類に分かつことのほうが理にかなっていると思われる。というのは、たとえば、認識の欲望である好奇心は、名誉欲とは大いに異なるし、名誉欲はまた復讐欲とも異なるし、その他同様であるからである。けれどもここでは、愛と憎みの種類の数だけ欲望の種類があること、および、最も注目すべく最も強い欲望は、愛好と嫌悪から生ずる欲望であることを、知るだけで十分である。

八九　「嫌悪」から生まれる欲望はどういうものか

ところで、すでにいったように、ある善の追求に向かう欲望と、その善の反対者である悪の回避に向かう欲望とは、同一の欲望にほかならないのであるが、しかし、「愛好」から生まれる欲望は、「嫌悪」から生まれる欲望とはやはり大いに異なるのである。なぜならば、愛好と嫌悪とは真の意味で互いに対立する二つのものであって、それら自身が欲望に対する対象の役をする善と悪となのではなく（もしそうなら、愛好と嫌悪とが欲望を二つの種に分化させることはないはずである）、たんに精神の二つの感動であり、この二つの感動が精神を促して内容上非常に異なる二つの事がら（すなわち死の回避と異性への愛と）を追求させることになるのである。

すなわち、「嫌悪」は、精神に対して、不意の思いがけない死を示すために自然の設けたものであって、嫌悪を起こさせるものは、ときには蛆虫《うじむし》に触れることとか、ゆれ動く葉の音とか、自分の影とかにすぎないが、それでもやはりわれわれは、そういう刺激を与えられたその瞬間からすでに、きわめて明らかな死の危険が感覚に示された場合と同じくらいに強い感動を感ずるのであり、その感動はたちまちに、精神をして全力をあげてそういう目《ま》のあたりに存する悪を避けしめるところの（精気の）動揺を生みだすのである。そして、こういう種類の欲望が、普通「回避」または「忌避」とよばれるものなのである。

九〇　「愛好」から生ずる欲望はどういうものか

これに反して「愛好」は、気に入ったものの享受を、人間のもちうるあらゆる善のうちで最も大きな善として示すために、自然がわざわざ設けたものであり、そのゆえにわれわれは、この享受をきわめて熱烈に欲するのである。

そして愛好には種々異なる種類があり、愛好から生ずる欲望はすべてひとしく力強いものだとはいえないことは事実である。たとえば、花の美しさは、われわれにただ花を見ることを促すだけであるが、果実の美しさは果実を食べるようにわれわれを促すのである。

しかしながら、愛好から生ずる欲望のうち最も重要なものは、第二の自己となりうると考えられる人間のうちに思い描かれる数々の完全性から生ずるものである。というのは、自然は、理性をもたぬ動物のうちにと同様、人間のうちにも、性の区別を設けたが、それとともにまた脳のうちに、ある種の印象をつくっておいたのであって、この印象は人をして、ある年齢に達しある時期に達すると、みずからが何かを欠いていると思わせ、自分は一つの全体の半分にすぎず、異性の一人の人間が、他の半分を占めねばならぬかのように思わせる。そこでこの半分を手に入れることが、あらゆる善のうちに最大のものとして、自然によって漠然と示される。そして人々は、異性の人間を数多く見るけれども、だからといって、同時に多くの異性の人間を望むことはない。自然は人々が自分の半分を一つ以上必要とするとは思わせないからである。そこで、ある一人の人間において、同じときに他の人において認めるよりもいっそう自分に気に入る何かを認めると、人の所有しうる最大の善として自然が示すところの善を追求しようとする、自然の与えた傾向の全体を、精神はそのただ一人の人間に対して感ずるようになるのである。こういうわけで、愛好から生ずるこの傾向、すなわち欲望のほうが、すでに述べたような愛の情念よりももっと普通に「愛」（「恋」）の名でよばれている。この愛はまた前に述べた愛よりもいっそう異常な効果を示し、物語作者や詩人におもな材料を提供しているのである。

九一　「喜び」の定義

「喜び」とは、精神の快い感動であって、精神による善の享受の基礎をなすものなのであり、その善とは脳の諸印象が精神自身のものとして示すところの善なのである。

私は「この感動が善の享受の基礎をなす」という。なぜなら、事実、精神が、みずからの所有するすべての善から受けとる果実は、喜びという感動以外にはないのであって、善についての喜びをもたないかぎり、善の享受は成立せず、善を所有しないのも同然だからである。

　私はまた、「脳の諸印象が精神自身のものとして示すところの善」の享受であるとつけ加える。これは、一つの情念（受動）であるところの、ここでいう「喜び」を、純粋に知的な喜びから区別するためである。この「知的な喜び」のほうは、精神の活動からのみ生じ、「精神自身のうちに起こされた快い感動であって、悟性が精神に対して精神自身のものとして示すところの善の享受の基礎をなす」ということができる。

　もっとも、精神が身体に合一しているかぎり、このような知的な喜びも、情念としての喜びをともなわないわけにはゆかない。というのは、われわれがなんらかの善を所有していることを、われわれの悟性が気づくやいなや、この善そのものは身体に属するすべての事がらとはまったく異なっていて、想像に描くことのまったく不可能なものであるにしても、やはり想像力はただちに脳中にある印象をつくりだすのであり、この印象から精気の運動が生じ、この運動が喜びの情念を起こすのである。

九二　「悲しみ」の定義

「悲しみ」は、いやな無活動状態であって、脳の印象が精神自身のものとして示すところの悪から、精神が受けとる不快の基礎をなすものである。そしてこのような情念（受動）ではないところの知的な悲しみもまた存在するが、やはり情念としての悲しみを、たいていはともなっているのである。

九三　これら二つの情念の原因は何々か

さて、知的な喜びや悲しみが、右のように情念としての喜びや悲しみをもひき起こす場合には、これら情念の原因はまことに明らかである。すなわち、それら情念の定義からして、喜びは、なんらかの善を所有しているという考えから生じ、悲しみは、なんらかの悪または欠陥をもっているという考えから生ずるのである。しかし、悲しみや喜びを感じながら、その原因である善や悪を右のように判明に認めることができない場合もしばしばある。すなわち、その善や悪が、精神の介入なしに、脳のうちに印象を生ずる場合である。そして、それはときには、善と悪とが身体にのみ属するがゆえであり、またときには、善と悪とが精神に属していても、精神がそれらをはっきり善や悪と見ず、何かほかの形において見ていて、しかもその形を精神に呈示するところの脳内の印象が、善や悪の印象と結合しているがゆえである。

九四　「喜び」と「悲しみ」との情念が、身体にのみ関係する、善と悪とによってひき起こされるのは、どうしてか。「快感」と「苦痛」とはどういうものか

たとえば、自分が申し分なく健康であり、天気がいつもよりよく晴れているとき、われわれは心のうちに快活さを感ずるが、これは悟性のなんらかのはたらきから生ずるのでなく、精気の運動が脳のうちに生ずる印象からのみ生ずるのである。そして、身体のぐあいが悪いときには、たとえそのことを知らないでいても、やはりなんとなく悲しく感ずる。また諸感覚の与える「快感」（くすぐり）にはすぐに「喜び」がつづいて生じ、「苦痛」には「悲しみ」がすぐつづくので、たいがいの人々は、快感と苦痛とを、喜びと悲しみとから区別しないほどである。しかし、それらは実は非常にちがうものであって、われわれはときには「苦痛」を「喜び」をもって耐えることがあり、「快感」を受けてしかも不愉快であることもある。

しかし、通常、快感には喜びがつづいて生ずる理由はといえば、われわれが「快感」または「快い感覚」とよぶものはすべて、次のような場合に起こるからである。すなわち、諸感覚の対象が神経のうちに、ある種の運動を起こし、この運動は、もし神経がそれに対

抗するに十分な力をもたないなら、あるいは身体がよい状態にないなら、神経にとって有害でありうるような運動であるという場合である。そこでこのことは、脳の中に、ある印象を生み、しかもその印象は、身体のよい状態と神経の力強さとを明示するように、自然によって定められているので、それを精神——身体と合一しているかぎりでの——の所有する善として精神に示すことになり、かくて精神のうちに「喜び」を起こすのである。そして、これとほとんど同じ理由によって、われわれはみずからがあらゆる種類の情念に動かされること、「悲しみ」や「憎み」にさえも動かされることを、自然の定めにより、快く感ずるものである。ただしこれは、それらの情念が、舞台で上演される異常な事件やその他同様な事がらによってひき起こされるにすぎぬ場合である。この場合、それらの事件は、われわれに少しも害を与えることができず、いわばわれわれの精神に触れて、それを快くくすぐっているのである。

次に「苦痛」が通常「悲しみ」を生む理由はといえば、苦痛とよばれる感覚はつねに、神経を害する何かはげしい作用を受けることから生ずるものであり、かつ自然の定めによって、苦痛は、身体がかの作用から受ける損害と、身体がその作用に対して対抗できなかったという弱さとを、精神に対し表示するようにできているから、この二つのことを、苦痛は、精神にとってつねに不愉快な悪として精神に示すことになるのである。ただし、これら二つの悪が、それらよりも重要だと精神が判定するような善を生むという場合は別である。

九五　「喜び」と「悲しみ」とはまた、精神のものでありながら精神の気づいていない善や悪によっても、ひき起こされうる。たとえば、危険をおかす快さとか過去の悪を思い起こす快さとか

たとえば、若い人々が、なんの利益も名誉も期待せずに、困難な事がらを企て大きな危険に身をさらすことを、しばしば快とするのは、一方自分たちが企てる事がらは困難であると彼らが考えることから彼らの脳中に生ずる印象と、他方、それほどの危険をあえておかしうるほどに自分が勇敢であり、幸運であり、腕も力もあるのだと感ずることは善《よ》いことだと考えて、彼らがつくりだしうる脳内の印象とが結びつき、その結果、彼らは快を感ずることになるからである。

また老人たちが、過去に経験した数々の悪を思い起こすときに感ずる満足は、そういう悪にもかかわらず生きつづけてきたのは善いことであると考えることから生ずるのである。

九六　右の五つの情念をひき起こすところの、血液と精気との運動はどういうものか

ここで説明をはじめた五つの情念（すなわち、はじめの「驚き」を除いた残りの「愛」「憎み」「欲望」「喜び」「悲しみ」の五つの情念）は、互いに結びついたり対立したりしていて、「驚き」について論じた場合のように一つ一つ別々に

分けて論ずるよりも、五つをいっしょにして考察するほうが容易である。

　また、五つの情念の原因は、「驚き」の原因のように脳のうちのみに存するのではなく、心臓にも脾臓《ひぞう》にも肝臓にも、さらには身体の他のすべての部分にさえも——その部分が血液、したがって精気の産出に役だつかぎりにおいて——存する。なぜならば、静脈はすべてそれの入れている血液を心臓のほうへ運ぶが、しかし、ある静脈内の血液は、他の静脈の血液よりも勢いよく心臓におしやられるということがときにはあるからであり、また、血液が心臓にはいったりでたりする通り口が、あるときには、他のときよりも広げられたりせばめられたりすることがあるからである。

九七　「愛」における血液と精気との運動を知るに役だつ主要な経験的事実

　さて、われわれの精神がさまざまな情念に動かされている間に、われわれの身体について、経験によって認められるさまざまな変化を注意してみるとき、「愛」において私の認めることは、愛がそれだけで存するとき、すなわち強い「喜び」や「欲望」や「悲しみ」をともなっていないときには、脈搏《みゃくはく》の打ち方は一様であって、普通よりもはるかに大きく強いこと、胸におだやかなあたたかさが感ぜられること、食物の消化は胃においてたいへん速く行なわれていること、結局、この情念は健康のために有益であるということ、である。

九八　「憎み」についての同様な事実

これに反して、「憎み」において私の認めるのは、脈搏がふぞろいであり、普通よりも小さく、往々より速いこと、胸に何かはげしい刺すような熱をまじえた冷たさを感ずること、胃はそのはたらきをやめ、食べたものを吐きだそうとし、あるいは少なくとも食べたものを腐らせて有害な体液に変えようとすること、である。

九九　「喜び」についての同様な事実

「喜び」において認められるのは、脈搏が一様で、普通より速いが、「愛」の場合ほどには強く大きくはないこと、快いあたたかさが感ぜられ、しかもそれは胸にあるばかりでなく、豊かに流れる血液とともに身体の外的部分のすべてに広がること、しかもその間、消化力が普通よりも弱まるために、ある場合には食欲がなくなることがあること、である。

一〇〇　「悲しみ」についての同様な事実

「悲しみ」において認められるのは、脈搏が弱くおそくなること、紐《ひも》が心臓をまいてしめつけるかのように、また氷片が心臓を冷やし他の身体部分にも冷たさをおよぼすかのように感ぜられること、しかもその間、憎みが悲しみにまじりさえしなければ、われわれはときには盛んな食欲をもち、胃が十分にその任務を果たしていると感ずること、である。

一〇一　「欲望」についての同様な事実

最後に「欲望」においては、次のような特徴を私は認める。すなわち、欲望は心臓を他のどの情念よりも強くゆり動かし、脳に精気を他の情念よりも多く供給し、その精気は心臓から筋肉へ流れて、すべての感覚をより鋭くし、身体のすべての部分をより動きやすくする、ということである。

一〇二　「愛」における血液と精気との運動

これらの観察および、ここで述べるとあまり長くなるその他多くの観察は、私に次のように判断する理由を与えた。すなわち、悟性がなんらかの愛の対象を思い浮かべると、この思いが脳のうちにつくりだす印象は、動物精気を第六対の神経*1によって、腸や胃のまわりにある筋肉のほうへ送りだす。すると、新たな血液に変わるべき食物の液が、肝臓にとどまらずにすみやかに心臓のほうに流れ、身体の他の部分にある血液よりも強い力で心臓へおしやられるので、より多量に心臓にはいることになり、かつこの新たな血液は、心臓をなんども通って、すでにたびたび希薄化された血液よりも粗いために、心臓内でより大きな熱をひき起こす、ということになる。そこでまた血液は、普通より粗くて活発な粒子からなる精気を、脳のほうに送ることになる。そして、この精気は、愛すべき対象についてのはじめの思いが脳内につくりだした印象を強めることによって、精神を長くこの思いにとどまらせる。かくして情念としての愛が成立するのである。

＊1　ガレノス以来、デカルトの時代にも認められていた考えでは、脳から七対の神経がでており、その第六対が胸と腹にゆく「迷走神経」であると考えられており、かつこれは現在のように交感神経と区別されてはいなかった。

一〇三　「憎み」における血液と精気との運動

反対に、「憎み」においては、嫌悪をもよおす対象についての最初の思いは、脳のうちにある精気を胃や腸の筋肉のほうへ送って、食物の液が血液とまじらないように、いつもは食物の液が血液の中へ流入している入口をすべて閉ざしてしまう。また、その思いは、精気を脾臓および肝臓下部（そこに胆汁の袋がある）に送って、通常、血液の成分中でこの脾臓や肝臓下部にうちすてられているところの粒子をして、そこからでて静脈の枝脈中の血液とともに心臓のほうに流れしめるのである。その結果、血液の温度にはなはだしいむらを生ずることになる。なぜならば、脾臓からくる血液は、容易に熱せられず、また希薄にならぬのに対し、いつも胆汁をいれている肝臓下部からくる血液は、きわめて速く熱をおび、膨張するからである。このことの結果として、脳に行く精気もまた、はなはだふぞろいな粒子をもち、はなはだ異常な運動をすることになる。そこで、これら粒子は、脳のうちにすでに印象を印しているところの憎みの諸観念を強め、精神を酸味と苦味とにみちた思いのほうへ傾かせるのである。

一〇四　「喜び」における血液と精気との運動

「喜び」において活動するのは、脾臓や肝臓や胃や腸にある神経よりもむしろ、それ以外のあらゆる身体部分にある神経であり、特に心臓のもろもろの出入口のまわりにある神経である。これら心臓にある神経は、心臓の出入口を開きかつ広げて、ほかの神経によって静脈から心臓のほうへおしやられてくる血液に、つねよりも多量に心臓へはいり、かつ、でることをゆるすのである。このとき、心臓へはいる血液は、動脈から静脈へうつってきたものであって、もうなんども心臓を通ったことのある血液であるから、はなはだ容易に膨張し、それの生みだす精気も、その粒子がよくそろっていて細かであるので、精神に気楽なおだやかな思いをもたせるような脳内の印象を、形成し強化するに適しているのである。

一〇五　「悲しみ」における血液と精気との運動

これに反して「悲しみ」においては、心臓の出入口は、それをとりまく小さな神経によってはなはだせばめられ、かつ、静脈の血液は少しもゆり動かされていないから、血液が心臓にはいる量ははなはだ少ない。しかもその間、食物の液が胃と腸とから肝臓のほうへ流れる通路は開かれたままになっている。この結果、食欲は減少しない。ただし「悲しみ」にしばしば結合する「憎み」がその通路を閉ざす場合は別である。

一〇六　「欲望」における血液と精気との運動

最後に「欲望」の情念は、次のような特徴をもっている。すなわち、なんらかの善を得ようとし、またはなんらかの悪を避けようとする意志は、それに必要な行為に役だちうる身体部分へ、ことに心臓と、心臓へ最も多くの血液を供給する身体部分へ、脳の精気をすみやかに送りだすのである。そうすると心臓は、つねよりもはるかに多量の血液を受けとって、より多量の精気を脳に送ることになる。これは、精気がかの意志の観念を脳のうちで維持し強めるようにするためであり、また、あらゆる感覚器官および、欲望の対象の獲得に用いられうるあらゆる筋肉へ、精気が脳から流れてゆくようにするためである。

一〇七　「愛」における血液と精気との運動の原因はどういうものか

さて、私はこれらすべてのことの理由を、すでに述べたことだが、次のことから導きだす。すなわち、われわれの精神と身体との間には、われわれがある身体的活動とある思考とをひとたび結びつけてしまうと、あとになってこれら二つの一方がわれわれに現われれば必ず他方もまた現われずにはいない、というような連結がある、ということである。それはたとえば、次のような例に認められる。病気のときに大きな嫌悪をもって何かの水薬を飲んだ人々は、その飲物と味の似ているものを飲んだり食ったりすると、必ずふたたび同じ嫌悪をもつ。同時に、そういう人々が薬に対してもつみずからの嫌悪を考えるとき同じ味が彼らの思いのうちに必ずふたたび現われるのである。

（そこでこのことから、右の諸事実の理由をどのようにして導きだすことができるかといえば）私の考えでは、われわれの精神が身体に結びつけられたはじめの時期に、心臓にはいってきた血液あるいは他の液が、生命の原理である熱を心臓において維持するのに、普通よりもずっと好適な養分を与えるということがときとしてはあったに相違ない。そこで、精神がみずからの意志により、この養分を自己に結びつけるにいたった、いいかえれば、精神はその養分を「愛し」たのである。また、同時に、心臓へきたその養分の源となっている身体部分を、圧迫したりゆり動かしたりして、さらに多くその養分を心臓へ送ってくれるように促すところの筋肉のほうへ、精気が脳から流れたのである。その身体部分とは、まず胃と腸とであって、これをゆり動かすと食欲が増すのであり、さらにはまた、肝臓と肺臓とであって、これは横隔膜の筋肉によって圧迫することができるのである。そしてこういうわけで、同じ精気運動が、それ以来ずっと、愛の情念にともなうことになったのである。

一〇八　「憎み」における血液と精気との運動の原因

ときとしては反対に、心臓内で熱を維持するに不適当な、いな、その熱を消してしまうような、異常な液が心臓に流入することがあった。そこで、心臓から脳にのぼってくる精気は、精神のうちに「憎み」の情念をひき起こすことになったのである。同時にまた、これら精気は、脳から、脾臓の血液と肝臓の小さな静脈内にある血液とを心臓へおしやることによってかの有害な液が心臓にはいるのを妨げることのできる神経のほうへ、流れてゆく。そしてさらに、この有害な液を腸や胃のほうへおしもどすことができ、ときには胃をしてその液を吐きださせることのできるところの、神経のほうへ、精気が流れるのである。このゆえにこれらの運動が、「憎み」の情念に通常ともなうことになったのである。

そして、肝臓の中には、眼で見ることができるが、多くの相当大きな静脈または脈管があって、これらを通って食物の液が肝臓に停滞することなしに、門脈から大静脈へうつり、そこから心臓にはいることができる。しかしまた、肝臓にはもっと細い無数の静脈があって、そこへ食物の液が停滞することができ、そこにはいつも予備の血液があることになる。

このことはまた脾臓についてもいえる。そこで、胃や腸が心臓に血液を供給しえない場合には、そういう予備の血液は、身体の他の部分にある血液よりも粗いから、心臓のうちにある火に対する養分として、よりよく役だつことができるのである。

一〇九　「喜び」における血液と精気との運動の原因

さらにまた、われわれの生のはじめには、ときとして、静脈に含まれる血液が心臓の熱を維持するのに十分に適した養分であって、しかも静脈はそういう血液を多量に含んでいるので、心臓は静脈以外から養分をとる必要がない、というような状態が生ずる。そこで、精神のうちに「喜び」の情念が生ずることになったのである。そして精気は脳から、心臓の出入口を開く神経のみならず、一般に静脈の血液を心臓へおしやるはたらきをするあらゆる神経に豊かに流入し、しかも肝臓、脾臓、腸、胃からは、新たな血液が心臓にこないようにする。こういうわけで、これらの運動がそのままずっと「喜び」にともなっているのである。

一一〇　「悲しみ」における血液と精気との運動の原因

しかし、ときとしては反対に、身体が養分を欠くことがあった。これが精神に、最初の「悲しみ」を、少なくとも、「憎み」と結合していなかった最初の「悲しみ」を、生ぜしめたに相違ない。そして、このことの結果、心臓の出入口は少ししか血液を受け入れないために狭くなり、かつまた血液の相当多くの部分が、脾臓からくるということになった。なぜなら、脾臓は、心臓へほかからくる血液が不足するとき、心臓に血液を供給する役目をもつ最後の貯蔵庫のようなものなのだからである。このゆえに、心臓の出入口をこのようにせばめ、かつ脾臓から心臓へ血液を送る、という役目をもつところの、精気や神経の諸運動が、いつも「悲しみ」にともなうこととなっているのである。

一一一　「欲望」における血液と精気との運動の原因

最後に、精神が、新たに身体に結合されたときに、もったであろうと思われる最初の「欲望」はすべて、自分に適したものを受けとり有害なものをつきかえすという欲望であった。そして、このことを果たすため、精気はそのときすでにあらゆる筋肉と感覚器官とを、動かしうるあらゆるしかたで動かすことをはじめたのである。このゆえに現在、精神が何かを欲望するとき、身体全体が、欲望のないときよりも活気をおび、動きやすくなるのである。そしてまた、身体がこういう状態になると、そのことがまた、精神の欲望を、より強い熱烈なものにするのである。

一一二　これら情念の外的表徴は何か

以上述べたところによって、さきに諸情念に属せしめた脈搏のちがいや、その他のあらゆる特性の原因を十分に理解できるであろう。それでさらに、それら特性を立ち入って説明する必要はないであろう。けれども、いちいちの情念について私が注目したのは、その情念が他と無関係にあるときに、それについて観察されうる事がらのみであり、かつ諸情念を生むところの、血液と精気との運動を知るに役だつ事がらのみであったから、ここでなお、情念にともなうことをつねとする多くの外的表徴について述べることが残されている。そして、このような外的表徴は、諸情念がいくつかいっしょに混ざっている場合（通常はそうである）のほうが、それらが互いに離れて独立している場合よりも、より明らかに認められるのである。

情念のこれら外的表徴のおもなものは、眼と顔のはたらき、顔色の変化、ふるえ、無気力、気絶、笑い、涙、うめき、ためいき、である。

一一三　眼と顔とのはたらきについて

どのような情念でも眼のある特殊なはたらきにそれと現われるものである。このことは、ある種の情念の場合にはきわめて明らかであって、最も愚かな下男でも主人の眼つきに、主人が自分に怒っているか、怒っていないかを見てとることができる。しかしながら、こういう眼のはたらきはたやすく認められ、その意味するところも知られるにしても、だからといって、そういう眼のはたらきを記述することはたやすいとはいえない。なぜならば、眼のはたらきのおのおのは、眼の運動と形とに現われる多くの変化から構成されており、これら変化はきわめて特殊な小さなものであって、それらの協同から生ずる結果はたやすく気づかれるが、それのいちいちは独立に知覚されえないのである。やはり情念にともなうところの顔のはたらきについてもほとんど同じことがいえる。というのは、顔のはたらきは眼の変化よりも大きいけれども、顔のはたらきのいちいちを区別することはやはりむずかしい。かつ、それらのはたらきは相互にわずかの差異しかもたず、ある人は、泣くときに、他の人なら笑うときにする顔つきとほとんど同じ顔つきをする。もっとも、顔のはたらきにも、よく眼につくものもあることは事実である。たとえば、「怒り」における額のしわ、「憤慨」と「嘲り」とにおける鼻や唇のある運動がそれである。けれども、そういう顔のはたらきは、自然に生まれついたものというより、意志的につくられるものなのである。そして、一般的にいえば、顔のはたらきも眼のはたらきも、精神が自分の情念を隠そうとして反対の情念を強く思い浮かべるなら、精神によって変えられうる。したがって、顔や眼のはたらきは、情念を外にあらわすために用いうると同様、情念を隠すためにも用いうるのである。

一一四　顔色の変化について

しかし、何かの情念に促されて、赤くなったり青くなったりすることは、それほどたやすくとどめられない。なぜなら、これらの変化は、前の眼や顔のはたらきのように、神経と筋肉とに依存するのではなく、もっと直接に心臓に由来するからである。そして心臓は、情念を生ずるための血液と精気とを用意するものであるかぎりにおいて、情念の源とよぶことができるのである。ところで、顔の色はただ血液に由来するものであることは確かである。すなわち、血液はたえず心臓から動脈を通ってあらゆる静脈に流れ、静脈から心臓に流れ、顔の表面近くにある細い静脈をみたすことの多少によって、顔をあるいは多くあるいは少なく色づけるのである。

一一五　「喜び」はどうして顔色を赤くするか

たとえば「喜び」は顔色を、より生き生きと、より赤くする。なぜならば「喜び」は、心臓の水門を開くことによって、血液があらゆる静脈によりすみやかに流れるようにし、かつ、血液がより熱く、より微細になって顔のあらゆる部分を少しふくらますようにする。これが顔の表情をいっそうにこやかに、いっそう明るくならせるのである。

一一六　「悲しみ」はどうして顔色を青くするか

反対に「悲しみ」は、心臓の出入口をせばめて、血液が静脈へふだんよりもゆっくり流れるようにし、血液がより冷たく、より濃厚になって、静脈中に占める場所が小さくてすむようにする。そこで血液は、心臓に最も近いところにある太い静脈のほうへ退くことによって、心臓から最も遠い静脈——その最も目だったものが顔面の静脈である——から去るのであり、このことにより顔は、青くやつれて見えるのである。特に、悲しみが大きいときとか、また「恐怖」において認められるように、急に襲ってくるときに、そうである。「恐怖」の含む不意打ちという要素が心臓をしめつける作用を強くするのである。

一一七　悲しいときでも、しばしば顔が赤くなるのはどうしてか

しかし、悲しんでいて青くならず、かえって赤くなることもたびたびある。このことは、「悲しみ」に加わる他の諸情念、すなわち「愛」あるいは「欲望」、さらにときとしては「憎み」、のせいであるとすべきである。

これら「愛」や「欲望」や「憎み」の情念は、肝臓や腸やその他身体の奥まった部分からくる血液を熱し、あるいはゆり動かして、心臓のほうへおしやり、そこから大動脈を通って顔の静脈へ流れしめる。そしてこのことを、心臓の出入口をあちらこちらでせばめるところの「悲しみ」は、非常に過度の「悲しみ」でなければ、妨げえないのである。けれども、「悲しみ」は、たとえ弱いものであっても、「愛」や「欲望」や「憎み」が内臓のほうから血液を次々に顔の静脈に送りこんでいる間に、そのように顔の静脈にはいってきた

血液が心臓のほうへさがって行くのをとめることは、たやすくできるのである。そこで血液は顔のまわりに停滞することになって、顔を赤くならせ、しかも「喜び」の場合よりもいっそう赤くならせることもある。なぜなら、血液の色はそれがゆっくり流れるほどよく目だつからであり、また血液はそのために（喜びの場合のように）心臓の出入口がもっと大きく開いている場合よりも、多く顔の静脈に集まりうるからである。このことは特に「恥」の情念の場合に明らかである。この場合は、自己に対する「愛」と、現在の不名誉を避けようとするさしせまった「欲望」とを含んでおり、このことが、身体の奥まった部分にある血液を心臓へこさせ、次いでそこから動脈によって顔のほうへこさせているのであるが、さらに、弱い「悲しみ」をも含んでいて、それが血液の心臓へかえることを妨げているのである。また同じことが、人が泣く場合にも普通に認められる。というのは、のちに述べるように、涙を生ずるのはたいていは「悲しみ」と結びついた「愛」であるからである。さらに同じことが「怒り」にも認められる。「怒り」においては、多くの場合、すぐにも復讐《ふくしゅう》したいという「欲望」が、「愛」や「憎み」や「悲しみ」と混ざっているのである。

一一八　「ふるえ」について

「ふるえ」は、二つのちがった原因をもっている。一はときとして脳から神経に行く精気が少なすぎて、前に、一一節でいったような、筋肉のうちにあって手足の運動を決定するために閉じねばならない通路を、十分に閉じることができない場合であり、他はときとして脳から神経に行く精気が多すぎて、同じことができない場合である。最初にあげた原因は「悲しみ」と「恐れ」において、さらにまた、寒さにふるえる場合において、認められる。というのは、「悲しみ」や「恐れ」の情念は、空気の冷たさと同じく、血液をはなはだ濃くしてしまい、脳から神経へ送りだすにたるだけの精気を脳に供給しえないことがあるからである。もう一つの原因のほうは、はげしく何かを「欲望」する人々や、「怒り」にひどく動かされている人々や、また酒に酔っている人々において認められる。なぜなら「欲望」と「怒り」は、酒と同様に、ときとしてはあまり多量の精気を脳に送りこんで、そこから精気が筋肉のほうへ正しく導かれえないようにしてしまうからである。

一一九　「無気力」について

「無気力」とは、身体の力が抜けて動かなくなる傾向である。それは身体のすべての部分に感ぜられる。無気力の生ずる原因は、「ふるえ」の生ずる原因と等しく、神経に十分な精気が行かないことであるが、その様子はちがっている。というのは、ふるえの原因は、腺《せん》が精気をどれかの筋肉におしやる場合に、腺のその決定に従うに十分な量の精気が、脳のうちに存しないということであるが、これに反して、無気力の原因は、腺が精気をどれか一定の筋肉のほうへ行くように決定するはたらきをしないということだからである。

一二〇　無気力は「愛」と「欲望」とによって起こされる

無気力という結果をもっとも普通に生むところの情念は、「愛」が、さしあたって獲得可能とは思われないものへの「欲望」に結びついている場合である。なぜなら、「愛」はその向かう対象を注視することに精神をまったく没頭させるので、精神は脳のうちにあるあらゆる精気を用いて、その対象の像をみずからに示させ、このことに役だたぬあらゆる腺の運動を停止してしまうからである。そして「欲望」については次のことを注意する必要がある。すなわち、前に「欲望」には身体をつねよりも動きやすくするという特性があるといったが、この特性は、「欲望」の対象がそれを獲得するために、すぐにも何かをすることができるようなものであると考えられる場合にのみ、欲望に所属するということである。なぜならば、反対に、それを獲得するに役だつことはさしあたって何もできないと考えられる場合には、欲望の動きの全体は、脳の中だけにとどまって神経のほうに少しもうつって行かず、脳の中で欲望の対象の観念を強めることにのみ用いられるので、身体の他の部分を無気力の状態におくことになるのである。

二二二　無気力はまた他の情念によっても起こされうる

「憎み」や「悲しみ」や、さらには「喜び」さえ、それらが非常にはげしい場合には（愛の場合と同様）やはり一種の無気力を生じうることは事実である。なぜならば、これらの情念は、その対象を注視することに精神をまったく没頭させるからである。特にいまのところ、これの獲得のために何ごともなしえないようなものへの欲望が、それら情念に結びついている場合がそうである。しかしながら、みずからの意志によって自己に結合しようとする対象（「愛」の対象）を注視することのほうが、自己から離そうとする対象（「憎み」の対象）や、他のすべての対象を注視することよりも、強くわれわれをひきつけるがゆえに、そしてまた無気力は、不意打ちによってすぐ生ずるのでなく、若干の時を費やして徐々に生ずるものであるゆえに、無気力は他のすべての情念におけるよりも「愛」においてはるかに多く起こるのである。

二二三　「気絶」について

「気絶」は「死」とひどくかけはなれたものではない。というのは、人が死ぬのは心臓の中にある火がまったく消える場合であるが、ただ気絶するだけというのは、心臓の火が窒息させられ、しかも熱がいくらか残っていて、のちにもう一度火をもえあがらせうる場合であるからである。ところで、人をそのように失神させうる身体の失調には、多くのものがあるけれども、情念のうちでは、そういう力をもつと認められるものは、極度の「喜び」以外にないのである。そして、極度の喜びが気絶を起こすしかたは、私の考えでは次のようである。すなわち、静脈の血液は心臓の出入口を異常に広く開いて、心臓にはなはだ突然に、しかも多量に流入するので、その血液を心臓の熱によって急速に希薄化し、静脈の入口を閉じるいくつかの小さな弁をたてる、ということができない。そのために、適度にさえ心臓にはいれば心臓の火を維持するのをつねとする血液が、その火をおし消してしまうのである。

一二三　なぜ人は悲しみによっては気絶しないか

思いがけなく襲う大きな「悲しみ」も、心臓の出入口をせばめることによって、やはり心臓の火を消すことができるようにも思われるのだが、しかし、そういうことが起こるのは認められない。あるいは起こってもきわめてまれである。その理由は、私の考えるところでは、たとえ心臓の出入口がほとんど閉じられても、心臓の中にはその熱を維持するにたりるくらいの血液は、やはり必ず存在する、ということである。

一二四　「笑い」について

「笑い」は、心臓の右心室から、動脈性静脈（肺動脈）を通ってきた血液が、肺臓を突然に、しかもなんどもくりかえして膨張させることによって、肺臓に含まれる空気を気管を通じてはげしくおしだし、このとき気管の中で空気が不明瞭《ふめいりょう》な爆発的な声を生む、ということである。そして膨張する肺臓も、外にでる空気も、横隔膜や胸や咽喉《のど》のすべての筋肉を圧迫し、そうすることによって、これらの筋肉といくらかつながっている顔の筋肉を動かすことになる。そこで、この顔のはたらきと、かの不明瞭な爆発的な声とをいっしょにしたものが、「笑い」とよばれるものにほかならないのである。

一二五　笑いが最も大きな喜びにはともなわない理由

ところで、笑いは喜びのおもな表現の一つだと思われているが、しかし「喜び」はあまり大きくないときにのみ、そしてなんらかの「驚き」または「憎み」がまざっているときにのみ笑いをひき起こしうるのである。というのは、経験によってわかることだが、なみはずれて喜んでいるときには、この喜びの原因が大笑いを起こさせることはけっしてない。それどころか、われわれが悲しんでいるときにこそ、最も容易に、何か他の原因によって笑いに誘われるものなのである。その理由は、大きな喜びにおいては肺臓がつねに血液にみたされていて、さらになんども膨張させられることはできないからである。

一二六　笑いの主要な原因は何々か

そして私は、そのように突然に肺を膨張させる原因を、次の二つしか認めえないのである。

第一は、「驚き」の不意打ちであって、これが「喜び」に加わることによって、心臓の出入口を急に開くことができるので、多量の血液が大静脈から心臓の右心室へ、たちまちにはいり、そこで希薄になり、そこから動脈性静脈（肺動脈）を通って流れでて、肺臓を膨張させるのである。

第二の原因は、血液の希薄化を促進するある液が混じることである。そういう液としては、脾臓[*1]からくる血液の流動的な部分以外に、適切なものを私は見いださない。血液のこの部分は、「驚き」の不意打ちによって加勢された憎みの軽い感動により、心臓のほうへおしやられ、一方で、「喜び」が多量に心臓に送りこんでいるところの、身体の他の部分からきた血液のうちに混入して、この血液を普通よりもはるかに大きく膨張させるのである。それはあたかも、いろいろな液体が多量に火にかけてあるとき、それらのはいっている容器の中へ少量の酢を投げ入れると、それらの液体が急に膨張するのと同様である。なぜなら、脾臓からくる血液の流動的な部分は、酢に似た性質のものだからである。

経験はまた、次のことをもわれわれに示している。すなわち、肺臓からでる爆発的な笑いを生じうるあらゆる事件の中には、つねに、「憎み」あるいは少なくとも「驚き」を起こさせるような小さな材料が含まれているということである。また、脾臓があまり健全でない人々は、他の人よりも「悲しみ」に陥りやすいのみならず、またときどきは、他の人よりも陽気でよく笑うものである。なぜなら、脾臓は二種の血液を心臓へ送るのであって、一は、はなはだ濃くて粗であり、「悲しみ」を起こすが、他は、はなはだ流動的で微細であって「喜び」を起こすのである。そしてしばしば、大いに笑ったのち、悲しい気持になる生来の傾きをわれわれは感ずるが、これは、脾臓の血液の、より流動的な部分が使い尽くされると、つづいてもう一方のもっと粗い部分が心臓にくるからである。

＊1　脾臓は古来「笑いの座」と考えられてきた。「脾臓をふくらませる」épanouir la rate とは、愉快に笑うことである。

一二七　「憤慨」における笑いの原因は何か

ときとして「憤慨」にともなう笑いについていえば、それは普通は人為的な、つくった笑いである。しかし、それが自然なものである場合、それは、憤慨の種《たね》となっている悪によって、自分は害を受けることがありえぬのを認める「喜び」から、さらにまた、その悪の新しさ、すなわち思いがけない出現によって驚かされることとから生ずるように思われる。それで、「喜び」「憎み」「驚き」が、そういう笑いを生むのに協力しているのである。

しかしながら、笑いはまた、なんら「喜び」なしに、「嫌悪」の運動だけによって生みだされうる、と私は信じたい。嫌悪の運動は、脾臓の血液を心臓のほうに送り、それが希薄にされて心臓から肺臓へおしやられ、肺臓がたまたまほとんど空虚であればそれを容易に膨張させる。そして一般に、肺臓をこのように突然膨張させうるものはすべて、笑いという外的行動をひき起こすのである。ただし、「悲しみ」がそれを変じて、涙をともなううめきや叫びの行動にしてしまう場合は別である。この点に関してヴィヴェスは[*1]、彼自身のことをこう書いている。すなわち、長い間食物をとらなかったときには、食物を口に入れるとすぐ笑わずにおれなかった、と（ヴィヴェス『精神について』第三巻、笑いについての章）。これは、血液を欠いていた彼の肺が、胃から心臓へきた最初の液――それは、彼の食べた食物そのものの液が、まだ心臓に達しないうちに、食べることを想像するだけで心臓に流入することのできた液である――によって急に膨張させられたためであろう。

＊1　ヴィヴェス（一四九二～一五四〇）はスペインの人文学者。ルーヴァン大学に教え、一時、イギリスのヘンリ八世の宮廷教師ともなったが、一五二九年後はブリュージュに住み、ドイツ皇帝兼スペイン王であったカール五世につかえた。デカルトはヴィヴェスの著『精神について』（一五五八年刊）から多くを得ている。

一二八　「涙」のでる源について

「笑い」が最も大きな「喜び」によって起こされることがないように、「涙」も極度の「悲しみ」からは生まれず、あまり大きくない「悲しみ」であって、いくらか「愛」の感情さらに「喜び」の感情をすらもともなうもの、から生ずる。

そして、涙の原因をよく理解するためには、次のことを注意せねばならない。すなわち、われわれの身体のあらゆる部分から、多量の蒸気がたえずでているのであるが、しかし、蒸気を眼に運ぶところの視神経の太いこと、および同じはたらきをする細い動脈の多数であることにより、眼ほど多量の蒸気をだす部分はない、ということ。かつ汗は、身体の他の部分からでる蒸気が、身体の表面で水に変わって生じたものにほかならないのと同様、涙も眼からでる蒸気から生ずるのであること。

一二九　どういうふうにして蒸気は水に変わるか

さて私は、『気象学』において、空中の蒸気がどのようにして雨に変わるかを説明し、そのことの理由は、蒸気がつねよりも動揺の少ないこと、またはつねよりも多量にあること、であると述べたが、同様にして私の考えでは、身体からでる蒸気がつねよりもはるかに動揺の少ない状態にあるとき、たとえそれがそれほど多量でなくても、やはり水に変わるのであって、これが病気になったときに身体の衰弱からときどき生ずる、冷たい汗の原因である。また蒸気がつねよりも多量であるとき、同時につねよりもはげしく動揺しているのでないならば、蒸気はやはり水に変わるのであり、これが何か仕事をするときに生ずる汗の原因なのである。しかしそのとき眼に汗がでないわけは、身体をはたらかせている間、精気の大部分が、身体を動かす筋肉のほうへ流れていて、視神経を通じて眼に流れることが少ないからである。そして、同じ一つの物質が、静脈や動脈のうちにあるときは血液となり、脳や神経や筋肉のうちにあるときは精気となり、気体という形で身体外にでるときは蒸気となり、最後に、身体の表面または眼において濃縮されて水となるときは、汗または涙となっているのである。

一三〇　眼に痛みを起こさせるものが涙を流させること

さて、眼からでる蒸気を涙に変わらせる原因を、私はただ二つ認めうるだけである。第一は、蒸気がでてくる多くの孔《あな》の形が、なんらかのできごとによって変えられた場合である。というのは、そのことは、もろもろの蒸気の運動をおそくし、その順序を変えることにより、蒸気を水に変わらせうるからである。たとえば、一片のわらくずが眼にはいるだけで、眼から涙をださせるには十分である。なぜならば、わらくずは苦痛を起こして、眼の孔の状態を変じ、孔のあるものは狭くなってそこを通る蒸気の粒子の速度が減ることになり、しかも以前には、粒子は互いに等しい距離を保ってそこからでていて、したがって互いに離れていたのに対し、いまや多くの孔の秩序が乱されたために互いに衝突し合うことになり、その結果粒子は結合し合って、涙に変ずるのだからである。

一三一　「悲しみ」が涙を流させること

もう一つの原因は、「悲しみ」が、「愛」または「喜び」をともなう場合、あるいは一般に、心臓をして多量の血液を動脈に送らせるようななんらかの原因をともなう場合である。涙が生ずるには、「悲しみ」は必要である。「悲しみ」が血液全体を冷やし、眼の孔をせばめるのだからである。けれども「悲しみ」は、眼の孔をせまくするに応じて、またその孔からでる蒸気の量をも減らすから、もしこれら蒸気の量が、同時に何か他の原因によって増大されなければ、涙を生ずるに十分ではない。そして、その蒸気の量を最も増大するものとしては、「愛」の情念において、心臓に送られる血液よりほかにないのである。それゆえ、悲しんでいる人々は、たえず涙を流すわけではなく、ただ間歇的《かんけつ》に、彼らが愛情をよせている対象を新たに考えるときに、涙をだすのである。

一三二　涙にともなう「うめき」について

そしてそのとき、肺臓も多量の血液を受けて突然に膨張することがあり、このとき血液は肺臓内にあった空気を追いだすのであるが、その空気が、気管を通って外にでるときに、涙によくともなう「うめき声」や「泣き声」を生むのである。

泣き声は、笑いにともなう声とほとんど同じしかたで生ずるが、笑い声よりも鋭いのがつねである。そのわけは、発声器官を広げたりせばめたりして、声を太くしたり鋭くしたりする役をもつ神経が、「喜び」に際しては心臓の出入口を開き、「悲しみ」に際してはそれをせばめるところの神経と結合しており、かくて心臓を開閉する神経が、同時に発声器官をも広げたりせばめたりするからである。

一三三　どうして子供と老人は泣きやすいか

子供と老人とは、中年の人よりも泣きやすい。しかし、子供と老人とではちがった理由からそうなっているのである。

老人は、しばしば愛情と喜びがもとで泣く。というのは、この二つの情念がいっしょになると、彼らの心臓に多量の血液が送られ、そこから多量の蒸気が眼に送られるが、この蒸気の動きは、老人のもちまえの冷たさによっていちじるしく緩慢になるから、悲しみの情念が介在せずとも蒸気はたやすく涙に変わるのである。

しかし、老人のうちには怒りによってはなはだたやすく泣く者もあるが、彼らにそういう傾向を与えるのは、彼らの身体の体質というより、彼らの精神の気質なのである。それは、心が弱くて、苦痛や懸念や憐れみを起こす小さな事がらに、まったく圧倒せられてしまうような人々においてしか起こらない。

同じことが子供に起こるのである。子供は「喜び」によって泣くことはまれであって、はるかに多く「悲しみ」によって泣く。しかも、「悲しみ」が「愛」をともなわぬ場合でも、泣くのである。というのは、子供は多くの蒸気を生みだすに十分な血液をいつももっているからであって、蒸気の運動が「悲しみ」によっておそくされると、蒸気は涙に変わるのである。

一三四　どうしてある子供は泣かずに青くなるのか

しかしながら、子供の中には、怒ったときに泣かずに青くなる者がある。そのことは、彼らが異常な判断力と勇気とをもつことを証すると認めてよい場合もある。すなわち、そのことが、もっと年をとった者におけると同様に、害悪の大きいことを注視し、強い反抗を用意していることから生ずる場合である。しかしながら、それは、通常は、悪い生まれつきの印なのである。すなわち、彼らが「憎み」と「恐れ」に傾きやすいことから生ずる場合である。というのは、「憎み」と「恐れ」とは涙をつくる物質を減らす情念なのだからであり、反対に、はなはだたやすく泣く者は、「愛」と「憐れみ」とに傾くことが見られるのである。

一三五　「ためいき」について

「ためいき」は、「涙」と同じく、悲しみを前提としているが、「ためいき」の原因は「涙」の原因とはたいへんちがっている。というのは、人が泣くように促されるのは、肺臓が血液でみちているときであるが、「ためいき」をつくように促されるのは、肺臓がほとんど空《から》であって、「希望」または「喜び」のなんらかの思いが、「悲しみ」のせばめていた静脈性動脈（肺静脈）の出入口を広げるときなのである。というのは、そのとき、肺臓のうちに残っているわずかな血液は、この静脈性動脈を通って心臓の左心室に急にはいるが、それは右の「喜び」に達しようとする「欲望」によって、左心室におし入れられたのであって、この「欲望」は、横隔膜と胸とのすべての筋肉を同時に動かすから、空気は急に口を通って肺臓に吸い入れられ、血液の残した場所をみたすことになる。これが「ためいき」とよばれるものなのである。

一三六　ある個人に特有な情念の結果はどうして生ずるか

なおまた、情念のさまざまな結果やさまざまな原因について、まだいいたりないすべてのことを、ここで手短に補うために、それらについて私がいままで述べたすべてのことの基礎になっている原理を、もう一度くりかえして述べておくことで満足しよう。すなわち、その原理の示すところ、われわれの精神と身体との間に存在するつながりの特性は、第一に、われわれがひとたびある身体的活動とある思考とを結びつけると、のちに、両者のいずれかがわれわれに現われれば必ずもう一方もまた現われる、ということであり、第二に、必ずしも同一の身体的活動が同一の思考に結びつけられるわけではない、ということなのである。そしてこの原理が、いままでに述べたことの補いになると私がいうわけは、各人が自己あるいは他人において、情念に関して認める特殊な事実で、いままでに説明されなかったすべての事実は、上述の原理によって十分に説明がつくからである。

たとえば、ある人々がバラの香りをかぐことや、猫を見ることなどを我慢できぬという、異常な嫌悪は、彼らが生のはじめの時期に何か同様な対象によって、ひどく害せられたということの結果であるか、あるいは彼らの母親が彼らを孕《はら》んでいたときにそれらの対象に害せられ、母親のその感情に彼らが共感したためである、と考えることは容易である。というのは、母親のすべての動きと、その胎内にいる子供の動きとの間にはつながりがあって、一方に有害なことは他方にも有害である、ということは確かだからである。そしてまた、バラの香りが、まだ揺籃《ゆりかご》にいる子供に大きな頭痛を起こさせたかもしれず、また猫がその子供をひどく恐ろしがらせたかもしれないが、そのとき、だれもそれに気づかず、また子供自身もそのことを少しも記憶せず、しかもそのとき、そのバラや猫に対していだいた嫌悪は、子供の頭脳に刻印されて、一生涯存続するということがありうるのである。[*1]

＊1　フランス王アンリ三世が猫をきらい、王妃マリー・ド・メディシスがバラをきらったという話がある。デカルトの説明は、現在の精神分析学者の見方を思わせるところがある。

一三七　右に説明した五つの情念の身体に関するかぎりでの効用について

「愛」「憎み」「欲望」「喜び」「悲しみ」の定義を示し、それらをひき起こしあるいはそれらにともなうあらゆる身体的運動を述べたので、残る仕事はそれらの効用を考えてみることだけである。

さて、五つの情念の効用に関して注意すべきは、自然の定めたところにより、それら情念はすべて身体に関係しており、身体に合一しているかぎりでの精神に対してのみ与えられているということである。したがって情念の自然的な効用は、精神を促して、身体を保存し、またはそれをあるしかたでいっそう完全にするのに役だちうる行動に、同意させ協力させることとである。そして、この意味においては「悲しみ」と「喜び」とがまず用いられる二つの情念である。というのは、精神が、身体を害する事物について直接に警告をうけるのは、ただ苦痛の感覚によってであり、これは精神のうちにまず「悲しみ」の情念を生みだし、つづいてその苦痛をひき起こすものに対する「憎み」、そして第三にそのものから免れようとする「欲望」を生む。同様にまた、精神が身体に有益な事物について直接に知らせをうけるのは、ただある種の快感（くすぐり）によってであり、この快感は精神のうちに「喜び」を生み、次いでその快感の原因と考えられるものに対する「愛」を生み、最後に、この喜びをもちつづけること、またはのちにも同じような喜びを享受することを可能にするようなものを獲得しようとの「欲望」を生む。かくて明らかなことは、五つの情念は五つとも身体に関してははなはだ有益であること、しかも「悲しみ」はある意味で第一のものであり、「喜び」よりも不可欠であり、「憎み」は「愛」よりも不可欠であることである。なぜなら、身体に害を与え、さらには身体を破壊するかもしれぬようなものをおしのけることのほうが、なくても生きてゆけるなんらかの完全性を身体に加えるところのものを獲得することよりも、重要だからである。

一三八　情念の欠陥とそれを正す手段とについて

情念のこのような効用が、それらのもちうる最も自然な効用であって、われわれにおいてこれらの情念につづいて起こるのをつねとする運動、しかも情念がわれわれの精神に同意を促すところの運動、に似た身体的運動のみによって、理性をもたぬ動物もまた、生を営んでいるのである。しかしながら、やはり情念はいつでも善であるとはいえないのである。なぜならば、身体にとって有害な多くのもので、はじめにはなんの「悲しみ」をもひき起こさず、それのみか「喜び」を与えさえするものがあり、また他方、身体に有益であってしかもはじめは不愉快に感ぜられるものもあるからである。また、このことのほかに、情念は、ほとんどつねにそれの示す善も悪も、実際にある以上にはるかに大きく重要に見せるのである。その結果、情念は、われわれが善《よ》いものを求め、悪いものを避けるにあたって、過度の熱意と心づかいとをもってするように促す。それは、動物が、しばしば餌《えさ》によって欺かれ、小さな悪を避けようとしてより大きな悪にとびこむのが見られると同様である。このゆえに、われわれは経験と理性とを用いて、善きものを悪《あ》しきものから分かち、善きものと悪しきものとの正しい価値を知らねばならない。それは、善を悪ととりちがえたりせぬように、また何ごとにも過度に傾かぬように、するためである。

一三九　同じ五つの情念の、精神に属するかぎりでの効用について、第一に「愛」について

もしわれわれが、身体しかもっていないならば、あるいは身体がわれわれの、より善い部分なのであるならば、以上のことで十分であろう。けれども身体はわれわれの、より劣った部分なのであるから、われわれは諸情念を主として、われわれの精神に属するものとして考慮しなければならない。そして精神に関しては、「愛」と「憎み」が認識から生ずるのであって、それらは「喜び」と「悲しみ」とに先行する。ただし「喜び」と「悲しみ」とがそれぞれ認識の一種となって、本来の認識にとってかわる場合は別である。そこで、この認識が真であるなら、いいかえればその認識がわれわれをして愛せしめるものが、

真に善いものであるならば、またその認識がわれわれをして憎ましめるものが、真に悪いものであるならば、愛は、憎みより、比較にならぬほど善いものである。愛はいくら大きくとも大きすぎることはない。そして、愛が喜びを生まぬことはけっしてないのである。この愛はきわめて善いと私がいうのは、それが真の善きものをわれわれに合一させ、われわれをそれだけ完全にするからである。また、この愛はいくら大きくとも大きすぎることはないと私のいうのは、極度の愛がなしうることは、われわれをそれらの善きものにまことに完全に合一させて、われわれが特にわれわれ自身に対してもつ愛が、そこでは特別な意味をもたなくなるということである。これはどんな場合にも悪いはずはない、と私は思う。そして、「愛」は必然に「喜び」をともなう。なぜならば、愛はわれわれの愛するものを、われわれの所有する善として示すからである。

一四〇 「憎み」について

反対に、「憎み」はどれほど小さくともやはり有害であり、「悲しみ」をともなわないことはけっしてない。「憎み」がいくら小さくとも小さすぎることはない、と私がいうのは、悪の憎みに促されてなんらかの行為に向かうとき、必ずその悪の反対である善への愛によって、いっそう適切に、同じ行為に向かいうるのだからである。少なくとも、その善とその悪とが十分に認識せられている場合にはそうである。というのは、痛みによってのみ明示される悪を憎むということが、身体に関しては不可欠であることは私も認めるけれども、ここで私がいっているのは、（そういう感覚に促された憎みでなく）さらに明晰《めいせき》な認識から生ずる「憎み」のみであり、かつそれをただ精神にのみ関係づけているのだからである。私がまた「憎み」が「悲しみ」をともなわずにいない、といったのは、次のような意味である。すなわち、悪はたんなる欠如にすぎぬゆえに、それの帰属する何かの実在的主体なしには理解できず、しかもいやしくも実在的なものであれば必ず、みずからのうちになんらかの善性をもっているのであるから、したがって、なんらかの悪からわれわれを遠ざからせるところの「憎み」は同時に、その悪が結合している善からも、われわれを遠ざけることになり、そしてこの善の欠如は、われわれの精神に所属する欠陥として示されるから、それはわれわれの精神のうちに「悲しみ」をひき起こすのである。たとえば、誰かの不品行から、われわれを遠ざける憎みは、同時に彼の談話をきくことからもわれわれを遠ざけるが、そういうことにならなかったなら、彼の談話のうちにわれわれはなんらかの善を見いだすこともできたと考えられ、われわれはその善を奪われたことを悲しむのである。同様にして他のあらゆる「憎み」のうちにも、なんらかの「悲しみ」の原因となるものを認めうるのである。

一四一　「欲望」「喜び」「悲しみ」について

「欲望」についていえば、それが真なる認識に由来する場合、それが過度でなく、かつその認識にのっとっておりさえすれば、悪いものではありえない。また「喜び」は精神にとって必ず善いものであり、「悲しみ」は必ず悪いものである。なぜならば、精神が悪からうける不都合はすべて「悲しみ」からなり、精神の所有する善の享受はすべて「喜び」からなるからである。それで、もしかりにわれわれが身体をもたぬとしたならば、われわれはどれほど「愛」と「喜び」に自己をゆだねてもゆだね過ぎるということなく、どれほど「憎み」と「悲しみ」を避けても避けすぎるということはない、と私はあえていうであろう。しかしながら、これら情念にともなう身体的運動は、それらがはなはだはげしいときにはすべて健康に有害でありうるし、反対に適度をはずれることがなければ、健康に有益でありうるのである。

一四二　「喜び」および「愛」を「悲しみ」および「憎み」と比較すること

なおまた、「憎み」と「悲しみ」とは、真の認識に由来する場合でも、精神によって退けられねばならないのであるから、ましてそれらが、偽なる意見から生じている場合にはなおさら退けられねばならない。しかし、それでは「愛」と「喜び」とが、同じように不十分な知識にもとづく場合、善いのか善くないのかと問いうるであろう。それに対しては、もし愛と喜びとを、精神に対してそれ自体において、ある相においてのみ、他ときりはなして考慮するならば、次のようにいえると思う。すなわち、その場合「喜び」は、それがよりよい根拠をもつ場合よりは、不確かであり、「愛」も益するところ少ないが、しかし、やはり両者は、同様に不十分な知識にもとづいている場合の「悲しみ」や「憎み」よりもまさっている、と。したがって、われわれが偶然誤りに陥るということを避けえないこの人生の、さまざまな状況においては、善に向かう情念のほうに傾くほうが、悪を眼中におく情念のほうに傾くよりは善い。悪を眼中におく情念がたとえただ悪を避けるためのものであっても、やはりそうである。そして、誤った「喜び」が、真なる理由にもとづく「悲しみ」よりも善い場合さえもたびたびあるのである。

しかしながら、同じことを、「憎み」との対比において、「愛」についてもいうこと（正しい「憎み」よりも誤った「愛」のほうがよいということ）は、私にはできない。というのは、「憎み」が正しいとき、それは、当然遠ざけるべき悪を含んでいるところのものから、われわれを遠ざけるだけであるが、正しくない「愛」のほうは、有害であるかもしれないものへ、あるいは少なくとも、それほど重要視する値うちのないものへ、われわれ自身を合一させるのであって、このことはわれわれを卑しくし、われわれの品位をさげるのだからである。

一四三　「欲望」に関係するかぎりでの右の四つの情念について

そして、ここにはっきりと認めておかねばならないことは、私が四つの情念についていまいったことは、ただそれら情念が他からきりはなされて、それ自体において見られる場合、かつそれが、われわれをいかなる行為にも向かわせない場合にのみあてはまるということである。なぜならば、それら情念が、われわれのうちに「欲望」を生じ、欲望を介してわれわれのふるまいを導くものであるかぎり、その原因（その基礎にある認識）が誤っている情念はすべて有害でありうること、反対にその原因が正しい情念は有益でありうることは、確かだからである。のみならず、「喜び」と「悲しみ」とがいずれも誤った理由にもとづいている場合は、喜びは普通、悲しみよりも有害であるということさえも確かである。なぜなら、「悲しみ」は、慎みと心配とを与えて、ある意味で人々を思慮深くするに対し、「喜び」は、それに耽《ふけ》る人々を、無思慮な向こう見ずな者たらしめるからである。

一四四　その目ざす結果が、われわれ自身の力にのみ依存するところの「欲望」について

しかしながら、これら（愛・憎・喜・悲の四つ）の情念は、それらが起こす「欲望」を介してのみわれわれを、なんらかの行為に向かわせうるのであるから、われわれが、心を用いて統御しなければならないのは、特に「欲望」であり、「欲望」の統御というこのことにこそ、道徳の主要な用途は存するのである。ところで、欲望は、それが真なる認識に従う場合はつ

ねに善である、と私はさきにいったが（一四節）、同様にまた、欲望はなんらかの誤謬《ごびゅう》にもとづいている場合、必ず悪いのである。

そして、「欲望」について最も普通に人の陥る誤りは、まったくわれわれに依存する事がらと、われわれに依存しない事がらとを、十分に区別しないことである、と私には思われる。というのは、われわれにのみ依存する事がら、すなわち、われわれの自由意志にのみ依存する事がらは、それが善いと知られたなら、いくら熱烈に「欲望」されても、されすぎることはないのだからである。その理由は、われわれに依存するところの善なる事がらをなすことこそ、徳に従うということであり、徳に対する欲望が熱烈すぎるということがありえないのは確かだからである。そのうえ、われわれがこのようなしかたで欲望するところは、それがもっぱらわれわれのみに依存するものである以上、必ずうまく実現されるのであって、われわれはそのことから、われわれの期待した満足の全体を、つねに与えられるからである。実にこの点に関してわれわれの通常おかすあやまちは、あまりに多くを欲しすぎるということではけっしてなく、欲したりない、ということにほかならない。そして、これに対する最上の救治法は、精神をあまり有益でないあらゆる種類のほかの欲望からできるかぎり脱却させたうえで、欲望すべきものの善さを十分、明晰に認識し注意深く考慮するに努めることである。

一四五　他の原因にのみ依存する欲望について。「偶然の運」とは何か

さて、われわれに少しも依存しない事がらは、それらがいかに善であっても、けっしてそれらを強く欲望してはならない。その理由は、それらが実現されないかもしれず、したがって、それを強く希望したのであれば、それだけわれわれを悲しませるであろうということのみでなく、主としてそういう事がらが、われわれの思いを独占して、われわれの力で獲得できる他の事がらに、われわれの愛を向けさせないようにする、というところにある。

さて、これら空《むな》しい欲望に対して、二つの一般的な救治法がある。第一は、「高邁の心」であり、これについてはあとに述べる。第二は、われわれがしばしば「神の摂理」についてよく考え、いかなる事がらも、この摂理によって永遠の昔から決定せられているとはちがったしかたで起こることは不可能である、ということを思い浮かべるようにすべきだ、ということとである。すなわち、摂理は宿命あるいは不変の必然性のごときものであることを考え、これを「偶然の運」に対抗させ、「偶然の運」とはわれわれの悟性の誤りからのみ生まれた幻にすぎぬものとして打破すべきなのである。

そのわけを考えると、もともとわれわれは、ある意味で可能だとわれわれが認める事がらでなければ欲望しえないのであり、かつわれわれは、われわれの力に依存しない事がらを、可能だと認めることはできない。そういう事がらを可能だと認めることがあるとする

と、それはただ、その事がらが「偶然の運」に依存すると考えるためである。いいかえれば、そのことは起こりうるし、かつ以前に似たことが実際起こった、と判断するからである。ところで、こういう判断は、ただわれわれが、いちいちの結果を生むことに与《あずか》っている、あらゆる原因を知り尽くしていないということにもとづいているだけである。なぜなら、われわれが「偶然の運」に依存するものと認めた事がらが、実際に起こらない場合、それは、その事がらを生ずるに必要であった諸原因のどれかが欠けていたことを証拠だてるのであり、したがってその事がらは絶対に不可能であったこと、またそれと同様な事がら、すなわち、同様な原因がやはり欠けていたような事がらは、いまだかつて起こらなかったこと、を証拠だてるのである。そこでもしわれわれが、以前にこの点に無知でなかったとしたら、われわれはそのような事がらを、可能とはけっして認めなかったろうし、したがって欲望もしなかったであろう。

一四六　われわれ自身にも他のものにも依存する「欲望」について

それゆえ、われわれの外に、「偶然の運」なるものがあって、好むがままに事物を起こらせたり起こらせなかったりしているのだ、という通常の見解をまったく捨て去らねばならない。そして、次のことを知らねばならない。すなわち、すべては神の摂理に導かれており、摂理の永遠の決定は、まったく不可謬《ふかびゅう》かつ不可変であり、したがって、この決定そのものによってわれわれの自由意志に依存せしめられた事がら以外は、われわれにとって、必然的でいわば宿命的でないようなことは何も起こらず、ちがったしかたで起こってくれるようにと願えば必ず誤る、と考えねばならないこと。

しかし、われわれの欲望の大部分は、まったくわれわれに依存するのでも、まったく他のものに依存するのでもないような事がらにおよぶのであるから、こういう事がらにおいて、われわれにのみ依存する部分をはっきりとりだして、この部分以上にわれわれの欲望が広がらないようにしなければならない。そして、その他の部分については、そのなりゆきは、まったく宿命的で変更不可能であると認めて、われわれの欲望がそれにかかわらないようにすべきなのではあるが、しかしやはり、そのことのなりゆきにかけるわれわれの希望を、あるいは大きく、あるいは小さくするさまざまな理由というものを考慮に入れずに捨てておくべきではないのである。これは、それらの理由をわれわれの行為を統御することに役だてるためである。たとえば、ある場所に用事があって、しかも二つのちがった道を通ってそこに行くことができ、その一は他よりも通常はるかに安全なのであるが、しかし、おそらく摂理の決定によれば、より安全だとわれわれの考える道を行けば必ず強盗に出会い、反対にもう一方の道を危険なしに通りうることになっているであろう、と思われるような場合があるとしても、だからといってわれわれはそのどちらかを選ぶことに無関心であってはならず、また、摂理の決定の不可変な宿命性をたのみにすべきでもない。理性は、通常他より安全であるところの道をわれわれが選ぶことを要求する。そして、われわれの欲望が、理性の命令に従ったうえは、そのためどういう悪がわれわれにふりかかったにせよ、われわれの欲望はこのことに関しては、もう達すべきところに達しているのだ、と認められねばならない。なぜなら、この悪はわれわれにとって、不可避なものであったのだから、われわれはその悪を免れたいと望むべき理由はもたなかったのであって、ただ、われわれの悟性の認識しえた最善を尽くすべきであったのであり、上述の想定では、事実われわれはそうしたのだからである。

そして、このように必然の宿命を偶然の運から区別する練習をつむならば、われわれは、自分の欲望を統御する習慣を容易に獲得することは確かであり、しかも、それら欲望の達成は、ただわれわれ自身にのみ依存するのであるから、それらはいつも完全な満足をわれわれに与えることができるのである。

一四七　精神の内的感動について

しかし、私はここになお、諸情念にわずらわされることを防ぐために、大いに役にたつと思われるもう一つの考えをつけ加えよう。それは、われわれの幸福と不幸とが、精神のうちに精神自身によってのみひき起こされる内的感動に主として依存しているということである。内的感動は、それが精神自身によってのみ起こされるという点で、いつも精気のなんらかの運動に依存する（受動的）情念とは異なっている。そして、この精神の感動は、しばしばそれに似た情念と結びついてはいるが、またしばしば他の情念ともともにありうるのであり、さらには反対の性質をもった情念から生まれることすらもある。

たとえば、一人の夫が妻の死をなげき、しかも（ときどき実際あるように）妻がふたたび生き返ってくれることを迷惑に感じているとき、葬式の道具だてや、いつもいっしょにいた人間の不在が、彼のうちによび起こす悲しみによって、彼の心臓がしめつけられることはあり、愛や憐れみの残りが、彼の想像に現われて、彼の眼に本当の涙を流させることはあるが、しかし同時に彼は、彼の精神の奥底では隠れた喜びを感じており、この喜びの与える感動はたいへん強い力をもっていて、それにともなっている悲しみや涙もその力を減ずることはできないのである。

またわれわれが、書物の中に異常なできごとのことを読んだり、それが舞台に上演されるのを見たりするとき、それは、われわれの想像に与えられる対象の多様性に従って、ときには「悲しみ」を、ときには「喜び」を、あるいは「愛」を、あるいは「憎み」を、一般にあらゆる情念を、われわれのうちにひき起こす。けれども同時にわれわれは、それらの情念がわれわれのうちでひき起こされることとそのことを感じて、快感をもつ。この快感は「知的な喜び」であって、喜びではあるが、他のすべての情念からと同様、悲しみからも、生まれることができるのである。

一四八　徳の実行は情念に対する最高の救治法であること

さて、これら内的感動は、それとは性質がちがっていてそれと共存している情念よりも、はるかに直接にわれわれを動かすものであり、したがってわれわれをはるかに強く支配するものであるから、われわれの精神がその内奥において、みずから満足すべき理由をつねにもっていさえするならば、ほかからくるあらゆる混乱は、精神を害する力を少しももたず、むしろ、そういう混乱によってみずからが傷つけられえないのを見ることによって、精神はみずからの完全性を知るのであるゆえ、かえって精神の喜びを増すのである。そして、われわれの精神がこのようにみずから満足すべきものをもつためには、忠実に徳に従いさえすればよいのである。なぜなら、自分が最善と判断したすべての事がらをなすこと〔それが私のここでいう「徳に従う」ことである〕において、なまけるところがあったと良心にとがめられないように生きてきた人ならばだれでも、そのことから一つの満足を受けとるが、これはその人を幸福にするきわめて強い力をもっていて、情念の最もはげしい衝撃も、彼の精神の平和を乱すほどの力をけっしてもたないのである。

第三部

特殊情念について

一四九　「尊重」と「軽視」とについて

六つの基本的情念は、他のすべての情念を「種《しゅ》」としてもつ「類」のようなものであるが、これら基本的情念についての説明を終わったので、私はこれから、簡潔に、その他の情念のいちいちにおいて認められる特殊性について述べることにする。そして、前にそれを枚挙したときにとった順序をそのまままとることにする。

最初の二つの情念は「尊重」と「軽視」とである。というのは、これらの名は普通、いちいちのものの価値についての、情念をまじえない意見をさすけれども、しかし、それらの意見からしばしば情念が生まれ、しかもこれら情念には特別な名が与えられていないゆえ、これら情念をも「尊重」と「軽視」という名でよんでもよいと私には思われるからである。そして情念であるかぎりの「尊重」とは、尊重せられるものの価値を精神が思い浮かべようとする傾向であって、しかもこの傾向は、精気のある特殊な運動によってひき起こされ、かつその精気は、脳内でそのものを思い浮かべるのに役だっているところの諸印象を、強めるように方向づけられているのである。反対に「軽視」の情念は、軽視されるもののつまらなさ、または小ささを注視しようとする精神の傾向であって、この小ささの観念を強めもするところの精気の運動によって、ひき起こされたものである。

一五〇　これら二つの情念は「驚き」の種《しゅ》にほかならないこと

それゆえ、これら二つの情念は、「驚き」の二つの種にほかならない。というのは、われわれが、一つの対象の大きいことや小さいことに「驚き」をもたぬ間は、われわれはその対象について、理性がわれわれになすべしと命ずるとおりの評価、それより大でも小でもない評価をするだけであり、つまりこの場合われわれは情念なしにその対象を、尊重またはは軽視しているのだからである。そして（「驚き」によってのほかに）、尊重は「愛」により、軽視は「憎み」によってわれわれのうちにひき起こされることがたびたびあるけれども、これはいつでもそうだとはいえない。それは、対象に対してわれわれのいだく愛情の大小に応じて、その対象の大きさまたは小ささを注視するわれわれの傾向も、大きくあるいは小さくなるということから生ずるにすぎないのである。

一五一　人は自己自身を「尊重」し、または「軽視」することができること

さて、この「尊重」と「軽視」との二つの情念は、あらゆる種類の対象に、一般的に関係づけられることができる。けれども両者は、われわれ自身に関係づけられるとき、すなわち、われわれの尊重し軽視するものがわれわれ自身の価値であるとき、特に注目に値する。それら情念をひき起こす精気の運動もこの場合はたいへん目だったものであって、つねよりも自己を重んじ、または軽んじている人々の、顔つきや身ぶりや歩きぶりまでも、一般に彼らの行動のすべてを、変えるのである。

一五二　いかなる理由によって人は自己を尊重しうるか

そして、知恵の主要な部分の一つは、各人がどのようなしかたで、かつ、どのような理由で、みずからを尊重または軽視すべきか、を知ることであるから、私はここでそのことについての、私の考えを述べてみよう。

われわれに、みずからを尊重する正しい理由を与えうるものとしては、ただ一つのものしか私には見あたらない。すなわち、われわれの自由意志の使用であり、われわれがみずからの意志作用に対してもつ支配である。事実われわれが理由ある賞賛や非難をうけうるのは、この自由意志に依存する行為についてのみである。そして、この自由意志がわれわれに与える権利を臆病《おくびょう》のゆえに失うことさえなければ、自由意志はわれわれをわれわれ

自身の支配者たらしめるのであり、そのことによって、自由意志は、われわれを、ある意味で神に似たものにするのである。

一五三　「高邁《こうまい》」とはどういうことか

それゆえ私の考えでは、人間をして正当に自己を重んじうる極点にまで自己を重んぜしめるところの真の「高邁」（けだかさ）とは、一方では、自己が真に所有するといえるものとしては、自分のもろもろの意志作用の自由な使用しかなく、自己がほめられとがめられるべき理由としては、意志をよく用いるか悪《あ》しく用いるかということしかない、と知ることであり、また他方、意志をよく用いようとする確固不変の決意を自己自身のうちに感ずること、すなわち、みずから最善と判断するすべてを企て実現しようとする意志を、どんな場合にも捨てまいとするところの、いいかえれば、完全に徳に従おうとするところの、確固不変の決意を自己自身のうちに感ずることである。

一五四　「高邁」の心は他人を軽視せしめない

自己自身についてこういう認識とこういう感情とをもつ人々は、他の人もまたおのおのそういう自己認識と自己感情とをもちうることをたやすく確信する。なぜなら、このことにおいては、誰も他人に依存するところはないのだからである。それゆえ、そういう人々は、だれをも軽視しない。そして、他の人がその弱点を暴露するようなあやまちをおかすのをたびたび見ても、その人を責めるよりは、ゆるすほうに傾き、他人があやまちをおかすのは、善き意志《よ》の欠如によるよりはむしろ、認識の欠如によると考えることに傾く。また、そういう人々は、みずからよりも多くの財産や名誉をもつ人々に対し、さらには自分よりも多くの知力、知識、美しさをもつ人々、また一般に他のなんらかの完全性において自分よりすぐれている人々に対してさえも、自分がひどく劣っているとは考えないが、同時にまた、自分よりも劣っている人々に対して、みずからをひどく高く評価することもないのである。なぜならば、これらすべての事がらは、彼らにとっては、善き意志に比すれば、まことにとるにたらぬ事がらだと思われるからである。善き意志こそ、彼らが自己を重んずる唯一の理由であり、かつ他人の一人一人にもまたあり、あるいは少なくともありうる、と彼らの考えるところのものなのである。

一五五　「善き謙遜《けんそん》」とはどういうことか

それゆえ、最も高邁な人々は、普通、最も謙遜である。そして「善き謙遜」とは、ただ次のことにのみもとづく。すなわち、われわれが人間性の弱さについて反省し、また自分が過去におかしたかもしれず、また未来におかすかもしれぬあやまちは、他人のおかしうるあやまちに劣らず大きい、ということを反省し、その結果、われわれが自分を、他のだれに対しても、まされりとは考えぬようになり、他人もわれわれと同様自由意志をもつのだから、われわれ同様それを善く用いうるはずだと考えるようになることである。

一五六　「高邁」の特性は何か。それはいかにして情念のあらゆる錯誤を救いうるか

このような意味で、高邁な人々はそのもちまえからいって、偉大なことをしようという心組みでいるが、しかし、自分にできると感じないことは企てようとはしない。そして彼らは、他の人々に善いことをし、そのために自分自身の利害を軽視する、ということを最も偉大であると考えるから、彼らはだれに対しても、申し分なく礼儀正しく愛想よく、親切である。そのうえ、彼らは自分の情念を完全に支配している。特に、彼らは自分の力で獲得しえないもので、自分が大いに望むだけの値うちのあるものはない、と考えるから、「欲望」や「執心」や「羨《うらや》み」に動かされず、また他の人間をすべて重んじているから、人間に対する「憎み」に動かされず、さらに自分の徳に対する信頼が彼らを安心させているので、「恐れ」に動かされず、最後に、他人に依存するすべてのものをただ軽くしか見ず、敵の優越性によって自分が傷つけられると認めるほど、敵に優越性をゆるすことはけっしてないのであるから、彼らは「怒り」にも動かされないのである。

一五七　「高慢」について

何ごとであれ、そのほかのことのためにみずからを重しとする人々はすべて、真の高邁の心をもたず、高慢の心をもつだけである。高慢はつねにきわめて悪い。もっとも、人がみずから重んずる理由が、より不当であれば、高慢もそれだけよけいに悪いということにはなるが。そして、すべてのうち最も不当な高慢は、なんの理由もないのに高慢であること、すなわち、自分が、当然重んぜられてしかるべきなんらかの美点が自分にはあると考えるのでなく、ただ美点などいうものをまったく無視することによって高慢であること、すなわち、名誉は人から横領すべき何ものかであって、最も多くの名誉を自分にとりこむ者が事実それを最も多くもつのだ、と考えることである。

この悪徳は、きわめて不合理なばかげたものであるから、もしだれも不当な賞賛を受けることがないのならば、こういう悪徳に耽《ふけ》る人間があるなどとは私はほとんど信じないであろう。けれども事実、阿諛《あゆ》はいたるところにいくらでもあり、どのように欠陥のある人間でも、たびたび、ほめられるに値せぬことのゆえに人に重んぜられたり、それどころか、とがめられてしかるべきことのために、人に重んぜられたりする経験をもつ。このことが、無知な者や、愚かな者に、こういう種類の高慢に陥る機会を与えるのである。

一五八　「高慢」の生む結果は、「高邁」の生む結果とは反対であることしかしながら、みずから重んずる理由がどんなものであろうと、もしそれが、みずからの自由意志をいつも善く用いようとする、自己のうちに感ぜられる意志――そこから高邁の心が生ずると右に述べた――よりほかのものであるならば、そういう理由の生むものはつねに、大いにとがめらるべき高慢であって、まったく反対の効果をもつところの真の高邁とはきわめて異なったものである。なぜならば、知力とか美とか富とか名誉など、他のすべての善は、それをもつ人の数が少なければ少ないほどよけいに重んぜられるのをつねとし、しかもそれらの善は大部分、多くの人に伝えうつすことのできぬような性質のものであるから、その結果、そういうものによって高慢に陥った者たちは、他のすべての人をさげすむことに熱心であり、かつみずからの情念のとりこになっていて、精神をたえず「憎み」や「羨み」や「執心」や「怒り」によってかきたてられている。

一五九　「悪しき謙遜」について

「卑屈《いやしさ》」、いいかえれば「悪しき謙遜」は、主として次のことにある。すなわち、自分が弱く、または不決断であると感じ、自分の自由意志の全き使用の能力をもたぬかのように、のちに後悔するぞとはっきりわかっている事がらを、なさずにおれないということ。さらにまた、自分だけでは生きてゆけず、他人にたよってはじめて獲得しうる多くのものを、なしですますことができぬ、と考えること。

それゆえ、「卑屈《いやしさ》」は高邁《けだかさ》の正反対である。また、最も高邁な者が、最も控えめで最も謙遜であるのと同様に、しばしば最も卑屈な精神をもつ者が、最も傲慢《ごうまん》で尊大である。しかし、強い高邁な精神をもつ者が、自分の身のうえに起こる繁栄や不運のゆえに、気持を変えることはないのにひきかえ、弱く卑しい者は偶然の運によってのみ導かれ、不運が彼らをへりくだらせると同じく、繁栄は彼らを高ぶらせる。のみならず彼らは、自分に何かの利益を与えてくれそうな人、または自分が何かの悪をこうむらせられるかもしれぬ人の前では、恥ずべき卑下のふるまいをし、同時に自分がなんの利も期待できず、なんの害を受けるおそれもないような人に対しては、無礼な高ぶった態度をとることがしばしばある。

一六〇　これらの情念における精気の運動はどういうものであるか

なおまた、高慢と卑屈とが悪徳であるばかりでなく、また情念でもあることは容易に知られる。なぜならば、それら情念の動きは、何か新たなできごとによって急にとくいになったり、また落胆したりする人々において、はなはだあらわに外に現われるからである。けれども、徳であるところの高邁と謙遜のほうも、やはり情念でありうるかどうかは疑わしいと思われるかもしれない。なぜならば、これらの動きはあまりあらわに認められず、悪徳が情念と適合するにしても、徳のほうは情念とそれほど適合せぬように思われるからである。しかしながら、ある考えがまちがった根拠をもつ場合に、その考えを強めるのに役だつところの精気の運動は、正しい根拠をもつ考えをも同じく強めることが当然できるはずだと私は思う。そして、高慢と高邁とは、いずれも人がみずからについていだく高い評価にほかならず、ちがう点はその評価が、高慢においては正しくなく高邁においては正しいというだけのことであるから、高慢と高邁とは同一の受動に帰することができるように思われる。その受動とは、自己自身にも自己がとくいとするものにも向けられる「驚き」と「喜び」と「愛」とのおのおのがもつ精気運動から合成された一つの運動、によって起こされるものなのである。これに反して、徳であるところの「善き謙遜」も悪徳であるところの「悪しき謙遜」も含めて一般に「謙遜」のもつ運動は、人が自己自身に対してもつ「驚き」と「悲しみ」と「愛」とに、自己の欠陥に対してもつ「憎み」（これが自己に対する軽視の原因である）のまじったものの、それぞれのもつ精気運動から合成された一つの運動である。

これらの運動において私の認める相違は、ただ次の点である。すなわち、「驚き」の情念に対応する運動が二つの特性をもつということである。その特性の第一は、不意打ちということが、その運動を、はじめから強いものにしていることであり、第二はその運動は一様に継続されるということ、すなわち、精気が脳のうちで同じ調子で動きつづけるということである。これら特性の第一のものは「高邁」と「善き謙遜」によりも「高慢」と「卑屈」とにおいてはるかに多く現われる。反対に第二の特性は、「高慢」と「卑屈」によりも、「高邁」と「善き謙遜」とにおいて、よりはっきり認められる。このことの理由は、悪徳が通常、無知から生じること、自己を知ること少ない人々こそ、不当に高慢になったり卑屈になったりしやすいことである。なぜなら、彼らに新たに起こることは、彼らには不意打ちのように受けとられ、この新たな事件を自分のせいにして、彼らは自己に驚くが、しかもそのできごとが自分の利益になるかならないかの判断に従って、彼らは自己を重視したり、軽視したりするのだからである。

しかし、しばしば彼らを高慢にした事がらのあとに、彼らを卑下させる別の事がらが現われるために、彼らの情念の運動は変動しやすい。

これに反して「高邁」の中には、「善き謙遜」と調和せぬものは見いだされず、また、何かほかのものがこれらを変化させることはありえない。このゆえに、これらの情念のともなう運動は、むらがなく、不変で、つねにきわめて一様である。そして、この運動は不意を打たれて起こるという点をたいしてもたない。なぜならば、このようなしかたで自己を評価する人々は、自分が自己をそのように評価するようになった原因がなんであるかをよく知っているからである。しかし、それでもやはり、これらの原因自体はたいへん驚くべきものであるといえる。〔すなわちそれらの原因とは、第一にみずからの自由意志を用いる能力であり、これが、彼をして自己を重んぜしめる原因であるが、第二には、この能力が属する主体のもつさまざまな弱さであり、これあるがゆえに彼らは自己を高く評価しすぎることがないのである。〕そこで、それらを新たに思い浮かべるたびごとに、つねに新たな驚きを与えられるのである。

一六一　いかにして「高邁」の心は獲得されうるか

ここで注意すべきは、普通に「徳」とよばれているものが、精神をしてある種の考えへ傾かしめるところの、精神のうちにある「習慣」であって、したがって、そういう傾向はその考えそのものとは異なるものではあるが、その考えを生みだしうるのであり、また逆にその考えによって生みだされうるものである、ということである。

さらに注意すべきは、それらの考えは精神のみによって生みだされうるが、しかし、精気の運動がその考えを強めることがたびたびあり、そうなると、その考えは、「徳の活動」（能動）であると同時に「精神の情念」（受動）でもあることになる、ということである。

それゆえ、なるほど徳のうちで善い生まれという条件が最も有力にはたらくものは、自分を正しく評価する徳であり、したがって神がわれわれの身体のうちに宿らせる精神はみながみな、等しく高貴で強いとはいえぬことはたやすく納得できるけれども〔このゆえに私はこの徳をわれわれの国語のいい方に従って、「高邁」（高貴の生まれ）とよび、学院（スコラ哲学）のいい方で――学院はこの徳を正確には知っていない――「大度」とよぶことをひかえたのである〕、しかしながら、やはり次のことは確かである。すなわち、善い教育が生まれつきの欠陥を矯正《きょうせい》するのに大いに役にたつということ。そして、自由意志とはなんであるか、自由意志を善く用いようとする確固たる決意をわれわれがもつということから生ずる利益がいかに大きいか、また他方、功名心にとりつかれている人を悩ます心づかいがすべていかにむなしい無用なものであるかを、よくよく考えることにたびたび心を用いるならば、われわれは自己の中にまず高邁の「情念」をかきたてることができ、次いで高邁の「徳」をわがものにすることができるということ。そして、この高邁の徳は、いわば、すべての他の徳の鍵《かぎ》であり、あらゆる情念の迷いに対する万能の薬であるから、右の知見は心にとどめる値うちが大いにある、と私には思われるのである。

一六二 「尊敬」について

尊敬または敬意とは、尊ばれる対象を尊重するのみならず、その対象をして自分に好意をもたしめるように、いくらかの懸念をもってその対象に服従しようともする、精神の傾向である。それでわれわれが尊敬をいだくものは、自由原因（人間や神）、すなわち、われわれに善きことまたは悪しきことをしかけることができると判断されるが、そのいずれをなすであろうかは知られないような原因、に対してだけである。（「いずれをなすであろうかは知られないような」）というわけは、われわれに善きことしかなさないと期待される自由原因に対しては、たんなる「尊敬」よりはむしろ「愛」と「献身」の感情をもつのであり、悪しきことしかわれわれになさないと期待される自由原因に対しては、「憎み」をいだくのだからである。また、こういう善や悪の原因が、自由な原因であると判断されるのでなければ、それの好意を得るために、それに服従するということもないからである。たとえば、異教徒たちが森や泉や山に対して「尊敬」をささげたとき、彼らはこれら生命のない物そのものをあがめたのでなくて、それらを支配していると異教徒たちの考えていた神々をあがめたのである。

そして「尊敬」を起こす精気の運動は、「驚き」を起こす精気の運動と「懸念」を起こす精神の運動とから合成されている。この「懸念」についてはのちに述べる。

一六三　「軽蔑《けいべつ》」について

同様にして、私が「軽蔑」とよぶものは、精神が一つの自由原因について、それがその本性上、善または悪をなしうるが、しかし、それはわれわれよりもきわめて劣っていて、われわれに対しては善も悪もなしえない、と判断し、その自由原因を軽視しようとする傾向をもつときの、その傾向のことである。そして、これを起こす精気の運動は、「驚き」を起こす精気の運動と「安心」または「大胆」を起こす精気の運動とから合成されている。

一六四　「尊敬」と「軽蔑」との二つの情念の効用について

「尊敬」と「軽蔑」というこの二つの情念を善く用いるか悪しく用いるかを決定するもの

は、「高邁」と、「精神の弱さ」すなわち「卑屈」とである。人は高貴で高邁な精神力をもてばもつほどますます、すべての者に彼の当然与えらるべきものを与えようとする傾向をもつ。したがって、人は神に対してきわめて深い「謙遜」をもつのみでなく、また人間に対しても、当然与えらるべき名誉と尊敬を、各人にそれぞれがこの世でもつ地位と権力とに応じて、快く与え、悪徳以外の何ものをも軽蔑しない。

これに反して卑しく弱い精神の持ち主は、度を過ごしてあやまちやすい。すなわち、ときには軽視にしか値しないものを尊敬し恐れるし、ときには最も尊敬に値するものをおうへいに軽蔑するのである。そして彼らはしばしば、極度の不敬虔《ふけいけん》からたちまちに盲目的信仰へ、さらにまた盲目的信仰から不敬虔へとうつるのであって、彼らがもちえない悪徳や錯乱は存在しないほどなのである。

一六五　「希望」と「懸念」とについて

希望とは、精神が欲するところのものが起こるであろうと信じようとする傾向である。それは、精気の特殊な運動、すなわち、「喜び」と「欲望」とのいっしょに入りまじっている情念のもつ精気運動によって起こされる。

また、「懸念」とは、欲するところのものが起こらないであろうと信じようとする精神の傾向である。そして、注意すべきは、これら希望と懸念の二つの情念は反対者であるが、われわれは二つをともにもつことがあるということである。すなわち、欲望の実現が容易であるとわれわれに判断させる理由と、それが困難であると思わせる理由との二種のちがった理由を、同時に心に思い浮かべる場合である。

一六六　「安心」と「絶望」とについて

しかも、これら二つの情念の一つが「欲望」にともなうとき、その情念は必ずもう一つの情念にもいくらかの場所を残しているのである。というのは、反対に、もし「希望」が非常に強く、「懸念」をまったく追いはらうときは、希望はその性質を変じて「安心」とか「確信」とよばれるものになってしまう。そして自分の「欲望」するものが起こるであろうと「確信」するときには、われわれはそれが起こることを「意志」することはつづけるにしても、われわれにその結果を心配しつつ求めさせていた「欲望」という情念にはもはや動かされなくなるのである。同様にして「懸念」が極端になって、あらゆる希望のはいる余地をうばってしまうと、懸念は「絶望」に変じ、この絶望はことの不可能を示すから、可能なことにのみ向かうところの「欲望」というものをまったく消滅させるのである。

一六七　「執心」について

「執心」というのは、なんらかの善の所有をつづけたいという欲望に関係する「懸念」の一種である。執心は、その善を失うかもしれぬと判断せしめるもろもろの理由のせいで生ずるというよりは、むしろその善を非常に尊重することから生ずる。そして、その尊重の念の結果、人はまったくつまらぬ疑いの種《たね》をもいろいろ詮索《せんさく》し、それをたいした理由であるかのように思うのである。

一六八　いかなる場合に執心は適切でありうるか

そして人は、小さな善よりは非常に大きな善を保存するよう心を用いるのが当然なのであるから、この執心という情念は、ある場合には正しく適切なものでありうる。たとえば非常にたいせつな陣地を守る隊長が、この陣地に執心するのは当然である。すなわち、この陣地を不意打ちすることのできるあらゆる手段に対して用心するのは当然である。また、淑女がその貞操に執心すること、すなわちただ非行を慎むばかりでなく、悪い評判の種になることはどんなに些細《ささい》なことでも避けるということは、なんら非難すべきことでもないのである。

一六九　いかなる場合に執心はとがめらるべきであるか

しかしながら、守銭奴がその宝に執心するとき、すなわち財宝を奪われはせぬかと恐れて片時もそれから目を離さず、それからけっして離れようとしないとき、われわれは彼を嘲《あざけ》る。というのは、金銭はそれほど心を用いて守る労に値するものではないからである。また人は、自分の妻に執心する人間を軽蔑する。なぜならば、このことは、彼が正しいしかたで妻を愛しておらぬこと、また自身ならびに妻を軽んじていることの証拠だからである。彼が妻を正しいしかたで愛しておらぬ、というのは、もし彼が妻に対して真の愛をもっているのならば、妻に不信をいだくという気持など起こらぬはずであり、彼の愛しているのはもともと彼女自身ではなくて、彼女を独占することのうちにありとみずから想像するところの善であるからである。また（自身ならびに妻を軽んじている、とここでいう理由は）、もし彼自身がこの善に値しないと判断するか、あるいはむしろ妻が不実であると判断するのでなければ、彼はその善を失うかもしれぬなどと懸念することはないはずだからである。ともかくも、この情念は疑念や不信にのみもとづくものである。なぜなら、ある悪を懸念する正しい理由をもつ場合に、その悪を避けようと努めることは、本来の意味で「執心」するということではないからである。

一七〇　「不決断」について

「不決断」もまた一種の「懸念」であって、精神がなしうる多くの行為の間に、どっちつかずの状態に精神をおき、精神をしてどの行為も実行させせないことになり、したがって、決心するまえに選択をするための時を精神がもつようにする。そして精神が選択に時をもつという点では、この情念は確かにある善い用途をもっているのである。けれどもこの情念が必要以上に長くつづき、行為のために必要な時間を、思案のために費やさせるようなことになると、たいへん有害なのである。

ところで、私は不決断が「懸念」の一種であるといったが、しかし、どれもこれもまったく等しく善い多くのものの間から選択できるという場合に、不確かで不決断の状態にとどまりながら、別になんの「懸念」もいだかないでいる、ということがありうるのである。というのは、こういう種類の不決断は、目前に現われる対象のみから生ずるのであって、精気のなんらかの運動から生ずるのではないからである。それゆえ、そういう不決断は情念ではないのである。それが情念であるのは、自分の選択において誤りはしないかとの「懸念」が、その選択の不確かさを増大する場合だけである。しかし、こういう懸念は、ある人々においてはまことによくあることであり、また力強いものであって、彼らが選ぶべき多くのものをもたず、ただ一つのものをとるか、捨てるかということだけが問題である場合でも、懸念が彼らをひきとめ、彼らをして無益な足踏みをして、何か他のものを求めしめることがたびたびあるのである。この場合は、過度の不決断であって、それはよく行為しようとする欲望の大きすぎることと、明晰《めいせき》判明な観念をもたずたんに多くの不判明な観念のみをもつ悟性の弱さとから生ずるのである。それゆえ、この過度に対する救治法は、現われでるすべてのものについて確かなきっぱりした判断をくだすことに慣れることであり、さらに、最善と判断したところを実行しさえすれば、たとえその判断がときとしてたいへんまちがっていても、やはり自分の義務を果たしているのだ、と考えることに慣れることである。

一七一　「勇気」と「大胆」とについて

「勇気」は、それが情念であって、習慣や生来の傾向ではない場合には、何ごとであろうと精神のしようとすることの実行へと力強く精神を向かわせるところの、ある種の熱、すなわち激動である。そして「大胆」とは勇気の一種であって、最も危険な事がらの実行へと精神を向かわせるものである。

一七二　「負けぎらい」について

「負けぎらい」もまた「勇気」の一種であるが、「大胆」が勇気の一種であるのとはちがった意味においてそうなのである。というのは、勇気を一つの「類」とみて、これをその相異なる対象の数だけの「種《しゅ》」に分かつこともできるし、そのさまざまな原因の数だけの他の「種」と分かつこともできるからである。「大胆」が「勇気」の種であるのは、対象に即しての分類によってであり、「負けぎらい」が「勇気」の種であるのは、原因に即しての分類によってである。すなわち「負けぎらい」は、自分がやりとげうると希望するところのことを企てることに精神を向かわせる熱であるが、それを自分がやりとげうると希望するのは、他の人々もやりとげるのをみるからなのである。したがって「負けぎらい」は、他人の例を外的原因にもつ勇気の一種である。特にこのとき「外的」原因というのは、そのほかにやはり「内的」原因もなければならないからであって、その内的原因とは、そのとき欲望と希望が多量の血液を心臓に流入させる力のほうが、懸念と絶望とがそうさせまいとする力にまさっているという状態に身体がある、ということである。

一七三　「大胆」は「希望」にもとづくこと

というのは、次のことに注目すべきだからである。すなわち「大胆」の対象は困難さということであり、普通その結果として「懸念」、さらには「絶望」が生ずるのであり、したがって最も危険で最も絶望的な事がらにおいて「大胆」と「勇気」が最もよく発揮されるわけであるけれども、しかし、目前の困難に力強くたち向かうためにはやはり、みずからの目ざす目的は実現されるであろうという「希望」をもち、さらには「確信」をもつことが必要なのである。

しかし、この「目的」は、かの「対象」とはちがったものである。なぜなら同時に同じものについて確信するとともに絶望することはできぬからである。たとえば、デキウス家の人々[*1]が敵中に身を投じて確実な死におもむいたとき、彼らの大胆さの「対象」はこの行動の間にみずからの生をもちつづけることの困難さであり、このことに対しては、彼らは「絶望」しかもたなかった。彼らは死ぬ覚悟だったからである。けれども彼らの「目的」は、味方の軍勢を、みずからの示す模範によって元気づけることであり、味方に勝を得させることであって、このことに対しては、彼らは「希望」をもっていた。あるいはまた、彼らの目的は死後の栄誉を得ることでもあって、このことについては彼らは「確信」をもっていたのである。

＊1　ローマの古史によれば、紀元前四世紀から三世紀にかけて、デキウス Decius 家の三人（父と子と孫）が戦いで身を犠牲にした。

一七四　「臆病」と「恐れ」とについて

「臆病」は「勇気」の正反対であって、「臆病」という情念をもたなかったならなすであろう事がらの実行に、精神が向かうことを妨げるところの、無気力または冷たさである。そして「恐れ」または「恐怖」〔これが「大胆」の反対である〕はたんに冷たさでなくて、精神の混乱または驚愕《きょうがく》であり、近づいているとわかっている悪に対して抵抗する力を、精神から奪うものである。

一七五 「臆病」の効用について

ところで、自然が人間に、どんな場合にも悪くて、善きほむべき効用を何ももたないような、情念を、与えたと私は信ずることができないのであるが、それでも「臆病」と「恐れ」というこの二つの情念がなんの役にたつかをつきとめることは、私にはたいへんむずかしいのである。

ただしかし、次の場合には「臆病」にもいくらか効用があるように私には思われる。すなわち、あることを試みる骨折りが無益であると判断させる相当確実な理由があって、それがそのことの実行に対する「臆病」の情念を生んでいる場合、その臆病の情念は、より不確実な理由に促されて、同じ骨折りをするようになることから、われわれを免れさせている、ということである。というのは、この情念は、精神をその骨折りから免れさせるばかりでなく、精気の運動をおそくすることによって、われわれが自分の力をむだに費やさないようにするという点で、身体にも役だつからである。

しかしながら、普通、「臆病」は、意志を有益な行動からしりごみさせるゆえに、きわめて有害なのである。そして「臆病」は、「希望」と「欲望」との不足からのみ生ずるのであるから、「臆病」を矯正するには「希望」と「欲望」とを自分のうちで増大させさえすればよいのである。

一七六　「恐れ」の効用について

「恐れ」または「恐怖」についていえば、それが有益でほむべきでありうる場合はまったく見あたらない。してみるとそれは、一つの特殊情念ではないのであって、ただ臆病と驚愕と懸念との過度にほかならず、そういう過度はつねに悪いのである。あたかも大胆が勇気の過度であって、目ざす目的さえ善ければつねに善であるのと同様である。そして「恐れ」の主要な原因は、不意を襲われるということにあるから、「恐れ」を免れるには、熟慮によってあらゆる結果――結果に対する懸念が「恐れ」を生むのである――に対して心のそなえをすること以上に、よい策はないのである。

一七七　「内心の不安」について

「内心の不安」とは、みずからのなすこと、またはなしたことが、善くはないのではないか、という疑いから生ずる一種の「悲しみ」である。それは必ず「疑い」を前提とする。というのは、もし自分のなすことが悪いということを全面的に確信するなら〔意志というものはなんらかの善の見こみを示す事がらでなくてはとりあげないものゆえ〕、それをなすことをひかえるであろうからである。またすでになしたことが悪かったと確信する場合は、たんに「内心の不安」をもつのでなくて「後悔」をもつであろう。[*1]

ところで、この「内心の不安」という情念の効用は、疑わしい事がらが、善いか善くないかを吟味させ、事がらが善いと確信できぬ間は、それを今後二度としないようにすることである。しかしながら、この情念は悪を前提するものであるから、最善のことはこの情念を感ずる機会をまったくもたぬことであって、この情念は不決断を避けるための手段と同じ手段によって防ぐことができるのである。

＊1　「内心の不安」と訳した原語は remords de conscience で、普通は「良心の呵責《かしゃく》」という強い道徳的意味をもつが、ここでは、デカルトの説明するように、それほど強い道徳的意味はない。conscience という語の意義は、古い「良心」という意義から、新たな「意識」という意義に転じてゆくが、デカルトにすでにそのけはいが認められるわけである。

一七八　「嘲り」について

「嘲笑《ちょうしょう》」すなわち「嘲り」は、「憎み」をまじえた「喜び」の一種であって、ある小さな悪を、それを当然受くべき人において認めることから生ずる。この悪に対しては「憎み」を、悪を当然受くべき人が悪を受けているのを見ることにおいては「喜び」を、人は感ずるのである。そしてこのことが、思いがけなく起こるとき、「驚き」の不意打ちは、われわれをどっと笑わせる。これはさきに「笑い」について述べたところ（一二六節）によって理解できる。けれどもこの場合、悪は小さいものでなくてはならない。もし悪が大きければ、その悪を受ける者が当然それを受くべきだと考えられなくなる。それでもそう考える人は、非常に悪い生まれつきの者であるか、あるいは大きな憎みをその者に対していだいているかであろう。

一七九　最も欠陥ある人々が嘲りを最も好むのがつねであるのはなぜか

また非常に目だった欠陥をもつ人々、たとえば、足が不自由であったり、片方の目が不自由であったり、背がひどく曲がっている人だとか、人々の間で何か恥ずかしめを受けた人だとかは、特に「嘲り」を好む傾向をもつことがみられる。そのわけは、彼らは他のすべての人が自分と同様、醜くあればよいと望むので、他人に悪がふりかかるのを愉快に感じ、かつその悪は他人が当然受けてしかるべきものとみなすからである。

一八〇　「からかい」の効用について

上品な「からかい」は、悪徳を笑うべきものと見えしめることによって有効に懲らしめるのであり、しかし、その際、みずからはそれを嘲笑せず、かつ、だれにも憎みを示さないでそうするのである。これは一つの情念ではなくて、紳士の美質である。それは、その人の気分の明るさと精神の平安〔これらは徳のしるしである〕とを示し、また多くの場合、「嘲り」の対象に快い外観を与えうるという点で、その人の機知をも示すものである。

一八一　「からかい」における「笑い」の効用について

そして、他人の口にするからかいを聞いて笑うのは不作法ではない。のみならず、笑わないのはふきげんのせいだととられるような場合すらある。しかし、自分がからかいのことばをいう場合、自分は笑わないでいることのほうが上品である。それは自分のいうことによってみずから驚いていると見られないようにするためであり、そういうからかいを考えついた自分の機知を自賛することのないようにするためである。そして自分が笑わないことは、からかいを聞く人々をよけいに驚かすことになるものである。

一八二　「羨《うらや》み」について

普通に「羨み」（ねたみ）とよばれるものは、他人に善いことが起こるのをみてふきげんになるという、本性の倒錯にほかならぬところの悪徳である。しかし、ここでは私は「羨み」という語を用いて、必ずしもつねに悪徳ではないところの一つの情念を意味させることにする。

さて、一つの情念としての「羨み」は、ある善が、それに値しないと思われる人々に起こるのをみることから生ずるところの、「憎み」をまじえた一種の「悲しみ」である。ところである善が、ある人に与えられるに値せぬと考えることは、（その人が生まれて後に）

偶然の運によって与えられる善についてのみ、正当に考えられることである。なぜなら、精神の善にせよ、身体の善にせよ、生まれながらにしてもっているかぎりの善はどうかということならば、人がなんらの悪をもおかしえない前に、それらの善を神から受けたということで、その人がその善に十分値すると認めてよいからである。

一八三　「羨み」はどのようにして正しくあったり、不当であったりしうるか

しかし、運がだれかに、彼の実際受けるに値しない何かの善を与えた場合、そしてただわれわれが生来正義を愛するゆえに、善の分配において正義が守られていないのを不快に思うという理由のみによって、われわれのうちに「羨み」が起こる場合には、その羨みは恕すべきところをもつ熱意である。特に他の人々に対してわれわれの羨む善が、その人々の手にはいれば、悪に変ずるかもしれぬような性質のものである場合は、そうである。たとえば、その善がある役目または職務であって、その人々がその役を果たすにあたって善からぬふるまいをするかもしれぬような場合である。さらに、同じ善を自分も欲し、自分よりもそれに値しない他の人々が、その善を手に入れたがために、自分がそれを得ることができなくなった場合、この情念は一段とはげしいものになるが、しかしこの場合でも、その「羨み」の含む「憎み」が、自分の羨む善の不正な分配のみに向けられて、それを手に入れた人またはそれを分配した人に向けられないならば、その「羨み」は、やはり恕す

べきものなのである。

しかしながら、多くの人に同時に与えるわけにはゆかず、しかも自分自身もほしいと思う善を、自分より先に手に入れた人々に対して、その善を実際に得た人々が、自分と同じくらい、あるいは自分以上に、その善に値する場合でも、憎みをいだかない、というほどに正しい高邁な人間はめったにない。そして普通、最も羨まれるのは、名誉である。というのは、他人が名誉を得ることは、自分もそれを望むことを妨げはしないけれども、やはり自分がそれを手に入れることを一段とむずかしくし、それの値を高くするからである。

一八四　「羨み」をいだく人々の顔色が鉛色になりがちなのはなぜか

なおまた「羨み」（ねたみ）という悪徳ほど、人間の幸福を害する悪徳は存しない。なぜならば、この悪徳になじんだ人々は、みずからを苦しめるのみならず、全力をあげて他人の楽しみをもそこなうからである。彼らは普通、鉛色の顔色をしている。すなわち黒と黄とのまじった青色、皮下出血のような色をしている。このゆえに、ラテン語では「羨み」はlivor（鉛色）とよばれるのである。そしてこのことは、前に「悲しみ」と「憎み」とにおける血液の運動についていったこととはなはだよく合致する。というのは「憎み」は肝臓の下部からくる黄胆汁《おうたんじゅう》を、また脾臓《ひぞう》からくる黒胆汁を、心臓から動脈を通じてすべての静脈にゆきわたらせ、「悲しみ」は静脈の血液の熱を減らし、普通よりもゆるやかに流れしめるが、これらのことは、顔色を鉛色にするに十分なのである。けれども、黄胆汁も黒胆汁も、他の多くの原因によってもまた、静脈内に送りだされうるのであるから、かつ「羨み」は、はなはだ大きくて長い間つづくのでなければ、顔色を変えうるほど多量に黄胆汁や黒胆汁を静脈中に送りださないのであるから、顔色が鉛色である人のすべてが「羨み」に傾いていると考えてはならない。

一八五　「憐《あわ》れみ」について

「憐れみ」とは、なんらかの悪を、それに値せぬとわれわれには思われるにもかかわらず、こうむっている人々に対していだかれる、「愛」または善意をまじえた「悲しみ」の一種である。したがって、「憐れみ」は対象（善や悪）に関して「羨み」の反対であり、人々を異なるしかたでみる（人々を善悪に値するかせぬかに関してちがった見方をする）という点では、「嘲り」の反対である。

一八六　「憐れみ」に最も動かされやすい人々はどういう人々か

みずからがはなはだ弱く、偶然の運の与える苦難にたやすく負けると感ずる人々は、他の人々よりも、この「憐れみ」の情念をもちやすいように思われる。それは、彼らが他人の受ける悪は自分にもふりかかりうる、と思うからである。したがって彼らは、他人に対してもつ愛によってよりも、むしろ自己自身に対する愛によって、「憐れみ」へと心動かされるのである。

一八七　最も高邁な人々もこの情念に動かされるのはどうしてかしかし、それにもかかわらず、最も高邁で最も強い精神をもつ人々、したがって、自分に関してはいかなる悪を受けることも心配せず、偶然の運の支配をこえでている人々も、他人の弱さを見、その嘆きを聞くとき、憐憫《れんびん》の情をもたないわけではない。なぜなら、だれに対しても善意をもつことが、高邁の心の一部なのであるから。けれども、この「憐れみ」の含む「悲しみ」は、もはや苦いものでなく、舞台の上で演ぜられるいたましい事件のひき起こす悲しみと同様、精神の内面よりも外面に、感覚のうちにあり、精神はその間、苦しんでいる者に同情することにおいて、みずからのなすべきことをなしていると考える満足をもっている。そしてまた、次のような相違もある。すなわち、普通の人が、嘆いている人々に同情するのは、彼らの受けている悪がたいへんつらいものであると考えるからであるに対して、最もすぐれた人々のいだく「憐れみ」のおもな対象は、嘆いている人々の弱さである。なんとなれば、すぐれた人々は、人の身にふりかかる偶然事が、いかに悪いものであっても、その悪に平静に耐えることのできない者たちの示す臆病ほどに大きな悪ではありえない、と認めるからであり、また、彼らは悪徳を憎むが、だからといって悪徳に屈する人々を憎むのでなく、ただそういう人々を憐れむのみなのだからである。

一八八　「憐れみ」を感じないのはどういう人々か

しかし、まったく憐れみを感じえない者は、すべての人間に対して生来憎みをもち、悪意とねたみにみちている人々、あるいはまた非常に無感覚であり、かつ善い運によって盲目にされているか、悪しき運によって絶望させられているために、いかなる悪ももはや自分には起こりえないと考えている人々、のみである。

一八九　なぜこの情念は人を泣かせるか

なおまた、この情念によって、人はきわめて泣きやすい。なぜなら、すでに述べたとおり(一二九節)、「愛」が多くの血液を心臓に流入させ、眼から多くの蒸気をださせるが、「悲しみ」のもつ冷たさは、この蒸気の動きをゆるめて、それを涙に変わらせるからである。

一九〇　「自己自身に対する満足」について

不断に徳に従っている人々の、つねにもつ満足は、彼らの精神における一つの習慣であって、良心の平静または安らぎとよばれる。しかし、自分が善いと思う何かの行動をなしたばかりのときに新たに得られる満足は、一つの情念、すなわち一種の「喜び」であって、その原因がただわれわれのみに依存するがゆえに、情念のうちで最も快いものである。

しかしながら、この原因が正しくない場合、すなわち自分に大いに満足を与える行動がたいして重要なものでない場合、さらにそれが悪い行為でさえある場合には、そういう満足は笑うべきものであり、高慢とけしからぬ思いあがりを生むだけのことである。そういうことは特に、みずから信仰あついと思いこみながら、実は偽善者であり、迷信家であるにすぎぬ者たちに認められる。すなわち、彼らはたびたび教会にゆき、多くの祈りを唱え、髪を短く切り、断食をし、施し物をする、ということにかこつけて、自分はまったく申し分ない者であると考え、自分は神の有力な味方であるから、自分のなすことは神の意にさからうはずはなく、自分の情念の命ずることはすべて正しい熱意であると思いこむ。しかし、彼らの情念はときに人間のおかしうる最大の罪を彼らにおかさせるのである。たとえば、自分の意見に賛成しないというだけの理由で、町を敵の手に渡したり、君主を殺したり住民全体をみな殺しにしたりするのである。

一九一　「後悔」について

「後悔」は、「自己自身に対する満足」の正反対であり、自分が何か悪い行動をしたと信ずることから生ずる「悲しみ」の一種である。それは、その原因が、ただわれわれ自身から生ずるゆえにたいへん苦いものである。しかし、それにもかかわらず、われわれの後悔する行為の悪いということが真実であって、そのことをわれわれが確実に知っている場合には、この情念はきわめて有益なのである。われわれは今後はより善く行動するようにこの情念によって促されるからである。

しかし、よくあることであるが、弱い精神の人は、自分のなしたことが悪いということを確かには知らずに、そのことを後悔する。彼らは、悪かったのでないかと懸念するだけで、もう悪かったと思いこんでしまうのであって、かりに自分のしたことと反対のことをしていたとしても、同じように後悔したであろう。これは、いかにも憐れむべき欠点であって、この欠陥を直す策は、不決断を除くに役だつ策と同じものである。

一九二　「好意」について

「好意」とは本来、自分がよくしてやりたいという意志をもっている人に、善いことが起こるのを見たいという「欲望」であるが、ここで私は、この語をもって、その善き意志そのものを、ただし相手のなんらかの善き行為によってわれわれのうちにひき起こされたものであるかぎりの善き意志を、さすことにする。というのは、われわれは、われわれが善いと判断する事がらをなす人々を、たとえそのことからわれわれ自身になんの利益も生じなくとも、愛する傾向を、生まれつきもっているからである。この意味での「好意」は一種の「愛」であって、「欲望」ではない。もっとも、この「愛」には、われわれの好意をもつ相手の人に、善いことが起こってほしいという「欲望」がいつもともなってはいるが。

そしてそういう好意は、普通「憐れみ」といっしょになっている。なぜなら、不幸な人々に起こる災難は、われわれに彼らのなした善行を、いっそう強く顧慮させるからである。

一九三　「感謝」について

「感謝」とは、われわれが愛をいだく人のなんらかの行為によって起こされ、かつその行為がわれわれ自身になんらかの利益を与えたか、または少なくともそういう意図をもってなされた、とわれわれが信ずる場合の「愛」の一種である。それゆえ感謝は、好意についていわれたことすべてを含むとともに、さらにそのうえに、われわれ自身にかかわり、われわれがそれに報いたいと思うような行為にもとづいている、ということを含んでいる。そういうわけで、感謝は、特に少しでも高貴な高邁なところのある人々において、普通よりもはるかに力強いものとなるのである。

一九四　「忘恩」について

「忘恩」はといえば、これは情念ではない。というのは、自然は「忘恩」をひき起こすような、いかなる精気の運動をもわれわれのうちに設けていないからである。「忘恩」は、「感謝」が徳であり、人間社会の主要なきずなの一つであるかぎりにおいて、「感謝」の正反対であるところの悪徳である。それゆえこの悪徳は、ただ次のような人間にのみ属する。

すなわち、どんなものでも自分は受ける資格があると考えているような、無感覚でひどく思いあがった人間とか、自分が人から受ける恩恵について何も考えない愚かな人間とか、また弱く卑しくて、みずからの弱さと不足とを意識しつつ、卑しいやり方で他人の助力を求め、しかも助力を受けたのち、それを与えた人を憎むような人間とか。なぜ恩人を憎むようなことになるかといえば、彼らは受けた恩恵に等しいものを返す意志をもたず、あるいは返す能力が自分にないとはじめから見切っており、かつまた世の人はみな自分と同様利欲ずくめで動いていて、恩恵を施す場合には必ず報酬を期待しているはずだ、と想像し、自分は恩人をうまくだましおおせたと考えるのだからである。

一九五　「憤慨」について

「憤慨」は、どういう性質の悪であれ、なんらかの悪をなす人々に対して、生まれつきわれわれがもつ一種の「憎み」または嫌悪である。そして「憤慨」は、しばしば「羨み」や「憐れみ」をまじえている。しかしながら、「憤慨」は「羨み」や「憐れみ」とはまったくちがった対象をもつ。というのは、われわれは善または悪を、それに値せぬ者になすところの人々に対して「憤慨」するのであるが、われわれが「羨み」をもつのは、善を受ける人に対してであり、「憐れみ」をもつのは悪を受ける人に対してであるから。

しかし、自分がそれに値せぬ善を所有する（つまり、受けている）ということは、ある意味で悪をなすことである（したがって、憤慨の対象になる）ということは真である。おそらくこのことのゆえに、アリストテレス[*1]とその追随者たちは――「羨み」がつねに悪徳であると考えていたから――悪徳でないほうの「羨み」を「憤慨」の名でよんだのであろう。

＊1 『ニコマコス倫理学』第二巻第七章。

一九六　「憤慨」がときには「憐れみ」と結合し、ときには「嘲り」と結合するのはなぜか

また悪をなすことは、ある意味で悪を受けることである、ともいえる。そこである人々は、「憤慨」に「憐れみ」を加え、また他の人々は「憤慨」に「嘲り」を加える。そしてこのとき、憤慨に加わるものが「憐れみ」であるか「嘲り」であるかは、あやまちをおかす者（他人に善または悪を不当に加える者）に対して人々が善意をいだいているか、悪意をいだいているかによってきまる。そして、そういうわけで、デモクリトスの笑いとヘラクレイトスの涙とが、同一の原因から生まれえたのである。[*1]

＊1　ヴィヴェス『精神について』第三巻の四二三ページに次の句がある。「デモクリトスは、人

間のいつも変わらぬ愚かさと無能とをつねに笑っていた。ヘラクレイトスは、人間の絶えざる不幸につねに涙していた」

一九七　「憤慨」はしばしば「驚き」をともない、また「喜び」とも相容《い》れなくはないこと

憤慨はしばしば「驚き」をともなっている。というのは、われわれはすべての事がらが、われわれの善いと判断するしかたでなされるであろうと予想するのがつねであるからである。それゆえ、ものごとがそういう予想とはちがったしかたで起こると、それはわれわれに意外の感を与え、われわれは「驚く」のである。「憤慨」はまた「喜び」とも相容れぬものではない。（もっとも「悲しみ」と合している場合のほうが普通なのではあるが。）というのは、われわれが憤慨する悪は、われわれ自身を害しえず、かつわれわれ自身は同様な悪をすることを欲しない場合、このことはわれわれに、ある快を与える。そして、これはおそらく憤慨の情念にときとしてともなう「笑い」の原因であろうと思われる。[*1]

＊1　一二七節冒頭参照。

一九八　「憤慨」の効用について

なおまた、憤慨は真実に有徳である人々においてよりも、有徳であるようにみせかけようとする人々において、はるかに多く認められる。徳を愛する人々は、他人の悪徳を見て嫌悪を感ぜずにはおれないが、きわめて大きな異常な悪徳に対してでなければ強い情念を起こさないからである。

たいして重要でもない事がらに対して大いに憤慨するのは、気むずかしくふきげんなことである。とがむべきでない事がらに対して憤慨するのは、不正なことである。また、自分の生まれついた身分にも、のちに得た地位にもけっして満足せず、世のなりゆきや摂理の秘密に文句をつけることをあえてする人々のやるように、この情念を、人間の行為にかぎらずに、神のわざや自然のわざにまでおよぼすことは、不遜《ふそん》で不合理なことである。

一九九　「怒り」について

「怒り」もまた一種の「憎み」あるいは「嫌悪」であって、ただだれにでもというのでなく、特にわれわれ自身に、なんらかの悪をなす人々、あるいは害を与えようとした人々に対して、われわれのいだく情念なのである。

したがって「怒り」は、「憤慨」についていわれたことすべてを含むとともに、さらにそのうえに、憤慨を起こさせる行為が、われわれに直接かかわりがあり、われわれはそれに復讐《ふくしゅう》しようという「欲望」をもつ、ということが加わっている。というのは、事実上、この欲望が「怒り」にほとんどつねにともなっているからである。そして「憤慨」が「好意」の正反対であるのと同様に、「怒り」は「感謝」の正反対なのである。けれども「怒り」は他の三つの情念（憤慨・好意・感謝）とは比較にならぬほどはげしい力をもっている。なぜなら、有害なものをつきかえし、そのしかえしをしようとする欲望は、あらゆる欲望のうち最も力強いものだからである。

　このように「怒り」においては「欲望」が自己自身への「愛」に加わるから、「怒り」は、「勇気」や「大胆」がひき起こしうるような血液の動揺の全体をもつことになる。かつ、「憎み」の作用により、脾臓および肝臓（下部）の細かい静脈からくる胆汁性血液が、上述の動揺を受けとりつつ、心臓に流入することになる。そして心臓においてこの胆汁性血液は、それの豊富さとそれのまじえている胆汁の本性とにより、愛や喜びが心臓内に起こしうる熱よりもはげしく強い熱を起こすのである。

二〇〇　「怒り」によって赤くなる人々は、「怒り」によって青くなる人々よりも、恐ろしくないのはなぜか

　さて、この怒りの情念の外的表徴は、人々の気質のさまざまであることにより、また怒りを構成し怒りに結合している他の諸情念のさまざまであることによって、いろいろ異な

っている。

たとえば、怒ると、青くなったり、ふるえたりする人があるとともに、赤くなったり、泣いたりさえもする人がある。そして普通には、青くなる人の怒りは、赤くなる人の怒りよりもこわいと判断されている。そのわけは、顔つきやことば以外のもので復讐しようと思わず、またそう思ってもできないときには、人は怒りはじめからその熱と力との全体をあげて用いることになり、そのために赤くなるのである。そのうえ、ときとしてはほかのしかたで復讐できぬために、自己自身に対してくやしさと憐れみとを感じて、そのために泣くこともあるのである。ところが反対に、おちついて、もっと大きな復讐を決心している人々は、自分の怒りのもととなった行為によって、そういう復讐をせざるをえなくなったことを考えて、悲しみをおぼえるのであり、またときとしては、自分の決心したことから生じうるさまざまな悪に懸念をいだくのであって、そういうわけで彼らははじめは青くなり、冷たくなり、ふるえもするのである。けれどもあとになって、復讐を実行する段になると、寒気《さむけ》ではじまった熱病が、通常、最もはげしいものであるのと同様に、彼らははじめに冷たかっただけ、それだけより熱くなるのである。

二〇一　二種の怒りがあり、善意の人は第一種の怒りに傾く

そこでわれわれは、怒りに二種を区別しうることに気づく。一は、はなはだ急に起こる

ものであり、外に強く現われるが、しかしたいした結果は生まず、たやすくしずめることができる。他は、はじめはたいして目だたないが、実は第一のものよりも深く心にくい入り、危険な結果を生むものである。

善意と愛とを多くもつ人々は、第一種の怒りのほうをいだきやすい。というのは、第一種の怒りは、深い憎みから生ずるのでなく、そういう人々を不意に襲う急な嫌悪から生ずるのであるからである。彼らは万事がみずからの最善と判断するようなしかたで起こるはずだと想像しがちであるので、それとはちがったしかたで何ごとかが起こるやいなや、彼らは驚きを感じ、しばしばそれが彼ら個人に直接関係がない場合でさえも、腹をたてる。というのは、彼らは愛情に富むので、自分の愛する人のためを思うこと、自分自身のためを思うのと変わりがないからである。そこで他の人には憤慨の種《たね》にすぎぬことでも、彼らにとっては怒りの種である。そして彼らのそなえている愛への傾向は、多量の熱と多量の血液とを心臓にあらしめるゆえに、彼らを不意に襲う嫌悪の情念がほんのわずかでも胆汁を心臓に送りこむと、たちまち血液中に大きな動揺を起こさずにはいない。けれども、この動揺はあまり長くつづかない。なぜなら、不意打ちの力強さは長くつづかず、かつ、自分を立腹させた事がらが、実はそれほど自分を動かすべきでなかったと気づくやいなや、彼らは腹をたてたことを後悔するからである。

二〇二　第二種の怒りにとらえられるのは、弱く卑しい精神である

憎みと悲しみとに支配せられている第二種の怒りは、はじめそう目だたないものであって、ただ顔色を青くするくらいのことである。けれどもその力は、復讐しようとする強烈な欲望が血液のうちにひき起こす動揺によって、しだいに増大する。そして血液は、肝臓下部と脾臓とから心臓のほうへおしだされてくる胆汁とまじって、心臓内で、きわめてはげしい刺すような熱をひき起こすのである。そして、最も感謝の念に富むのは最も高邁な精神であるのと同様に、この第二種の怒りに最もとらえられやすいのは、高慢の念を最も多くもつ最も卑しく最も弱い精神なのである。というのは、みずからが他から受ける害というものは、高慢のせいでみずからを重んずれば重んずるほど、またその害によって失うところのもろもろの善を重んずれば重んずるほど、ますます大きく見えるものだからである。そしてそれらの善は、（精神みずからに依存せず）他者に依存する善であるゆえに、弱くて卑しい精神をもつ人ほどよけいにそういう善を重んずることになるのである。

二〇三　高邁の心が、怒りの過度を防ぐ策として役だつ

なおまた、この怒りの情念は、他から受ける害を退ける気力をわれわれに与えるという効用をもつものではあるが、しかし、この情念ほど、その過度を避けるに心を用いねばならぬものもないのである。なぜならば、過度の怒りは、判断力を乱して、あとで後悔する

ようなあやまちをしばしばおかさせるからであり、それどころかときとしては、他からの害を退けるということをも、心をあまり動かさずにそれをする場合ほど、うまくできなくしてしまうからである。

ところで、怒りを過度ならしめるのは、何よりも高慢の心なのであるから、高邁の心こそ怒りの過度を防ぐためにわれわれの見いだしうる最上の救治法である、と私は信ずる。なぜならば、高邁の心は、他によって奪われうるようなすべての善を軽視せしめ、反対に自由と絶対的な自己支配〔これらはわれわれがだれかに腹をたてるような場合には失われる〕とを重んぜしめるゆえに、高邁の心によってわれわれは他の人々ならば腹をたてるのが普通であるような、他からの害に対しても、軽蔑またはたかだか憤慨しか感じないようになりうるのだからである。

二〇四　「誇り」について

「誇り」（名誉感）と私のよぶのは、人が、自己自身に対してもつ愛にもとづき、だれか他の人にほめられていると思うこととまたはそれを希望することから生ずるところの、一種の喜びである。

それゆえ「誇り」は自分が何か善い行為をしたという思いから生ずる「内的満足」とは異なる。というのは、われわれは自分では善いと思っていない事がらのゆえにほめられることがときにはあり、またもっと善いと思っている事がらのゆえにとがめられることがあるからである。けれども「誇り」も「内的満足」もいずれもそれぞれ「喜び」の一種であるとともに、自己自身に対する尊重の一種である。というのは、自分が他人に尊重されるのを見ることは、みずからを尊重する理由となるからである。

二〇五　「恥」について

反対に「恥」（恥辱感、恥ずかしさ）は、「誇り」と同様、自己自身に対する愛にもとづくが、しかし、非難されているという思い、またはそういう懸念から生ずるところの、一種の「悲しみ」である。そのうえ「恥」は一種の「慎み」すなわち「謙遜」であり、自己に対する不信である。というのは、もし自分をたいへん重んじていて、自分が他人に軽視されるなどということを想像しえないような場合には、恥を感ずることなど容易には起こりえないからである。

二〇六　「誇り」と「恥」との二つの情念の効用について

さて、「誇り」と「恥」とは、一つは「希望」により、他は「懸念」によって、われわれを徳へ向かわせる、という点で、同じ効用をもつ。ただ、何が真実に非難または賞賛に値するかについての知識をみずからの判断力に与えて、よくあるように、善いことをするのを恥じたり、自分の悪行にとくいになったりしないようにしなければならない。けれども、むかしのキニコス派の人々のように、この二つの情念をまったく捨ててしまうことは善くないのである。というのは、世間の人々は判断を誤ることが多いにしても、われわれは彼らと無関係に生きることはできず、彼らに尊重されることはわれわれにとってたいせつであるゆえ、われわれの行為の外面に関しては、われわれはみずからの意見によりも、世人の意見に従わねばならぬことがたびたびあるのだからである。

二〇七　「恥知らず」について

「恥」の軽視であり、また、しばしば「誇り」の軽視でもあるところの「恥知らず」または「鉄面皮」は、情念ではない。なぜなら、それをひき起こす精気の特別な運動は、われわれのうちに存在しないからである。それは一つの悪徳であって、「恥」の反対であり、また「誇り」の反対である。ただし、このとき「恥」も「誇り」も善である場合だけを考えている。その点は「忘恩」が「感謝」の反対であり、「残酷」が「憐れみ」の反対であるのと同様である。そして鉄面皮の主要な原因は、人がたびたび大きな恥辱を受けたということに由来する。なぜならば、だれでも若いときには、賞賛や悪評が人生にとって重要な善であり悪であると思いこまぬ者はないのであるが、のちに何かいちじるしい恥辱を受けてまったく名誉を奪われ、すべての人に軽視されるにいたるとき、人は経験によって賞賛や悪評が前に思っていたよりもはるかにつまらぬものだと知るのだからである。このゆえに、元来、善と悪とをおもに身体の状態をもとにしてはかる人々は、身体の善の享受が、恥辱を受けたのちも、それを受ける以前とまったく同様にできること、いな、ときとしては以前よりもはるかにすぐできることを知って、鉄面皮になるのである。以前よりよくできるというのは、以前に体面上従わねばならなかった多くの束縛をもはや免れており、かつ、たとえ恥辱を受けたことによって金銭をもまた失ったとしても、慈善家というものがあって、金をめぐんでくれるからである。

二〇八 「味気なさ」について
「味気なさ」とは、まず「喜び」をもったのち、それと同じ原因から、のちに生ずるところの一種の「悲しみ」である。というのは、われわれの本性は、われわれの享受するものの大部分が、ただしばらくの間だけ、われわれにとって善であって、のちにはいやになる、というふうにできているからである。このことは、特に飲んだり食ったりすることについて明らかであって、それらは食欲がある間だけ有用であるが、もはや食欲がなくなると有害となる。そしてそうなると、飲んだり食ったりするものは、われわれの味覚にとって不快となるから、この情念は「味気なさ」と名づけられるのである。

二〇九　「残念」について

「残念」もまた一種の「悲しみ」であって、その「悲しみ」がいつもある「絶望」に結びつき、かつ、かつての善の享受がわれわれに与えた快感についての記憶と結びついているという点で、特殊な苦さをもっている。というのは、われわれが残念がるのは、かつて享受した善のみであり、しかもその善はもはや失われていて、それを残念がっているときに、かつ、そのときに思い浮かべているような形では、ふたたびそれを得る希望をわれわれはまったくもたないのだからである。

二一〇　「うれしさ」について

最後に私が「うれしさ」とよぶものは一種の「喜び」であって、次のような特徴をもっている。すなわち、その「喜び」の快さは、いまはもう免れているが、以前にこうむったことのある悪の思い出によって、増大しているのである。それは長い間肩に負っていた重荷をおろした、と感じている場合と同様である。

なお、「味気なさ」「残念」「うれしさ」の三つの情念には、特にとりたてていうほどのことがあるとは私は考えていないのである。ここにそれらを述べたのも、前に示した情念の枚挙の順序に従ったまでのことである。けれどもあの枚挙は、何か特に考慮に値する点をもつ情念をどれも見落とさなかったことを明らかに示してくれたという点で、有益であったと私は思っている。

二一 情念に対する一つの一般的な救治法

いまやわれわれは、情念を残らず知ったのであるから、情念のことを懸念する理由は以前よりずっと少なくなったわけである。というのは、情念がその自然の性からいえばすべて善いものであり、情念の誤った使用またはその過度を避けるだけでよい、と知ったからである。そして誤用や過度を防ぐには、すでに述べたさまざまな救治法を各人が注意して実行するなら、それで十分であろう。

しかしながら、私がそれら救治法のうちに、ただ誤用と過度を防ぐことだけでなく、さらに立ち入って、みずからのうちにおいて、血液と精気の諸運動を、それが通常結びついている思いから分離することに努めて、みずからの自然の性の欠陥までを正しうるための計画と、その実現のためのくふうとを、加えておいたので、その点について私は次のことをことわっておく。すなわち、そのようにしてあらゆる種類の偶然のできごとに十分にそなえができている人というものはほとんどないこと。そして情念の対象によって血液中にひき起こされる運動は、精神のはたらきを少しもいれないままに、ただ脳の中にできた印象と身体の諸器官のそのときの状態とだけに従って、はじめから急激に起こるものであって、われわれに十分のそなえができておらねば、人間の知恵ではそういう運動に抵抗することはとてもできないこと。たとえば多くの人は、くすぐられると、たとえこれを快いと感じなくても、笑わずにはおれないものである。なぜならば、以前に同じ事がらについて彼らを笑わせたところの「喜び」と「驚き」との脳内での印象が、彼らの想像の器官[*1]のうちにふたたびよびさまされて、その結果、肺臓は心臓からくる血液によって突然に、いやおうなしに膨張させられるからである。さらにもう一つ例をあげれば、生まれつき「喜び」と「憐れみ」に、あるいは「恐れ」に、あるいは「怒り」に、たいへん動かされやすい人々は、そのどれかの情念の対象によって、彼らの想像器官が強く圧《お》されると、気絶したり、泣いたり、ふるえたり、熱病にかかったときのように血液が激動したりするのを、とどめることができないのである。

しかしながら、そういうときに、われわれのつねになしうるところ、しかも情念の過度のすべてに対する最も一般的な最も実行容易な救治法として、ここに述べうると私の考えるところは、次のことである。すなわち、血液が上述のように動揺させられるのを感ずるときには、想像に現われるすべてのものが、精神を欺こうとする傾向があり、情念の対象を善いと信ぜしめる理由を、実際よりもはるかに強いもののように精神に思わせ、情念の対象を悪いと信ぜしめる理由を、実際よりもはるかに弱いものに思わせる傾向がある、ということをよく知って、これを思い起こすようにすべきだということである。そして情念が善としてすすめる事がらが、その実行をいくらか遅らせてもよいようなものであるとき、その事がらについてただちに判断をくだすことをさし控え、ほかのことを考えて心をまぎらせ、時の経過と安静とが、血液の激動をまったくしずめてしまうまで待つべきである。そして最後に、情念の促すところが即座に決心をしなければならぬような行為であるときには、意志は、情念が示す理由とは反対の理由——それがより弱く思えるにしても——を特に注視して、それに従おうとしなければならないのである。たとえば、敵に不意打ちされたとき、どうすればよいかを思慮するに時を費やすことは状況がゆるさない。しかし、自分の行為について反省をおこたらぬ人なら、つねにできると思われることは、たとえば「恐れ」に心がとらえられたときには、逃げるよりも抵抗することのほうが、はるかに安全であり名誉なことであるという理由を考えて、自分の思いを危険についての考慮からそらせるに努める、ということである。そしてこれとは反対に、復讐欲と「怒り」とが、攻撃してくる敵のほうへ無思慮に進みでることを促すのを感ずるとき、彼らは次のことを思い起こすであろう。不名誉なくしてみずからを救いうるのに、命を捨てるのは無思慮であること、敵の力がはるかに大きい場合は、無感覚に確実な死に身をさらすよりは、名誉ある退却をするか、あるいは降参するほうがよいこと、を。

＊1　原語は fantaisie で、想像作用における脳内での物質的過程（具体的には脳室の内壁に残っている印象の痕跡《こんせき》と、それによって影響される精気の運動）をさす。（これに対し、精神の

内容または作用としての想像は imagination の語をあてている。）このデカルトの用法は『精神指導の規則』（規則第十二）および『方法序説』第五部（七五ページ）にも見られる。

二一二　人生の善と悪とのすべては、ただ情念のみに依存すること

なおまた、精神は身体と独立に自分だけの喜びをもつことができる。けれども、精神が身体と共通にもつ喜びのほうは、まったくもろもろの情念に依存しており、情念によって最も多く動かされうる人々が、この世の生において最も多くの楽しさを味わいうるのである。もっともそういう人々はまた、もし情念を善く用いる術《すべ》を知らず、偶然の運に幸いせられない場合には、この世の生において最も多くの苦さを見いだすかもしれぬ、ということも事実である。けれども、知恵の主要な効用は、それがわれわれをしてみずから情念を支配せしめ、情念をたくみに処理せしめて、もって情念の起こす悪を大いに耐えやすくし、さらには、それらすべての悪から喜びを得ることさえできるようにするということなのである。

書簡集

デカルトからエリザベトへ

（エグモント、一六四五年九月十五日）

殿下には、セネカ[*1]が最高善についてのみずからの意見を、われわれに明晰《めいせき》に示しえなかった原因のすべてを、きわめて正確にご指摘になり、セネカの書物をきわめて注意深く読む労をおとりになったのでありますから、私がここでセネカのすべての章をつぎつぎに吟味することをつづけますならば、かえってご迷惑であろうと思われます。また、そうしていては、殿下が私に提起されました問題――実生活のあらゆる行為において最善なるものがなんであるかを識別するために、悟性の力を強くする方策、についての問い――に、おこたえすることが延引するでありましょう。それゆえ、もはやセネカの議論をたどろうとする考えを捨てて、この問題についての私の意見を明らかにすることをのみ努めましょう。

正しく判断しうる心構えをいつももっているために必要な事がらは、次の二つに尽きると私には思われます。すなわち、一つは真理の認識であり、他は、必要が起こった場合いつでも、この認識を思いだし、それに従うことができるようにする習慣、であります。けれども、あらゆる事がらを完全に知るのは神のみでありますから、われわれとしてはわれわれわれに最も有益な事がらを知るだけで満足せねばなりません。

それらのうち、第一の主要な事がらは、神が存在するということ、それにすべてのものが依存し、それの完全性は無限であり、それの力ははかり知れず、それの決定は誤ることのない、神が、存在するということであります。なぜなら、そのことは、われわれの身に起こるあらゆる事がらを、神によってわざわざわれわれに送られたものとして、善意に受けとるよう、教えるからであります。そして愛の真の対象は完全性でありますから、われわれが精神を高めて、対象をそれが真にあるとおりにみる場合、われわれはみずからの本性上、その対象を愛するに傾くものであり、その結果われわれは苦悩から喜びを引きだしさえするのであります。その苦悩をわれわれが受けとることにおいて、神の意志が果たされるのだと考えることによって。

さて、第二に知らねばならぬことは、われわれの精神の本性、であります。精神が身体なくして存続し、身体よりもはるかに高貴であり、この現世では見いだされない無限に多くの満足を（来世において）享受しうるものであるかぎりにおける、精神の本性でありま す。なぜなら、それがわれわれをして死を恐れることのないようにさせ、われわれの愛着をこの世の事物から遠ざけて、偶然の運が支配するすべてのものを軽侮の心をもってしか見ないようにさせるからであります。

そのためにはまた、次のことが大いに役だつと思われます。それは、人が神の作品を正当に判断することであり、私が『哲学の原理』の第三部（「可視的世界について」）においてて、読者にいだかせるよう努めました、宇宙の延長についての広大な観念を、もつことであります。なぜならば、もし人々が、諸天界のかなたには想像された空間のみしかないと考え、これら天界のすべてが地球のためにのみつくられ、また地球は人間のためにのみつくられていると考えます場合には、それはひとをしてややもすれば、この地上がわれわれの主要な住みかであり、この地上の生がわれわれの最上の生である、と考えさせるからであり、また、われわれの中に真実に存在する完全性を認識するのではなくて、他の被造物に、それらが実はもっていないところの不完全性を帰属させることによって、われわれ自身を他の被造物の上に置くようになり、不都合な傲慢《ごうまん》の心をいだいて、神の計画に介入しようとし、神とともに世界を導く役割をもとうとするにいたり、そこから無数のむなしい不安や不満が生まれるのだからであります。

このように、神の善意とわれわれの精神の不滅と宇宙の大とを知ったのち、それの認識が私にはきわめて有益と思われる真理が、まだもう一つあります。すなわち、なるほどわれわれの一人一人は他の人と分かたれた個人であり、したがって、われわれの利害は世界の他の人々の利害とはある意味で別ではありますが、しかし、ひとはただ独りでは生存できず、実は宇宙の一つの部分であり、さらに立ち入っていえば、この地球の一部分であり、この国の、この社会の、この家族の一部分であり、ひとはそれに、居住により、誓約により、誕生によって結合されている、ということであります。そしてひとはつねに、みずからがその一部分である全体の利害を、個人としての自己の利害よりも、重んじなければなりません。ただし、節度と慎慮とをもって。といいますのは、自分の親族または自分の国のためにたんに小さな善を獲得するために、自己を大きな悪にさらすことは、まちがっているでしょうし、また、一人の人間が、彼だけで、彼の町の他のすべての人々よりも価値がある場合には、町を救うためにみずからを滅ぼすことは、当を得ぬことでしょうから。しかしながら、すべてのことを自己中心的にするならば、自分が何かちょっとした便宜を得られると考えるときには、そのために他人に大きな害を与えることをはばからない、ということになり、本当の友情、誠実、一般にいかなる徳をももたないことになりましょう。これに反して、みずからを公衆の一部と考えるならば、すべての人に対して善をなすことが喜びとなり、場合によっては、他人のためにみずからの生命を危険にさらすことをも恐れなくなり、それどころか、できるものなら、他人を救うために自分は地獄におちてもよい、とまで考えるようになるでしょう。結局、自己を公衆の一部と考えることが、人間のなすすべての最も英雄的な行為の源泉なのであります。それで、死の危険をおかすといっても、虚栄のため、人にほめられたいためにし、あるいは愚鈍のため、危険に気づかぬためにする人々は、尊敬するよりもむしろ憐《あわ》れむべきであると信じます。しかし、それが自分の義務だと信ずるがゆえに、死の危険をおかす場合、あるいは他人に善を得させようとして、死の危険ではなくとも何か他の悪を堪え忍ぶ場合、たとえその人が、自分は自分個人のためによりも、自分がその一部である公衆のために尽くすべきであるがゆえにこうするのだと、反省してはおらぬとしても、やはり彼は、彼の心の中に混雑した状態で存しているこの考え方によって、行為しているのであります。そしてひとは、正しく神を知り神を愛する場合には、おのずからそういう考えをもつにいたるものであります。なぜならば、その場合、ひとはすべてを神の意志にゆだねて、自分自身の利害を脱却し、神に喜ばれると信ずる事がらをなそうという情念のみしかもたぬからです。そしてその結果、感覚に依存する小さな、つかのまの喜びのすべてよりも、比較にならぬほど大きな価値をもつところの、精神の満足を得るのであります。

さて、われわれの行為のすべてに一般的に関係するこれらの真理のほかに、われわれの行為の一つ一つにさらに特殊的に関係するところの、多くの他の真理をも知らねばなりません。そういう真理の主要なものは、この前の手紙で申しあげましたものであると思われます。すなわち、われわれのすべての情念は、それらがわれわれを促して求めしめるさまざまな善を、その本当の大きさよりもはるかに大きいものとして、われわれに示すものであること。また身体の快楽は、精神の快楽ほどには長つづきするものではけっしてなく、また身体の快楽を手に入れてみれば、まだそれを望んでいた折にそう見えたほどたいしたものではけっしてないということ。このことをわれわれは細心に注意して、なんらかの情念に動かされたと感ずる場合、その情念がしずまるまではわれわれの判断を中止するようにすべきであり、この世の善の偽りの外見にたやすく欺かれることのないようにすべきなのであります。

さて、これにつけ加えて申しあげうることとては、ただ次のことしかありません。すなわち、われわれが住んでいる場所の習俗のすべてをもまた、いちいち吟味して、どの程度にまでそれらに従うべきであるかを知るべきこと、であります。そして、われわれはすべてについて確実な論証をもちえないにしても、行動することが問題である場合、けっして不決断に陥らぬために、やはりどれかに決心すべきであり、実生活にはいってくるあらゆる事がらについて、最も真実らしく思われる意見をとるべきであります。なぜなら、残念とか後悔とかを起こすものはただ不決断のみだからです。

なお、はじめに申しあげましたように、つねに正しく判断する心構えでいるためには、真理の認識のほかに、習慣もまた必要であります。といいますのは、われわれは同一の事がらにたえず注意していることはできないのでありますから、以前にある真理を確信するにいたった理由がいかに明晰な明白なものであったにしても、もしその真理を、長いたびたびの省察によって精神のうちに印刻し、それを習慣に化するのでないならば、のちになって、偽りの外見によって、その真理を信ずることからそらされるおそれがあるからです。学院において（スコラ哲学において）、「徳は習慣である」というのは、この意味で正しいのです。なぜなら、実際のところ、ひとの誤るのは、みずからなすべきことの認識を理論的にもたないためであることはめったになく、ただそれを実践的にもたないため、すなわち、それを信ずる確固たる習慣をもたないためだからであります。そして、いまこれらの真理を吟味いたします間、それらを信ずる習慣をもまた私は、私のうちに増大させるのでありますゆえに、殿下が私にその真理を語る機会をお与えくださいましたことに対して、特にお礼を申しあげねばなりません。また私が殿下のきわめて卑しい、きわめて従順なる僕デカルトであることを殿下にお示しすること以上に有益に、私がみずからの閑暇を用いたと思う事がらはございません。

追伸　この手紙を書き終わりましたとき、十三日付の殿下のお手紙を受領いたしました。しかしお手紙には考えるべききわめて多くの問題があり、いますぐおこたえすることをお控えいたしたく、殿下も、私がそれを考えるにしばらくの時を費やすことをお望みであろうと確信いたします。

＊1　ローマのストア哲学者（前四～後六五）。皇帝ネロの教師から執政官となったが、のちネロによって死を命ぜられ自殺した。その諸著は、後世、処世哲学として愛読された。『怒りについて』『幸福な生について』などがある。

エリザベトからデカルトへ

（ハーグ、一六四五年九月十三日）

あなたが私の無知に与えてくださる口実に、無知への対策にと同様、私の良心が満足してくれるのでしたら、私はたいへんありがたく思ったでありましょうし、私がすでに理性の使用を許されていた長い時間を、かくも悪《あ》しく用いたことに対する後悔を、私は免れていたことでありましょう。しかし、その時間は、私の生まれとその後の境遇とがきわめて早くから、生活に処するために、判断力の使用を私に強いましたゆえに、私と同年輩の他の人々におけるよりはずっと長かったのであります。もっとも、その生活というのは、ずいぶん苦しい生活で、私が自己を反省するのを妨げるような繁栄の状態をもたず、また教師の考えにたよることを強いられるような従属の状態をともなうこともない生活ではありましたが。

けれども、そういう繁栄やこれにともなう阿諛《あゆ》などがたとえありましても、それだけで、生まれのよい人々から精神の力を奪い、運命の変化に毅然《きぜん》として堪えることができないようにならせてしまうにたりる、とは私には信ぜられません。かえって、公衆を支配する地位にある人々を襲うところの、無数の偶発事が、彼らにその最も有効な対策を吟味する時間を与えず、しばしば彼らをして〔いかに有徳の人であっても〕、あなたが至福の最大の障害物の一つとしてあげておられる後悔を、のちにともなうような行為をさせるのだ、と私は確信いたします。確かに、もろもろの善をそれが満足に寄与しうる程度に従って評価し、この満足を、快楽の原因である完全性に従ってはかり、これらの完全性と快楽とを、情念を離れて判定するという習慣は、彼らを多くのあやまちから守るでありましょう。けれども、まずそのようにもろもろの善を評価するには、それらを完全に認識せねばなりませず、かつ実生活において選択を強いられるあらゆる善を認識するためには、無限な知識をもたねばならないことになります。これに対してあなたはいわれるかもしれません、自分があらゆる可能な用心をしたことが良心によって証《あかし》される場合には、〔結果のいかんを問わず〕やはり満足は得られるのだ、と。しかし、事の結着をつけられぬ場合には、そういうふうにはけっしてまいりません。といいますのは、まだ考慮しなかった事がらをたえず思いかえすからであります。

次に満足を、それの原因たる完全性に従ってはかるためには、いちいちの事がらの価値を明らかに見、われわれだけに役だつ事がらか、あるいはそのうえに他人にも有利な事がらか、いずれが選ばれるべきかを分別せねばならないでしょう。ところで、後者は、他人のために心を労する気質の人によって過度に重んぜられ、前者は、ただ自分自身のためにのみ生きる人によってやはり過度に重んぜられているように思われます。

しかも、彼らのどちらも、そういう傾向を、一生涯それをもちつづけさせる有力な原因によって、支持しております。身体ならびに精神の、他のもろもろの完全性についても同様であって、ある隠れた感情が理性をしてそういう完全性を是認させており、その感情は、われわれに生まれついたものですから、情念とはよばれぬものなのであります。それで、生まれつき与えられているこのような感情に、どの程度まで従うべきものか、またいかにしてそういう感情を是正すべきか、お教え願いたく存じます。

なおまた、もろもろの情念を正しく認知するために、それらの定義を示していただきたく存じます。といいますのは、情念を「心の擾乱《じょうらん》」と名づける人々は、情念の力がもっぱら理性を眩惑《げんわく》し服従させる点にあると、私に信じさせようといたしますが、私の経験の示すところでは、情念のうちには、われわれを理性的な行為へ促すものもあるからであります。しかしあなたが、情念が理性に服している場合、情念の力が強ければ強いだけますます有益である所以《ゆえん》を、説きあかしてくださいますならば、私にさらに多くの光をお与えくださるであろうと確信いたします。

そのご好意はリスヴィックで、オレンジ公の家で、お受けすることになりましょう。こちらの家の掃除がすみますまで、そのほうにまいっております。しかしそのために、お手紙の宛名《あてな》をお変えくださる必要はございません。

エリザベトからデカルトへ

（リスヴィック、一六四五年九月三十日）

セネカが最高善についていだいた意見についてあなたのご注意がいただければ、あの書物は私が我流で読んだ場合よりもはるかに有益なものとなるではありましょうが、そういうセネカの意見についてのご注意のかわりに、悟性の力を強めて実生活のあらゆる行為において最善のものを識別せしめる手段を含むところの、きわめて必要なもろもろの真理を、お示しくださったこと、けっこうでございました。ただ、お示しくださった認識の有用さについて、愚鈍な私が必要としますご説明を、なおおつけ加え願いたく存じます。

神の存在とその属性との認識は、自然の通常の経過とそこに確立されている秩序とからわれわれに与えられる不幸、たとえば、暴風雨によって家財を失うとか、空気中の有毒物質により健康をそこなうとか、死によって友人を失うとかの不幸については、われわれに慰めを与えることができます。しかし、その意志がわれわれにとってまったく自由であるとみえる、人間たちによって、われわれに外から与えられる不幸については、慰めとはなりえません。なぜかといえば、神が人々の意志の支配をもつかさどり、各人の運命を、世界の創造以前に決定していると、われわれに信じさせるものとしては、ただ信仰あるのみだからです。

精神の不死、ならびに精神が身体よりもはるかに高貴なものであると知ることは、われわれをして死を軽んぜしめると同様に、さらに死を求めさせることもできるはずです。なぜなら（来世においては）われわれは、身体の病気や受動を脱して、より幸福に生きるであろうことは疑いえぬからです。それで私は、この真理を確信しているとみずから称し、かつ神によって啓示された掟《おきて》なしに生きた人々が、喜ぶべき死よりも苦しい生のほうを選んだことを不思議に思います。

あなたが『哲学の原理』の第三部でお示しになった、宇宙の大なる延長は、われわれの見るところのものに対して愛着を断つことに役だちます。しかしそれはまた、われわれが神についてもつ観念から、神学の基礎であるところの特殊摂理というものを、切り離してしまいます。

われわれが全体の一部であって、その全体のためにはからねばならない、という考えは、なるほどすべてのけだかい行為の源であります。が、私は、あなたがそういう行為に課せられる諸条件について、多くの困難を見いだします。公衆のためをはかってみずから受ける悪を、それから生ずる善との比較において、いかにしてはかることができますか。みずから受ける悪の観念のほうがより判明である以上、われわれには悪のほうがより大きくみえることは避けえないのではないでしょうか。等しい程度にはわれわれに知られていない事がら、たとえばわれわれ自身の価値と、われわれがともに生きる人々の価値とを、比較するために、いかなる規則をわれわれはもつでしょうか。生まれつき高慢な人は、天秤《てんびん》をいつも自分のほうに傾けるでしょうし、謙遜《けんそん》な人は自分をその本当の価値以下にみることでしょう。

あなたのいわれる特殊な真理を活用するには、大部分それと感知できぬような情念と先入見とを、残らず知らねばなりません。また、われわれの住む国の習俗を観察しますと、ときどきたいへん理性に反するものを見いだしますが、より大きな不都合を避けるために、やはりそれに従わねばならぬことがあります。

こちらへまいりましてから、たいへんいやなめにあっております。といいますのは、私は田舎での滞在によって、研究に用いる時間を増したいと願っておりましたのに、手もちぶさたの人々が誘いだしますので、ハーグにいるときとは比較にならぬほど暇が少ないというはめになりました。そして、自身から真実の善を奪って、そういう人々に架空の善を与えるなどということは、きわめて正しくないのですが、敵をつくらぬためには、世に行なわれているやっかいな礼節の掟に譲歩せぬわけにはまいりません。この手紙を書きはじめてから、もう七度以上も、うるさい訪問によってじゃまされました。私の手紙があなたのもとで同様な不快を起こさせず、あなたの知識を私のような頑固な人間にお伝えくださることによって、あなたがご自身の認識の習慣をおましになるようにしむけているといたしましたら、それは過分のご厚意によるものでございます。

デカルトからエリザベトへ

（エグモント、一六四五年十月六日）

私はときどき次のような疑いをいだきました。自分がすでにもっている善を、それが真実にそうあるよりも大きなもの、価値あるものと想像し、わが身に欠けている善を知らず、あるいは考えてみることをせずにいることによって、心たのしく満足しているほうがよいのか、それとももっと思慮をもち知識をもって、みずから有する善と有せぬ善との両方の正しい価値を知り、したがって、いっそう沈んだ気持になるほうがよいのか、ということです。もし私が最高善は喜びにほかならないと考えるのでしたら、どんな値を払ってでも、みずからを喜ばそうと努むべきであろうことを、疑わぬでありましょう。そして、不快を酒に沈めたり煙草《たばこ》でまぎらせたりする人々の粗野なやり方を、是認することでありましょう。しかし私は、徳の実行あるいは〔同じことですが〕われわれの自由意志によって獲得できるあらゆる善の所有ということを本質とするところの、最高善と、そういう善の獲得から生まれるところの精神の満足とを、区別します。それゆえに、真理がわれわれには不利であっても、やはりそれを知ることのほうがそれを知らぬことよりも大なる完全性であるにかんがみて、私は、より沈んだ気持でいてもより多くの認識をもっていることのほうが、値うちがあると認めます。したがって、最も満足せる精神を人がもつのは、心が最もうきうきしているときだとは必ずしもいえません。それどころか、最も大きな喜びは、通常、沈んだまじめなものであって、笑いをともなう喜びなどは、つまらぬ一時の喜びにすぎぬのであります。そういうわけで私は、偽りの想像にふけることによってみずから欺こうと努めることを、よしとするわけにはいきません。なぜならば、そういう偽りの想像から生まれるあらゆる快楽は、心の表面にしか触れえないのであり、心はそれらが偽りのものであることに気づいて、内的な苦痛を感ずるのだからです。そして、心がたえず他に転ぜられて、いつまでもそれに気づかないということがありうるにしても、だからといって、いま問題となっている至福を享受することにはなりません。というのは、至福はわれわれの行為に依存すべきものであり、これに反して、心が偽りに気づかぬのはただ偶然の結果にすぎぬからであります。

しかし、等しく真実な、ちがった考え方をすることができ、そのあるものはわれわれを満足へ導き、他は反対にそれを妨げる場合には、われわれに満足を与えるほうの考えに主としてたずさわることが、分別というものである、と私には思われます。そしてさらに、世のほとんどすべての事物が、それを善いものと思わせる側面からも、またそれに欠陥を認めさせる側面からも、見うるようにできていますゆえ、われわれが如才なくやるべきことが世にあるとしたら、それはまさにこのことにおいてでありまして、みずから欺かずして可能なかぎり、事物をわれわれに最も有利と見えしめるような角度から見ることができるようになるべきだと信じます。

ですから殿下が、理性の開発のために、殿下と同年輩の他の多くの人々よりも、多くの暇をおもちになることができたさまざまの原因に注目される場合、同時にまたご自身が他の人々よりもいかに多くの進歩を示されたかをもお考えになるならば、ご満足がゆくと確信いたします。殿下が他の人々とご自身とを比較になるのに、なにゆえ、みずから満足を得ることができる点においてよりも、みずから不満とされる点においてすることを好まれるのか、私には納得できません。なぜかと申せば、われわれの自然の性からいって、精神は真理の研究に少しの時間を有効に用いうるためには、まず多くの休息を必要とするものであり、あまり研究に没頭しすぎると、精神はみがかれず寝入ってしまうものであります から、われわれが学問するために用いえた時間をはかるには、われわれが自分のものとしてもっていた時間の数をもってすべきでなく、むしろ、人間精神が通常どこまでおよびうるかを示すところの、他の人々にも普通に起こっていると認められる事がらを標準として、はかるべきだ、と私には思われるからであります。

なおまた、ある事の実行を決心しなければならなかったそのときに、最善と判断したところを、実際に行なったのならば、たとえのちになってもっと時間をかけて考えなおしてみて、失敗だったと判断するようなことになっても、やはり後悔することはない、と私には思われます。これに反して、良心に反してあることをなしたのならば、のちになってから、思ったよりもうまくいったと認めても、むしろ後悔すべきでありましょう。なぜなら、われわれが責任をもつべきはただわれわれの思考に対してのみであり、人間の本性は、すべてを知るようにはできておらず、また多くの時間をかけて考慮したあげくの判断と同じくらい正しい判断を、即座にくだせるようになってもいないからであります。

さらに、自己を過大に評価させる虚栄心は、ただ弱い卑しい心にのみ属する悪徳ではありますが、だからといって最も強いけだかい精神はみずからを軽んじなければならぬのだとはいえません。むしろ自分の欠陥とともに自分の長所をも認めて、自己自身を正しく判断せねばなりません。そして礼節のうえから、自分の長所を吹聴《ふいちょう》することは許されないとしても、それを心のうちに感じていることは少しもさしつかえがないのであります。

最後に、実生活のさまざまなできごとにおいて、どれかを選ばなければならないことになるもろもろの善の、すべてを完全に認識しうるような、無限な知識をひとはもたないにしても、この前の手紙で列挙しました認識のごとき、より必要な事がらについての平凡な知識をもつだけで、ひとは満足すべきだと思われます。

そして、かの手紙の中ですでに私は、殿下が提起されました問題、すなわち、すべてを自己中心にはからう人々は、他人のために心を悩ます人々よりも正しいかどうかという問題について、私の意見を述べてあります。すなわち、われわれがわれわれ自身のことのみしか考えない場合は、われわれは特に自分にかかわりのある善のみしか享受できませんが、これに反して、われわれ自身を何か他のものの部分とみる場合は、そのものに共通に属する善にも与《あずか》り、しかもそのために、われわれに固有な善のいずれかを奪われるということはないのであります。しかし、悪についてはそうではありません。と申しますのは「哲学」によれば、悪はなんら実在的なるものでなく、たんに欠如にすぎないのだからです。したがって、友だちの身に起こったある悪のために、われわれが悲しむ場合、そのために、われわれはこの悪の本質である欠如に、みずからも与るのではありません。そういう場合に、どんな悲しみ、どんな苦痛をわれわれがもつにしても、その悲しみや苦痛は、よき行為、特に、自分自身との関係を離れた、他人に対する純粋な愛から、すなわち慈悲《シャリテ》とよばれるキリスト教的徳から生まれるところの行為、につねにともなう内的な満足ほどには、大でありえないのです。それで人は、涙を流し多くの苦痛を感じながらも、笑って屈託なくしている場合よりも、いっそう多くの快楽をもつことができるのであります。

そして、至福の本質をなす心の快楽が、陽気な気分や身体の安楽と不可分離のものではないことは、悲劇――それはわれわれの中に悲しみを喚起すればするほど、われわれに快いものとなります――や、狩りや球技やその他類似の遊戯のごとき、身体の運動――それはきわめて骨が折れるにしてもやはり快いものであり、それどころか疲労や苦痛がその快を増すことがしばしば見受けられます――や、の例によって、たやすく証明できるのでありますこのようにして、これらの運動において心が受けとる満足の原因は、心が合一している身体の、力強さまたは熟練、または他のなんらかの完全性を、そういう運動が心に注意させるということにあります。しかし、劇場で演ぜられるなんらかの憐《あわ》れむべき悲しい事件の動きを見て、涙を流すときにおぼえる満足は、心が、悩める人々に同情することにより有徳な行為をなしたように感ずる、ということから、主として生ずるのであります。そして一般に、心は、みずからが情念の支配を失わぬかぎり、自分のうちに、どのような情念でも、情念が動くのを感ずることを、快く思うものであります。

しかし私は、これら情念を定義できるように、それらをもっとこまかく吟味せねばなりません。そしてこのことは、だれかほかの人に手紙を書いている場合よりも、この手紙では、よりたやすくできるでありましょう。といいますのは、殿下には、動物の本性について以前に私が下書きいたしました論文を読む労をおとりくださっているのですから、動物の脳においてさまざまな印象がいかにして形成されるかについての私の考えを、すでにご承知だからであります。すなわち、それらの印象のあるものは、もろもろの感覚器官を動かす外的対象によってつくられ、他のものは、あるいは身体の内的な状態により、あるいは記憶のうちに残った以前の印象の痕跡《こんせき》により、あるいは心臓から発する精気の動揺により、あるいはまた、人間においては、心の能動的作用によって、つくられます。人間における心の作用は、脳の中に存する印象を変える力をいくらかもち、逆にこれら印象は、心の中に、その意志には依存せぬ考えをひき起こす力をもっております。以上に述べたところから、このように脳の中に存する印象のみによって、意志の協力なしに〔したがって、心から発するいかなる作用（能動）もなしに〕、心の中に惹起《じゃっき》されるあらゆる考えを、一般的に、情念《パッション》（受動）の名でよぶことができます。なぜなら、能動《アクション》ならぬすべてのものは受動《パッション》（情念）であるからです。しかしながら、通常は、この名を、精気のある特殊な動揺によって起こされた考えのみをさすに用います。なぜなら、外的対象あるいはまた身体の内的状態から生ずる受動、たとえば色や音や香りや飢えや渇きや痛みその他同様なものの知覚は、感覚《サンチマン》とよばれ、しかもその一方は外的感覚、他方は内的感覚とよばれるものだからです。そしてまた、以前の印象が記憶の中にとどめた痕跡や精気の通常の動揺にのみ依存する受動は、幻想であり、これは夢の中に現われることもあり、また目ざめている場合でも、心がみずから何かをなそうとせず、脳の中に見いだされる印象をただぼんやりとたどる場合にも現われます。しかし、心がみずからの意志をもって、たんに悟性的でなく同時に想像的でもある考えに、自己を向ける場合、この考えは脳の中に新たな印象をつくりだしますが、これは心における受動ではなくて能動であり、本来「想像」とよばれるものであります。最後に、精気の通常の流れが、悲しいまたは陽気な考え、または他の同様の考えを、いつもひき起こすような場合、そういう精気の流れは受動《パッション》に属させられず、そのような考えを内に生じた人の、生まれつきまたは気質に属するものとされます。それで、「この人は生まれつき陰気だ」とか、「こちらは陽気な気質の人だ」とかいわれることになるわけです。このようにして、残るものは、精気のある特殊な動揺から生じ、その効果が心自身の内にあると感ぜられるところの考え、のみとなりますが、これこそ本来の意味で、情念とよばれるものなのです。

さて、われわれがこれらの考えをもつ場合、それらはほとんどいつも、右に区別しました原因の多くに同時に依存するものなのではありますが、しかし、その主要な原因、またはその際特にわれわれが注目している原因に従って、名づけられております。その結果、多くの人は痛みの感覚を悲しみの情念と混同し、くすぐったさの感覚を喜びの情念と混同して、これを逸楽または快楽などともよび、渇きや飢えの感覚を、飲み食いの欲望――これは情念です――と混同します。なぜなら、通常、痛みを生む原因は、悲しみをひき起こすに必要なしかたで精気を動揺させ、何かくすぐったさを感ぜしめる原因は、喜びをひき起こすに要するようなしかたで精気を動揺させるからであり、その他も同様であります。

またひとは、ある情念に向かう傾向または習慣を、情念そのものと混同することがありますが、これはたやすく区別できます。といいますのは、たとえば、ある町で敵がその町を包囲しようとしているという噂《うわさ》がたった場合、住民たちが、彼らにふりかかろうとする不幸についてなす最初の判断は、彼らの心の能動《アクション》であって、受動《パッション》（情念）ではありません。

そして、この判断は多くの人々において同様なものとして現われるのですが、人々はそれによって等しい程度に動かされるのでなく、恐怖への習慣または傾向の多少に応じて、ある人はより多く、他はより少なく、動かされます。そして彼らの心が感動を受ける――これが情念（受動）にほかなりません――前に、心はまずこの判断をくだし、または判断せずとも少なくとも危険を心に思い、そしてその像を脳の中に刻印せねばなりません〔これは想像といわれるところのもう一つの能動によってなされます〕。そしてさらに、その同じ想像のはたらきによって、心は、脳から神経を通じて筋肉にいたる精気の方向を変えて、特に心臓の入口をせばめる役をしている神経の中にはいらせねばなりません。それが血液の循環を遅らせることになります。その結果、身体全体が青くなり、冷たくなり、震えます。そして、心臓から脳にくる新たな精気は、心の中に恐れの情念をひき起こすところの像を、脳中に形成することにのみ協力するよりほかないようなしかたで、動かされます。そしてこれらすべてのことは、互いに相接して起こるので、ただ一つのはたらきにすぎないかのように見えるのであります。そして同様にして、他のすべての情念においても、心臓から発する精気のある特殊な動揺が起こるわけであります。

　以上が、一週間前、殿下にお手紙で申しあげようと考えていたことでありました。そして私の計画は、あらゆる情念についての立ち入った説明を、つけ加えることでありました。しかし、情念のすべてを枚挙するに困難を感じましたため、手紙を託せずに飛脚を出発させなければなりませんでした。そして、そうしているうちに、殿下が私にお書きくださったお手紙を拝受して、お答えすべき新たな問題をもつことに相なりましたから、右の情念の吟味は別の機会まで延期し、ここでは次のことを申しあげたいと存じます。すなわち、神が存在することならびに神が人間の自由意志に依存せぬすべての事実の第一の不変の原因であることを、証明するあらゆる理由は、同様にして、神がまた人間の自由意志に依存するすべての事実の原因でもあるということを、証明するものである、と私には思われます。なぜならば、神が存在することを証明しうるには、神をこのうえなく完全な存在者と考えねばならないのであり、しかも全体的には神に由来しないような、なんらかの事がらが、世界に起こりうるとしますならば、神はこのうえなく完全ではなくなるであろうからであります。神がよってもってわれわれを超自然的な至福に高めるところの、恩寵《おんちょう》とはなんであるかを、われわれに教えるのは、ただ信仰のみであるというのはそのとおりです。けれども一人の人間の精神の中に、ほんのちょっとした思想でも現われうるのは、ひとえに、神がそのことを欲し、かつ永遠の昔から欲したがゆえである、ということを認識するには、哲学だけで十分なのであります。そして学院《スコラ》（哲学）においてなされる、普遍的原因と特殊的原因との区別は、この場合、適用できません。なぜなら、たとえば太陽が、あらゆる花の普遍的原因でありながら、だからといってチューリップがバラと異なることの原因（特殊的原因）ではない、といわれる理由は、花の生産が、太陽という普遍的原因に従属していないある他の原因にもまた依存しているからであります。しかるに、神がすべてのものの普遍的原因であるのは、同時にすべてのものの全体的原因であるというしかたにおいてなのであって、したがって、神の意志なしには、いかなることも起こりえないのであります。

精神の不死と、この世を去ったのちに精神がもちうるであろう浄福についての認識は、この世の生に倦怠《けんたい》をおぼえる人々に、もし彼らが来世でそれらすべての浄福を享受することが確かにできるのならば、この世を去る理由を与えることができるであろう、というのは真実であります。しかし、いかなる理由も、それらを彼らに保証しません。そしてこの世の生が悪《あ》しきものであることを信じさせようとするのは、ヘゲシアス[*1]の誤れる哲学のみであり、この人の書物は、多くの人がそれを読んだのちに自殺したため、プトレマイオス王によって禁止されました。これとまったく反対に、真の哲学の教えるところは、最も悲しいできごとや最もつらい苦悩のうちにあっても、もし理性を用いる術《すべ》を心得ているなら、ひとはつねに満足しうる、ということであります。

宇宙の延長ということについて申せば、それを考えることによって、われわれが神について有する観念から、特殊的摂理を引き離して考えるようにどうしてなるのか、私にはわかりません。といいますのは、神と、有限な諸力とは、まったく別だからであります。有限な諸力のほうは、使い果たされるということがあるのですから、それらの力が多くの大きな結果を生むために用いられたのを見て、その力がさらにその他の小さな結果にまでおよぶことはもうおそらくあるまい、と判断するのは正しいのです。しかし、われわれは神の作品が大きいと考えれば考えるほど、いよいよ神の力の無限なることを認めるようになり、そしてこの無限性がわれわれによく知られれば知られるほど、われわれは、その無限な神の力が人間の最も特殊な行為のすべてにまでおよぶことを、いよいよ確信させられるのであります。

私はまた、殿下が神学の基礎であるといわれました神の特殊摂理というものを、われわれの自由意志に依存する行為に際して、神の決意のうちに起こるなんらかの変化であると殿下がお考えになっている、とは信じません。なぜならば、神学もこのような変化を容認しておらぬからであります。そして、神学が神に祈ることをわれわれに命ずる場合、それは、われわれの必要とするものがなんであるかを神に教えるためではなく、また神に乞《こ》うて神の摂理によって永遠の昔から確立されている秩序の中の何ものかを変えてもらおうと努めるためでもありません。これらはいずれもとがめらるべきことです。反対に、それはただ、われわれの祈りによって獲得されるのを神が永遠の昔から欲した事がらを、われわれが獲得するためなのであります。そして私は、この点においてはあらゆる神学者が同意している、自由意志に最も重きをおくアルミニウス派の人々さえ、同意している、と信じます。

われわれが、理性の命令に従うとき、どの程度にまで公共の利害に関心を寄せるべきかを、正確にはかることが困難であることは、私も認めます。しかしまたそれは、きわめて正確であることを要する事がらでもありません。自己の良心を満足させるだけで十分なのであって、この点、多分に、みずからの心の傾向にまかせてさしつかえありません。なぜならば、たとえ各人がすべてを自己中心的にはからい、他人に対する慈悲のごときものをもたぬとしても、彼が慎重にことを行なうならば、そして特に、習俗の腐敗していない時代に生きているのならば、彼の力のおよぶすべての事がらにおいて、通常は、やはり他人のためにも尽くしていることになる、というふうなぐあいに、神は、事物の秩序をうちたてているのであり、またすべての人間を互いにそれほど密接な社会関係によって結合しているのだからであります。なおまた、善を自分のために獲得するよりは、他人に善をなすほうがいっそう高い、いっそう光栄あることでありますから、そのほうに向かう傾向をより多くもち、みずからの所有する善を最も軽くみる人は、最も偉大な心の持主であります。みずからを不当に大きく評価するのは、弱い卑しい心の人にすぎず、そういう人は、たった三滴の水でみたすことのできる器のごときものであります。私は、殿下がかかるたぐいの人には属しておられぬことを知っております。そして、そういう卑しい心の持主を、他人のために尽くすように促すには、彼らがそれによって自分のためにもまたいくらかの利益を得るであろうことを示してやるよりほかはないのでありますが、それにひきかえ、殿下に対しましては、もし殿下がご自身を軽視されますならば、殿下が愛せられる人々に対して、長きにわたってお尽くしになることができないであろうことをご注意願い、ご健康に用心なされるようお願いいたさねばなりません。

＊1 ギリシアのキュレネ派の哲学者（前三〇〇ころ）。生よりも死を重んじて、自殺をすすめ、「死の説教者」という異名をとった。

デカルトからシャニュへ（愛についての手紙）

（エグモント、一六四七年二月一日）

ただいまいただいたお心づくしのお手紙には、その御返事を書き終わるまで、心おちつかぬ気持がいたします。ご提出になった問題は、私などより学問のある人々でも、短時間に吟味するにはたいへんに骨が折れるであろうと思われる問題でありますが、私は自分がたとえ長い時間をかけても、それらの問題を完全に解決しえないであろうことをよく心得ておりますので、いま私の心を動かしている熱意が私に書きとらせるところを、すぐに紙に書くほうがよいと存じます。ゆっくり考えたうえで書いても、よりよいものは書けそうにないからであります。

あなたは次の三つのことについて、私の意見を知りたいといわれます。第一、愛とはなんであるか。第二、自然の光（理性）がそれだけで、われわれに神を愛することを教えるか。第三、「愛」の錯乱および誤用と、「憎み」の錯乱および誤用との、どちらがいっそう悪いか。

第一の問いにこたえるのに、私は、純粋に知性的なまたは理性的なものである愛と、情念（動受）であるところの愛とを区別いたします。第一の「知性的な愛」とは、われわれの精神がなんらかの善――現に与えられているものであろうと不在のものであろうと――を知覚し、それをみずからに適合していると判断するとき、精神がみずからの意志によって自己をその善に結合することであり、いいかえれば、精神が自己自身とその善とを合わせて、その善を一部分とし自己を他の部分とするような、一つの全体とみなすことにほかならない、と私には思われます。

次いで、もしその善が現に与えられているものであるならば、すなわち精神がその善を所有しているか、またはそれに所有せられている（その善《よ》きものに憑《の》りうつられている）か、であるならば、つまり精神がその善に、たんにその意志によってのみならず、また実在的に事実的に、精神の思いにかなったしかたで結びついているならば、それが自分にとって善であるという認識にともなうところの、意志の動きは、精神のもつ「喜び」であります。また、その善が現に存在せぬとき、その善を欠いているという認識にともなうところの、意志の動きが、精神のもつ「悲しみ」であります。そして、その善を獲得することが、自分にとって善いであろうという認識にともなうところの、意志の動きは、精神のもつ「欲望」であります。

さて、これら「愛」と「喜び」と「悲しみ」と「欲望」とが、理性的な思考であって情念ではないかぎり、それらの基礎にある意志の動きのすべては、たとえわれわれの精神が身体をもたないとしても、われわれの精神のうちに見いだされうるでありましょう。なぜなら、たとえば精神が自然のうちに、非常に美しい多くのものが知られると気づく場合、その意志は必ず、これらのものの認識を「愛する」ことに向かう、すなわち、その認識がみずからに属すべきものであるとみなすことに向かうでありましょう。そのうえに、みずからはそういう認識を現にもっていると認めるならば、精神はそれを「喜ぶ」でありましょう。そしてもし、自分がその認識をもたないことを見るならば、そのことを「悲しむ」でありましょう。そしてもし、その認識を獲得することが、みずからにとって善いことだと考えるならば、その認識を「欲望する」でありましょう。そして、意志のこれらの動きには、精神がみずからの思考について反省さえするならば、彼にとって不明瞭《ふめいりょう》な点は少しもなく、また完全に認識しえないような点も少しもないのであります。

　しかしながら、われわれの精神が身体に結びついている間は、この「理性的」愛は、「感覚的」とよばれうるもう一つの愛を通常ともなっており、この感覚的愛は、私の『哲学の原理』フランス訳四六一ページ（『哲学の原理』第四部一九〇節）であらゆる情念と自然的欲求と感覚とについて簡単に述べたように、神経のある種の運動によって、精神内にひき起こされる混雑した思考にほかならず、こういう混雑した思考が精神を促して、理性的愛という、かのもっと明晰《めいせき》な思考へ向かわせるのであります。「渇き」において、のどの乾きの感覚は、水を飲もうという欲望へ向かわせるところの混雑した思考ですが、この欲望そのものではありません。同様に「愛」においては、われわれは心臓のあたりに何かの熱を感じ、肺臓において血液が非常に多量であることを感じ、その結果、腕を広げて何かをいだこうとさえする。そして、このことは精神を促して、現われでる対象を進んでみずからに結合しようとさせる。けれども精神がかの熱を感ずる思考は、その対象に精神を結合する思考とは別のものであります。のみならず、ときとしては、上述の愛の感覚がわれわれのうちにあるのに、われわれの意志は何ものを愛することにも向かわない場合があります。それは、愛するに値すると考えられる対象に、われわれが出会わないためであります。また反対に、われわれが大いに価値ある善を知り、意志によってその善にみずからを結びつけるが、しかし、だからといって情念をもつということはないという場合もあります。この場合は、身体のほうがその傾向を示さぬからであります。

けれども普通は、この二種の愛はいっしょに見いだされます。というのは、両者の間には、次のような結びつきがあるからです。すなわち、精神が、一つの対象を、自分がもつに値すると判断するとき、このことはただちに心臓をして愛の情念を起こすところの運動に向かわせるということ、および逆に、心臓が何かほかの原因によって同様な傾向をもつにいたるとき、このことは精神をして、別のときには欠点だけしか見ないような対象の中に、愛すべき性質を想像させるということであります。そして、心臓のある運動が、このようにある種の思考――この思考と、かの運動との間には何も相似性はないにもかかわらず――に自然的に結ばれている、ということは、驚くべきことではありません。なぜなら、われわれの精神が一つの物体（身体）に合一されえたような性質のものである以上、精神はまた次のような特質をもつからであります。すなわち、精神のいちいちの思考が、身体のなんらかの運動またはその他の状態と連合して、その結果、同じ状態が身体のうちにふたたび現われると、それは精神を促して同じ考えをもたせるようにし、逆にまた同じ考えがふたたび現われると、その考えは身体が同じ状態を受け入れるようにはからう、というようになっているということ。たとえば、一つの国語を学ぶ場合に、人は、ある語の文字または発音などといった物質的事物を、その語の意味をなす考えと結びつけるのであります。そこで、同じ語をのちにふたたび聞くとき、同じ事物を心に思うのであり、また同じ事物を心に思うとき、同じ語を思いだすわけであります。

　しかしながら、われわれがこの世の生をはじめたときに、同じようなしかたでわれわれの考えにともなったところの最初の身体の状態は、明らかにのちにその考えにともなうにいたったほかの身体状態よりも、もっと密接にその考えと結合していたはずであります。そして、心臓のまわりに感ぜられる熱の起原や愛にともなう他の身体状態の起原を調べるにあたって、私は次のように考えます。第一に、われわれの精神が身体に結びつけられた最初の瞬間にすでに、おそらく精神は「喜び」を感じ、そしてすぐにひきつづいて「愛」を感じ、次におそらくまた「憎み」や「悲しみ」をも感じたであろう、ということであり、第二に、そのとき（母胎の中で生をうけたとき）精神のうちに情念（受動）をひき起こしたのと同じ身体の状態が、のちにもそれらの考えに当然ともなった、ということであります。

ところで、精神の最初の情念が「喜び」であったと私が判断する理由は、精神が身体のうちに宿されたとき、身体は善い状態にあったとしか考えられないからであり、そして、身体がそのように善い状態にあるときには、身体はわれわれに当然「喜び」を与えるからであります。また「愛」が次いで生じたと私がいいますのは、われわれの身体をつくる物質は河の水のようにたえず流れていて、一つの物質のあとには他の物質がまたつづいて現われざるをえないゆえに、身体が善い状態にあるときは、たぶん同時に身体の間近に、身体の新たな養分となるにはなはだ適したなんらかの物質があったはずであり、そこで精神は、この新たな物質にみずからの意志によって結びつくことにより、その物質に対して「愛」を感じたであろうからであります。同様にして、またのちに、この養分が欠けるようなことが起こったとき、精神は「悲しみ」を感じたのであり、また身体の栄養には適しないようなほかの養分が、かわりに現われたときには、その養分に対しては「憎み」を感じたのであります。

以上の四つの情念が、最初にわれわれのうちに現われたものであり、われわれが母胎をでる以前に感じたのは、この四つの情念だけであると私は考えます。また私は、それらの情念が、当時はきわめて混乱した感覚または思考でしかなかったと考えます。なぜなら、精神は物質にひきつけられていて、物質からさまざまな印象を受けとるよりほかのことに、まだ向かいえなかったからであります。そして何年かのちに精神は、身体の善い状態と適切な栄養とにのみ依存する喜びや愛とはちがった喜びや愛をもちはじめたにしても、それにもかかわらず、その喜びや愛の知的な（感覚的でない）成分は、依然として精神が身体の状態や栄養についていだいた最初の感覚にともなわれており、さらにはまた、当時身体内にあった自然的運動や機能にともなわれているのであります。それで、愛はわれわれの誕生の前には好もしい栄養物——それは肝臓や心臓や肺臓に豊かに流入して、つねよりも多くの熱をひき起こしたものです——によってのみ起こされましたゆえに、いまでは愛はたいへんにちがった原因から生ずるにもかかわらず、やはりその熱が愛にともなっているのであります。

そして、この手紙が、あまり長くなりすぎるおそれさえなければ、われわれの生のはじめに、これら四つの情念とともにあった他のすべての身体の状態が、いまもなおそれら情念にともなっているということを、詳細にお示しすることができるでありましょう。しかし、私はただ次のことをいうにとどめておきます。すなわち、われわれの幼時の、これら混乱した感覚が、われわれがみずからの愛に値すると判断するところのものに向ける愛の基礎にある理性的思考に、どこまでも結合しているので、愛の本性は、われわれにとって認識しがたくなっている、ということであります。そしてさらにつけ加えて申しますが、

「愛」以外の多くの情念、すなわち「喜び」や「悲しみ」や「欲望」や「懸念」や「希望」などが、さまざまなしかたで「愛」に混じて、愛がもともとなんであるかを認めがたくしているのであります。この点は特に「欲望」について著しく認められます。というのは、人々は普通に「欲望」を「愛」であると解し、その結果、二種の愛を区別するにいたっているからであります。すなわち、一つは「善意の愛」amour de bienveillance とよばれるもので、ここでは欲望はあまり目だっていません。もう一つは「欲望の愛」amour de concupiscence とよばれ、これは非常に激しい「欲望」にほかならず、それの基礎にある「愛」そのものは、多くの場合弱いものであります。

しかし、愛という情念に属するすべてを論ずるには、大きな書物を書かねばなりますまい。しかも、愛の本性は、われわれをしてできるかぎり自己を他に伝えさせることであり、ここでも愛は私に自分の確かに知っている以上のことまで申しあげようとする気持を起こさせますが、手紙が長くなって退屈なさるかと思われますので、それは控えておくことにいたします。

そこで私は、あなたの第二の問い、すなわち、自然の光がそれだけで、われわれに神を愛することを教えうるかどうか、われわれはこの自然の光によって神を愛することができるかどうか、という問いにうつることにいたします。

ところで、そのことを疑わしめる二つの強い理由があることに気づきます。第一の理由は、最も普通に注目される神の諸属性が、われわれをはるかにこえたものであって、それら属性がわれわれにとって理解しうるものとはどうしても考えられないゆえに、われわれは神の諸属性に、みずからの意志で合一する（愛する）ことはありえない、とするのであります。第二の理由は、神においては、想像に描きうるものが何一つないことであって、その結果、たとえわれわれが神に対してある知的愛をもつとしても、感覚的愛はまったくもちえぬように思われるということであります。なぜなら、知的愛が、知性から感覚に達するためには、想像を通らねばならないからであります。それゆえに、ある哲学者たちが次のことを確信しているのを私は不思議に思いません。すなわち、神がみずからひくくしてわれわれに似たものとなられた受肉の神秘[*1]を教えるところのキリスト教をほかにしては、われわれが神を愛しうる道はないこと。この神秘を認めることなしに、なんらかの神的な存在に対して愛の情念をもったように見える人々は、そう見えるからといって、真の神に対する愛をもったとはいえず、詩人[*2]の語るところにあるように、イクシオンが神々の女王をいだくかわりに雲をいだいたのと同様、彼らは自分らが神の名でよんだなんらかの偶像を愛したにすぎぬということ。

しかしながら、私は、われわれがみずからの本性の力のみによって、真に神を愛することができる、ということを少しも疑わないのであります。もっとも私は、この愛が神の恩《おん》寵《ちょう》がなくとも、われわれの功績となりうる、とは主張いたしません。この点をこまかく論ずることは、神学者たちにまかせます。けれども私は、神への愛が、この世の生に関しては、われわれのもちうる最も歓喜にみちた最も有益な情念であり、それのみか最も力強い情念でもありうる、とあえて申します。もっとも、われわれの目の前にはたえず他の対象が現われて心をそらせますから、神への愛が力強いものとなるには、きわめて注意深い省察を必要とはいたしますが。

ところで、私の考えますところ、神の愛に達するためにとるべき道は、神が精神であり、考えるものであることを注視せねばならぬということであります。そして考えるものであるという点において、われわれの心の本性は、神の本性とある類似性をもつわけですから、われわれは、われわれの心が神の至高の知性の流出物であり、「いわば神の息吹きの一小部分」[*3]であることを確信するにいたるのであります。のみならず、われわれの認識はだんだんに増して、無限にいたりうるように思われ、かつ神のもつ認識は無限であって、まさにわれわれの認識が目ざす目標の位置にあるゆえに、もしわれわれがこのほかの点をすべて無視するならば、われわれはみずから神々であろうと望むようなだいそれた考えにいたり、したがって(真の)神を愛するのではなく神的存在を愛する[*4]という大きな誤りを犯すことになりかねないのであります。けれども、右のこととともに、われわれが次の点にも注意するならば——すなわち、神の能力が無限であって、それにより神はかくも多くのものを創造したのであり、われわれはその最小の部分にすぎぬこと、神の摂理は広大であって、そのゆえに神の思考はいっきょに、過去にあったものと現在あるものと未来にあるであろうものと、およそありうるもののすべてを直観すること、神の決定は誤ることがなく、その決定はわれわれの自由をそこなわないけれども、けっして変更できぬものであること、最後に、われわれは小さく被造物のすべては大きいこと、かつその際、被造物が神に依存するしかたに注目し、被造物を神の全能にふさわしく（無限大と）考えるべきであって、世界が有限であると考えようとする人々のように、世界を一つの球のうちにとじこめるなどということをしないこと[*5]——これらのことを注意するならば、これらすべてについての省察は、これらのことをよく理解する人を、極度の喜びをもってみたすのであって、そういう人は、神に対して不正かつ忘恩的になってみずから神にとってかわろうなどと望むどころか、まったく反対に、そういう認識に達するという恩寵を神から与えられたというので、もう死んでも悔いはないと考えます。そして、みずからの意志によって自己を全体的に神に合一させ、神への愛を完全なものにし、この世では神の意志が実現せられること以外に何ごとも望まなくなります。このゆえに、そういう人はもはや死も、苦痛も、恥辱も心にかけない。なぜなら、神が決定したこと以外に、自分の身には何ごとも起こりえないということを知っているからであります。そして彼は、この神的決定をはなはだ愛し、それをきわめて正しく必然なものと認め、自分が神の決定に全面的に依存していると知っているので、たとえ神の決定から彼の期待するものが死であるか何かほかの悪であって、かつ仮に――実はありえぬことであるが――神の決定を変えることが彼にできるとしても、彼はそれを変えようとする意志をまったくもたないでありましょう。しかしまた、たとえ彼が悪や苦痛を――摂理に由来するゆえに――拒まないにしても、彼は、この世で享受しうるところの正しい善と快楽とのすべてを拒むことは、なおさらしないでありましょう。なぜなら、これらもまた摂理に由来するものなのだからであります。かくて彼は、これら善と快楽とを喜んで受け入れ、悪に対する懸念を少しももたず、彼の愛は彼に完全な幸福を与えるのであります。

この愛を、精神のうちに起こすところのもろもろの真理を思い浮かべるには、精神は感覚との交渉から、大いに離れなければならぬということは真実であります。したがって、精神はこの愛を想像力に伝えて、情念を生みださせることはないように見えます。しかし、それにもかかわらず私は、精神がその愛を、あるしかたで想像力に伝えるということを疑いません。なぜなら、われわれはわれわれの愛の対象である神のうちにある何ものをも想像することはできぬにしても、われわれの愛そのものを想像に描くことはできます。愛とは、なんらかの対象にわれわれ自身を合一させようと意志することであって、神に関しては、われわれ自身を、神の創造した事物の限りない全体のきわめて小なる部分とみなすことなのであります。なぜなら、愛の対象がさまざまであるに従って、われわれはさまざまなしかたで自己を対象に合一させ、または対象を自己に結びつける、ということができるからであります。そして（このように対象によって愛はさまざまであるにせよ）愛におけるこの合一という点を考えるだけで、心臓のまわりに熱をひき起こし、非常に激しい情念を生ずるに十分なのであります。

さらにわれわれの言語の使用と挨拶《あいさつ》の作法とは、われわれよりもはるかに身分の高い人々に対して、「あなたを愛する」というのを許さず、ただ「尊敬する」とか「あがめる」とか「敬う」とか「心からお役にたちたいと思っている」とかいうことのみを許しているのは、事実であります。その理由は、ある人の他の人に対する友愛は、それが相互的である場合には、当事者たちをある意味で平等ならしめるからであり、したがって、だれか身分のある人の愛を得ようと思う場合に、その人に「私はあなたを愛する」などといえば、その人は対等に扱われていると感じて、失礼な奴だと思うであろうからであります。しかしながら、哲学者というものは、同一の定義をもつところの多くのものに、ちがった名を与えるという習慣をもたないのであり、愛の定義としては、ある対象にわれわれみずからの意志により、われわれを合一させるところの情念、という定義が一つあるだけで、その対象がわれわれと対等のものであるか、より大きいものであるか、より小さいものであるかを区別しないのでありますから、もし哲学者のことばを語るのならば、「われわれは神を愛しうる」と、当然いうべきであると思います。

そして私があなたに、あなたがいまその宮廷におられる偉大な女王を、内心において愛しておられぬかどうかおたずねするとすれば、あなたは女王をただ「尊敬」「感嘆」するだけだとこたえられてもむだであって、私としてはやはりあなたが非常に強い愛情をもいだいておられるのだと判断いたします。といいますのは、女王のことを語られるときには、あなたの筆はいかにもすらすらと運ばれているからであります。もちろん私は、あなたが真実をいわれる方であることを承知しており、また女王のことを他からも聞いておりますゆえ、あなたのいわれることを私はすべて信じてはおりますけれども、しかしやはり、もしあなたが熱意をもっておられぬなら、あのように女王のことをお書きになれるはずはないと信じ、またそういう大きな光の近くにいながら、そこから熱を受けておられぬはずはないと信じます。

さて、われわれが、われわれよりも高い対象に対してもつ愛は、他のものに対してもつ愛よりも小さいなどということはないどころか、私の信ずるところでは、それはその本性上、いっそう完全であり、愛する対象の利害をいっそう熱心にとりあげさせるものであります。というのは、愛の本性は、人々をして愛する対象と自己とを一つの全体と見、自己はその一部にすぎぬと見させることにあり、いつもは自分自身に向けていた心づかいを、この全体の保存に移させ、自分個人のためにはその心づかいの一部分だけをとっておかせるだけなのであります。そして、この自分のためにとっておく心づかいの部分は、それを、自分がその愛を向けている全体の大きな部分であると信ずるか、小さな部分であると信ずるかに従って、大きくも小さくもなりえます。そこで、ひとが自分よりも価値が低いと考える対象と意志によって結びついている場合、たとえば花や鳥や建物などを愛する場合、この愛の達しうる最高点も、その真実な用い方に従えば、それらのものの保存のためにわれわれの生命をなんらかの危険にさらさせることはありえません。なぜならば、そういうものは、それがわれわれ自身といっしょになってつくる全体の、よりすぐれた部分ではないからです。それはわれわれの爪《つめ》や毛髪が、われわれの身体のすぐれた部分ではないようなものです。毛髪の保存のために全身を危険にさらすなどということは、狂気のさたでありましょう。しかしながら、二人の人間が互いに愛し合うときは、徳としての愛は、各人が友を自己以上に重んずべしと命じます。それゆえ二人の友愛は、互いに他をかばって、「この私がやったのだ、その剣は私に向けよ」[*6]と進んでいえるのでなくては、完全ではないのであります。同様にして、一私人が、その君主またはその国に、進んで自己を結びつけるとき、その人の愛が完全であるならば、彼自身を、みずからが君主や国と合してつくる全体の、きわめて小さな部分とのみみなして、君主や国のためには、確実な死におもむくことも恐るべきではないのであります。それは腕から少量の血をとることを、身体の残りの部分の健康のためには意に介すべきではないのと同じであります。そして、こういう愛の例は、国のためにまたみずからの愛する君主のために、喜んで命を捨てるところの低い身分の人々のうちにさえ、つねに認められます。したがって、神に対するわれわれの愛が、当然、比較を絶して最高最完全のものであるべきことは明らかであります。こういう形而上《けいじじょう》学的な省察が、あなたの精神にあまりに大きな労を課するという懸念を私はいだいておりません。あなたの精神がこれらすべてを、きわめてよく理解しうることを、私は知っているからであります。しかし、実を申しますと、こういう考察は私の精神のほうを疲れさせ、いろいろな感覚的対象が眼前にあるために、こういう考察に私は長くとどまれないのであります。

それで、私は第三の問いにうつることにいたします。すなわち、「愛の錯乱と憎みの錯乱とのうちいずれがより悪いか」という問いであります。けれども私には、前の二つの問いよりもこの問いのほうがこたえにくいと感じます。それは、あなたがこの問いにおいてご意向を明らかに述べておられず、この問題は、別々に吟味すべきだと思われるいくつかのちがった意味に解せられるからであります。一つの情念が他の情念よりも悪いというとき、その理由は、(一)その情念がわれわれを徳から遠ざからせるためであるか、(二)あるいはその情念が、むしろわれわれの満足に反するためであるか、(三)あるいは最後に、その情念が人をひどい乱行におよばせ、その人自身よりもむしろ他の人々のほうに害をおよぼさせるためであるか、であります。

第一の点については、私は、はっきりどちらとも申せません。まず、愛と憎みとの定義を顧慮するときには、愛するに値せぬ対象に対してわれわれのもつ愛は、われわれが当然、愛すべき対象に対してわれわれのもつ憎みよりも、われわれに有害でありうる、と私は判断いたします。なぜなら、悪いものに結びつけられ、いわばそのものに化することは、善いものからわざと離れてあることよりも、いっそう危険だからであります。次に、しかしながら、これらの情念から生まれる傾向とか習慣とかを念頭におくとなると、私の意見は変わります。というのは、愛は、いかにふしだらであっても、いつも善を対象としていることを考えると、悪をしか対象としない憎みほどに、われわれの行状をそこなうことはあるまいと思われるからです。事実、経験によって知られるとおり、最も善良な人々でもだれかを憎まざるをえなくなると、次第に意地悪くなるものであります。というのは、たとえ彼らの憎みが正しいものであっても、彼らは敵から受ける悪と、また敵にこうむらせたいと思う悪とを、たびたび心に思うので、その結果、しだいに悪意を身につけてしまうからであります。これに反して、愛に専心する人々は、たとえその愛がだらしない軽薄なものであっても、ほかの考えに精神を用いていた場合よりも、やはりいっそうりっぱな有徳な人間となることが多いのであります。

第二の点については、私はなんの困難をも認めません。すなわち、憎みはつねに悲しみとふきげんをともなっています。そしてある人々が、他人に悪をなすことからどのような快を得るにせよ、そういう人々の楽しみというものは、悪魔どもの喜びに似ていると私は信じます。われわれの宗教によれば、悪魔どもは、地獄で人間を苦しめることによって、たえず神に復讐《ふくしゅう》していると思いこんではいるが、やはりどこまでも呪《のろ》われているのであります。これに反して愛は、いかに乱れたものであっても、快を与えます。そして、詩人たちはその詩において、たびたび愛について苦情をいうのですが、しかし私は、もし人々が愛のうちに苦《にが》さよりも楽しさをより多く見いだすのでなかったら、もともと愛することなどしないはずだと思います。そして、愛のせいにせられるあらゆる苦悩は、「愛」にともなう他の情念、すなわち向こう見ずな「欲望」と理由のない「希望」とから生ずるのだと思います。

しかしながら、第三に、この二つの情念のいずれがわれわれをしてより大きな乱行にいたらしめるか、そしてほかの人々に、より大きな害をなしうるか、と問うならば、私は愛のほうだとこたえねばならぬと思います。その理由は、愛のほうがその本性上、憎みよりもいっそう大きな力と勢いとをもつからであり、かつとるにたらぬものへ愛情をもつ多くの場合、もっと価値をもつほかのものへの憎みよりも、くらべものにならぬほど大きな悪を生むからであります。

まず憎みは、愛よりも勢いが弱いことを、両者の起原を吟味することによって示すことにいたします。さきほど申しましたように、われわれの最初の愛の感情は、われわれの心臓がそれに適した養分を豊かに受けとることから生じたのであり、反対にわれわれの最初の憎みの感情は、心臓にはいってきた有害な養分によってひき起こされたのであり、そのためいまでも同じ運動が同じ情念にともなっているのであるとすると、ここで明白なことは、われわれが愛する場合に、われわれの静脈の最も純粋な血液のすべてが、心臓に豊かに流入し、そのため多くの動物精気を脳に送ることになり、われわれにいっそう大きな力と勢いと勇気とを与えます。しかも他方、われわれが憎みをもつとき、胆汁の苦みと脾臓《ひぞう》の酸味とが血液に混じり、その結果、脳にはいる精気は量も少なく質もちがうことになり、われわれは弱く冷たく臆病《おくびょう》な状態にとどまることになります。そして経験は私のいうところを証拠だてております。すなわち、ヘルクレスやロランの*7ような人々、一般に常人よりも勇気のある人々は、他の人々よりも熱烈な「愛」をもっており、反対に弱くて臆病な人々は「憎み」に傾きやすいのであります。また「怒り」は確かに人を大胆にするものですが、しかし「怒り」は人が自己自身に対してもつ「愛」からその活力を得ているのであって「憎み」からではありません。愛がいつも怒りの基礎となっており、憎みのほうは怒りにともなうにすぎません。また「絶望」も勇気に大きな力を発揮させ、「恐れ」は、はなはだ残酷な行為をさせますが、しかし「絶望」も「恐れ」も「憎み」とはちがったものなのであります。

さて、残るところは、とるにたりない対象に向けられる愛が、度はずれになると、もっと価値ある他の対象に対する憎みよりも、大きな悪を生じうるということを示すことだけであります。私が、そのことの理由とするのは、憎みから生ずる悪が、ただ憎まれている対象におよぶにすぎぬのに対して、度はずれになった愛は、それ自身の対象のほかのすべてのものを容赦なく襲うのであり、この愛がその狂った乱行の好餌《こうじ》として滅ぼし破壊しようと構えている他のすべてのものに比すると、その愛の対象は、通常きわめて小さなものにすぎないということであります。われわれが何かを愛するとき、そのことによって、それに反対のすべてのものを憎むのだから、憎みこそ、愛のせいにせられる諸悪の最近原因である、という人があるかもしれませんが、しかしやはり、愛が、そのようにして起こる悪の第一原因なのであり、ただ一つの対象に対する愛は、そのようにして多くの他の対象への憎みを生ぜしめうるのであるから、そういう悪の責任を負うべきはつねに、憎みよりもむしろ愛であります。さらにそのうえに、愛の犯す最大の悪は、そんなふうに愛が憎みを介してひき起こす悪ではありません。最もおもな、かつ最も危険な悪は、ただ自分の対象を喜ばせるために、または自分自身の快を得るために、愛がなし、またはなすことを許す悪なのであります。私はテオフィル[*8]の奇抜な句を思いだすのですが、ここでの例としてあげうると思います。彼は愛の狂乱にとりつかれた一人物に、こういわせています。

ああ、かの美しいパリスはなんとみごとな獲物を手にしたことか。
おのれの胸の火をしずめるために
トロイの大火を燃えあがらせたとは

なんともあっぱれな恋ではないか。

　これによって明らかなことは、災いが愛の値を高めるという理由で、最も大きな、また最もいまわしい災いが、ときとしては錯乱に陥った愛の――前にも使った語ですが――「好餌」となり、そういう愛をより快いものにするために用いられることがある、ということであります。さて、このことについて、私の考えがお考えと一致するかどうかは存じませんが、あなたが私に多くのご好意をお約束くださいましたように、私もまた大きな熱意をもってあなたにお尽くししようとする者であるという点では、確かに私の考えはお考えに一致すると申しあげます。

＊1　「受肉（Incarnation）の神秘」は、普通、「ご托身《たくしん》の玄義」と訳され、神が人間の形をとってイエス・キリストとして現われた（つまりイエスは神である）という、超理性的な教えの意。

＊2　ギリシア神話で、イクシオンが神々の王ゼウスの妻ヘラを恋したが、それを知ったゼウスは、雲をヘラの形にしてイクシオンにいだかせた、という話をひいている。

＊3　ホラティウス『風刺詩集』第二巻第二章からの引用。

＊4　「神」（Dieu）といわず「神的存在」（Divinité）といっているのは、キリスト教の神でない異教の神々をさしているが、さらにキリスト教思想の内部でも、三位一体の「神」の根底に「神的存在」（「神性」）を考え、人間精神と「神性」との直接的合一を目ざす「神秘主義」の

異端があった。ここでのデカルトの言は、そういう神秘主義に対する批判と読むこともできる。

＊5　アリストテレスおよびスコラ哲学者のように世界を有限な球体と考えるのでなく、世界空間を無限と考えるほうが、神の全能を正しく認めることになるという主張である。「世界の無限性」のこの考えは、十五世紀のニコラウス・クザーヌスに現われたが（デカルトもクザーヌスのことを一度あげている）、コペルニクスもケプラーもガリレイもあらわに主張せず、ブルーノが力説して火刑に処せられた考えである。しかしデカルトは、それを当然のこととして述べているのである。

＊6　ヴェルギリウス『アエネイス』九巻四二七行の引用。

＊7　ヘルクレスはギリシア神話の英雄。ロランは中世武勲詩『ロランの歌』に歌われた騎士。

＊8　テオフィル・ド・ヴィオ（一五九〇〜一六二六）はフランスのリベルタンの詩人。大胆な詩を書いてたびたび投獄された。一六二〇年代にもてはやされ、若いデカルトもおもしろがって読んだのであろう。

解説

西洋近世の哲学者の先登に立つルネ・デカルト（René Descartes）は一五九六年フランス国トゥーレーヌ州ラ・エーに、地方貴族の家に生れた。（なおデカルトのラテン名は「カルテジウス」Cartesius で、ここからデカルト的とかデカルト派とかを「カルテジアン」という。）このときフランスではキリスト教の新旧両派の内戦が終りに近づき、近世国家の体制が準備されつつあった。その後宰相リシュリューの経営によって絶対王政による統一がつくり出される。デカルトは一六五〇年に死ぬので、かれの一生は上のフランス古典時代の形成期にあたるわけである。

デカルトの父はブルターニュの高等法院の法官であり、デカルトもそれを継ぐように教育された。一六〇六年から当時新しい学校として有名だったラ・フレーシのジェズイットの学院で八年間人文学とスコラ哲学とを学び、さらに一年間ポアチエ大学で法学と医学とを学んだ。しかし『方法序説』第一部にのべているようにこれら旧来の学問には全く失望し、ただ数学だけを明確な知識とみとめ、数学の問題を解くことだけをつづけた。学校生活を終えた後パリに出、しばらくの後一六一八年秋志願士官としてオランダにゆきナッサウ公の旗下に入り、ブレダに滞在する。

このとき偶然に後のドルトレヒト大学長イサック・ベークマンと識り合った。ベークマンはデカルトの数学の才に驚いたが、デカルトのほうはベークマンから数学的自然学の構想を学んだ。デカルトが学校で学んだ自然学はアリストテレス・スコラの自然学であって、自然の量的規定をあまり試みず数学的方法を用いなかったが、ベークマンはすでに一種の原子論的自然観に達しており、数学的自然学の考えをもっていたのである。（この考えは同時にイタリヤのガリレイの抱いたところであり、デカルトらの努力もそこに加わって、最後はニュートンの力学的自然像にまとめ上げられるのである。）

しかしこのときのオランダ滞在は短かく、デカルトはドイツに戦争がはじまったことをきいて翌一六一九年にはドイツにゆき、フランクフルト・アム・マインで新しいドイツ皇帝の戴冠式を見、南下して旧教軍（皇帝軍）に加わる。この戦争はボヘミヤの新教徒がファルツ選帝侯をいただいて皇帝と争うことからはじまった。翌一六二〇年にはプラーハを陥れられファルツ侯はオランダに亡命するが、イギリスをはじめ、旧教国のフランスまでが、ドイツの新教軍に加勢するということがあって、戦争は終らない。断続的に三十年間つづくのである。デカルトは一六一九年の秋の末にウルム近傍の村に宿営した。冬中戦闘はなく、かれは宿にいてものを考え、当時魔術的自然学をもって世界を一新すると触れ出していた秘密結社「バラ十字会」の考えに興味をよせた。そしてかれ自身も一種の思想的転機を経験するのである。

ひとつの哲学を全く自分の考えでうち立て特に自然認識全体を新たに力学的数学的に考え直すという大きな企てが、伝統的なキリスト教の教えにそむくのでないか、というひそかな危惧を青年デカルトはもっていたらしいが、そういう危惧がドイツの宿で一種の夢想によって払いのけられることになったのである。デカルトは一六一九年十一月十日夢の中で霊感にみたされ、真理の霊がかれの計画をよしとしてかれを護ってくれるであろうこと、かつかれひとりでその計画を実行できるであろうことを確信するにいたったという。これはバイエの『デカルト伝』（一六九一年）に録せられている話であるが、『方法序説』（第二部）ではデカルトは、ストーヴで暖められた部屋でもの思いにふけり、思想の革命は多人数でなく自分ひとりだけでやるほうがよいとさとった、とだけ書いている。

こうしてデカルトの哲学のプランはできた。それは、数学者の解析（分析）の方法（問題を解けたものと仮定してその条件を求めて既知の事項にいたることによりその問題の解をうること、代数でいえば方程式をたててこれを解くというやり方）を一般化して、自然学の研究方法でもあると考え、さらに自然学の基礎を与える形而上学（哲学の原理的部門）でも同じ分析の方法を用いて、以前とはちがった明白な知識に達しうる、と期待することであった。そして自然学・形而上学における理論的研究は、実践的帰結をもち、みずからの生活方針についてもはっきりした根拠を与えることになる、とデカルトは考えた。

このように学問と生活との見通しをつけた二十三歳のデカルトはもう軍籍を離れて諸方を旅し、一六二二年にはフランスにもどり、翌二三年にはイタリヤに出掛けて二年を送る。一六二五年以来パリで研究をつづける。このとき光の屈折の法則（ふつう「スネルの法則」といわれているもの）を発見している。そして一六二八年にはいよいよ自分ひとりになって考えをまとめようとし、オランダにうつる。これから二十一年間、アムステルダム、ユトレヒト、レイデン、エグモントなどオランダ各地に住所をうつしながら、自分の哲学に形を与える。

オランダ滞在のはじめに形而上学について見当をつけた。『方法序説』第四部がその要点をのべている。それは、すべてを疑ってもそう疑うわれの存在は疑えず「われは考えるゆえにわれはある」といわねばならないこと、考えるわれの存在から神の存在が推論できること、そして世界が数学的自然学の示すような姿で真に存在すること、を主張するのである。――しかしつづいてデカルトの関心は自然学の問題にうつり、それを体系にまとめることになる。一六三三年には『世界論』という光論と人間論とをふくむ著作ができ上った。しかし同じ年にガリレイが、コペルニクスの天文学説を真としたためにローマの宗教裁判で罪せられたことをきき、『世界論』の出版を見合せる。ガリレイがあらかじめ法王庁の検閲をうけて出版した著作によってなぜ罪せられたのか分らないとみとめながら、デカルトは、みずからの自然学もコペルニクス説を採っているゆえ、自分もまた教会の指導者たちと争うことになるようなことは好まない、という。しかしフランス本国にいる友人たちはおおむねガリレイに味方しており、かつローマの宗教裁判はフランスには力を及ぼさぬことが明かであったから、デカルトにその著作の出版をうながした。

それに答えて一六三七年デカルトは『方法序説および三つの試論（屈折光学・気象学・幾何学）』を出版する。「方法序説」はみずからの思想の生成過程をのべた自伝ふうの文章であり、「三つの試論」はかれの数学・自然学研究から選び出した見本のようなものである。その中の「幾何学」はいわゆる解析幾何学の最初の姿を示すものである。この著作によってデカルトの名声は確立した。そして「方法序説」の部分は近代思想の古典的表現として独立に読まれることになり今日に及んでいる。

つづいて一六四一年には形而上学を綿密にのべた『第一哲学についての省察』が出る。これにはホッブズやガッサンディやアルノーらの批判とそれに対するデカルトの答弁とが添えられている。本を書いて出版前に書評をもとめあらかじめこれに答えておく、というデカルトの用心ぶかい措置――こういうことはパリ在住の友人で学問好きの僧だったメルセンヌの尽力でできたのだが――によって、後世のわれわれは、得がたい思想史のドキュメントを持つことになった。この後一六四四年には、『省察』の形而上学を要約したものに自然学の全体系を加えた書物『哲学の諸原理』が出版される。ここには実質上コペルニクスの天文学説が採られているが、一般に「一物体の運動」をその物体がその直接する周囲の物体に対する運動と定義し、かつ地球はエーテルの渦に浮んで太陽のまわりを廻っているゆえにエーテルに対しては静止しているとみとめ、従って地球は不動である、といっている。

『哲学の諸原理』にはファルツの王女エリザベトへの献辞がついている。形而上学とともに幾何学も分る人としてはこの王女しか知らぬ、とデカルトはほめている。さきに三十年戦争のはじめに新教派の盟主として擁立され一冬で敗退したファルツ侯の長女であり、ハイデルベルクで生れオランダで育ったが、デカルトの『省察』を読んで感心し、じかにデカルトの指導をうけることになる。デカルトの哲学の残した最大の問題とみとめられる心身関係の問題についてその難点を最初に指摘したのはこの王女である。デカルトは親切に王女の問いに答え、個人的な相談にも乗っている。この王女がデカルトに情念の制御について問うたのが機会となって、デカルトの最後の著『情念論』が生れることになるのである。それはまずデカルトの生理学をのべ（デカルトは人体を心臓を熱機関とする機械的体系と見、血液から蒸発するエーテル状の「動物精気」が神経管や脳腔の中を運動して神経作用を起すと考える）、ついで多くの情念を分類し分析して六つの基本情念（驚き・愛・憎み・喜び・悲しみ・欲望）に帰し、かくて生理と心理との両面から受動的情念を自由意志によって能動に化するための工夫をのべている。情念論はルネサンス以来いな中世のトマス・アクィナス以来の伝統をもち、デカルトが名をあげているのは十六世紀のヴィヴェスだけであるが、デカルトの同時代人にもいくつかの例がある。しかしデカルトはみずからが「モラリスト」としてでなく「自然学者」として論ずるといっている。自分の神経生理学や条件反射の考えなどを念頭においてそういっているのであろう。しかしそういう考えとならんでデカルトには、自由意志というものに対する時にふしぎなほどの尊重がみとめられる。われわれのもつ最も尊いものは自由意志であってそれはまことに驚くべきものであり、それへの驚きが「けだかさ」（高邁の心）であり、これが人間の世界での最高の価値感情であると考えている。人間の自由意志はもちろん全能でなく神の意志に従うであろうが、しかし神の全能の意志もわれわれの自由意志を無にすることはできないのであり、これが矛盾だとしても矛盾のまま神の自由と人間の自由とを両方ともみとめるほかはない。またわれわれの自由はこの世の偶然事や運命に大いに動かされるのであり、われわれのまず経験しなければならぬのはむしろ禁欲の必然なることであるが、それを通じて達せられる理性的自由の尊ぶべきことには変りがない、とデカルトは考えるのであろう。「小さな器でも満ちてあることはできる」ともかれはいった。

一六四九年はじめにデカルトはスエーデンの女王クリスチナから招きをうけ、たびたび催促され、四月には軍艦での出迎えをうけた。女王はそれまで人文学者を師とし、ストア哲学に親しんで来たが、デカルトの著を読みフランス公使を通じてデカルトの意見を求めた（その答えが「愛についての手紙」である）ことがあり、いよいよデカルトその人に教えをうけたいという気を起したのである。デカルトはこの年秋ついにストックホルムにゆく。そして女王に求められてアカデミー設立の計画をしたり、三十年戦争終結の祝祭のために舞踏劇の脚本を書いたりする。（この劇詩はその後失われていたが今世紀になって発見された。）『情念論』も出版される。しかし寒い冬の朝早く女王に哲学を講ずるなどの無理が祟って、翌一六五〇年二月肺炎で死ぬのである。友人のフランス公使がまず病み、デカルトがそれを見取るうち自分も発病し、公使は助かったがデカルトは死ぬのである。

＊　＊　＊

ここに収めたデカルトの作品は、一六三七年の『方法序説』、一六四九年の『情念論』およびエリザベトとクリスチナにあてて書いた人間論・道徳論に関する手紙の一部である。デカルトの哲学理論の細部に立ち入るには『省察』と『哲学の諸原理』とを読むことが必要であるが、デカルトの思想の人間的なところに触れるには、ここに収めた諸篇をゆっくり読むことで足りると思われる。ただしゆっくり念を入れて読むことは必要である。デカルトは、見られる通り、著書でも手紙でも全く同じ調子で、透明な、繰返しがなくて速い文章を書いており、それの行きとどいた理解には、デカルト自身のことばでいえば「最もすぐれた精神の持主でも多くの時と多くの注意とを必要とするであろう」からである。

野田又夫

デカルトの考え方

大岡昇平
野田又夫

デカルトにささえられた戦中

大岡　わたしがデカルトを読んだのは、確か高等学校のころでした。当時は、ベルグソンやらショーペンハウエル、それに一応マルクスもカントも、みんないっしょくたに読んだ。そのころ、ぼくはわりあいに実直な男でね、ていねいに本を読んだんです。そのうち、小林秀雄さんや、中原中也たちと知り合って、酒でも飲んでランボーなんてことになっちゃって、あんまり哲学書を読まなくなり、勘でものをいったり、ものを手っ取り早く考えるようになってしまったんですが……。しかし、当時のわれわれの「人生とは何か」というような悩みについて、デカルトが直接答えてくれるところがありましたね。「われ思う、ゆえにわれあり」っていうのは、なるほどそれはそれにちがいないと思った。そのことばだけで納得させるものがありますからね。それから、ヴァレリーやアランを読むうちに、だんだんデカルトという人間に興味をもってきた、魅《ひ》かれてきました。

野田　そうですか。ヴァレリーの『オランダからの帰り道』という作品に、汽車に乗っていて窓を見ている、だんだん日が暮れてきて山や川、橋や電柱など窓外の景色が消えてくる、そして自分の顔だけが映るというような趣向がしてありますね。つまり、「われあり」ということ。

大岡　ええ、あれは非常に印象的でした。戦争中、いろいろな考え方をして、どっちを向いても結局壁にぶつかってしまうというときに、デカルトの考え方によって、その範囲で非常に自由があるという感じがしていましたが。

野田　わたしなんかも、アランやデカルトにささえられたというか、戦争に耐えるのには役にたちましたね。

デカルトと大岡文学

大岡　今度この巻では『情念論』を野田さんがお訳しになられたんですね。わたしは戦前、創元社から出ていた伊吹武彦先生の訳で読んだことがあります。

野田　わたしの訳がいいかどうか疑問です。

大岡　伊吹先生はフランス語の大家ですが、野田さんは哲学者だからちがったところが出るでしょう。実はわたしは昭和十九年に召集されたのですが、ちょうどそのころ読んでいた本を、ほとんど戦争で焼いてしまったんですが、たまたま疎開先にデカルトの『情念論』があった。『俘虜記《ふりょき》』という小説を書くとき『情念論』を読みながら書いたんです。

野田　ああ、そうですか。

大岡　自分の都合のいいところだけは、デカルトから借りているんです。われわれの感情というのは、なんかこっちからふっと動くと思っているが、実はそうじゃなくて、その場の状況から受動的に、つまり受け身の形で、こちらがかきたてられるものだという見方ですね。あの小説でいうと、不意にアメリカの兵隊を見たという状況から、こちらがもやもやしてくるということ。デカルトの考え方を全部とったというのではなく、つまり、その調子ですね。あの小説がほかの小説と感じがちがうのは、『情念論』を読んだからなんだと思いますよ。『俘虜記』がいいといわれるのは、きっと『情念論』から借りた部分だけなんですよ。あの小説がいまここにあれば、こことここが『情念論』から借りたといえるんですが。

野田　そうでしたか。時代はちがいますけど、スタンダールが影響されてはいませんか。情念のダイナミックというような点で……。

大岡　エルベシウスあたりまで、いわゆる啓蒙主義は、デカルトの考えから一歩も出ていないように思われますね。しかし、スタンダールは最初エルベシウスの『精神について』を勉強するんですが、だんだん、ロマンティシズムへ移っていくんですね。

野田　そうですか。

大岡　デカルトの推論はすごいけれど、何かの拍子に、たちまちジェズイットの坊さんみたいなことをいうという、これもスタンダールですが。

野田　アランがそれをいっています。『省察』を読んで、初めはたいへん自由な考えだけれども、二ページほど先になると坊主のようになると。

大岡　もっともアランは、デカルトがなぜそういうふうに書いたかを知っているんで、そういったところとも自分は折れ合うことができると書いていますね。デカルトは非常に身を処することに慎重であって、教会の権威に触れないようにうまく書いているんじゃないでしょうか。

野田　大岡さんのお書きになった『野火』をいま思い出したんですが、あそこになるとデカルトだけではなかなか解けないような、そういうものが出てきているというふうに思われますのですが。

大岡　いいえ、われわれの小説には、考えて解くという要請がないわけですよ。若いころ哲学を読みかじったりはしましたが、結局それでもって最終的にこうだというところまで考えぬくということのない性分なのです。つまり、なまけ者なので、現に自分のある状態と外界というものは、このままだんだん移っていく、人間というのはそのうちに死んでしまうものだと、たかをくくっているんでしょうね。考えてもわからない。自分の頭に浮かんでくるフィクションで、割り切るほうが楽だという人種ですからね。小説的に自分の生活を考えて、それなりに結構毎日が過ごしていけるということがあるからいけないんです。

野田　それはそうでしょうね。

大岡　デカルトにかぎらず、ベルグソンでもだれでも、みんなそういうふうにわたしに働きかけてくるんですよ。

野田　ある意味では、哲学のいちばんいい用い方を文学のかたたちがしておられると思いますね。

大岡　いや、わたしたちは哲学者の考えの結果をつまみ食いしているにすぎません。わたしなんか、ずいぶんデカルトのおかげをこうむっています。鎌倉の小林秀雄さんのそばの姥《うば》ヶ谷《やつ》に住んでいた昭和十二年ころ、佐藤信衛《さとうのぶえ》さんというかたがいて、あの人から、科学はデカルトから始まったんだ、なんてことを教わりました。

野田　わたしが初めて本を書いたときに『文學界』に書評してくださったのが佐藤さんです。

大岡　佐藤さんは『文學界』の同人でしたよ。あのころから戦争中、マルクスに行っても割り切れない、政治問題になると壁にぶつかる、といって、どうもベルグソンの考えはわたしにはしっくりこないんでね。デカルトがいちばん好きだった。デカルトについては、野田さんのご本でずいぶん教えていただきましたよ。

野田　いや、これはどうも……。

デカルトの研究

大岡　わたしたちがデカルトを読んだのは、戦争中ってことになるんですが、当時に比べて今は翻訳や研究はどうなのですか。

野田　そうですね。近ごろになりますと、デカルトの歴史的考証というのが、実に微に入り細にわたってなされています。われわれの学生時代、漢文の先生は本を持ってこなくても、どの章からどうというふうに覚えておられたものですが、このごろのソルボンヌの先生も、デカルトの『省察』などすっかり覚えているようです。ですから書簡でもなんでも、いろいろと作品内容を引き合いに出しまして、たいへん包括的な解釈ができるのです。ところが、わたしたちの感じでは、アランのデカルトのように、おもしろくないのです。戦後出たデカルト研究の本というのが実に穏健というのか、たとえば、これはデカルトが韜《とう》晦《かい》のために書いたというようなところが、実はデカルトは信心深かったのであるというような、そういう考証になりますのでね。ですから、デカルトを哲学研究者が自分の腹の足しにするという点では、かえってある場合には後退しているということがいえるかもしれません。このあいだも、ある人にいわれたのですが、初め、アランが示唆《しさ》してくれた解釈というものを、わたしなどは固執している形になります。新しい文献などそんなによく勉強していないといえばそれまでですが、どうもこれは、わたしのようなジェネレーションの経験というのが、そうさせているのかもしれません。

大岡　なるほどね。さっきいった、デカルトがたちまち坊さんみたいなことをいうというようなところに、ほんとうの信仰があったのだという、そういう考え方が出てきたのですか。

野田　ヴァレリーが一九三七年に講演したときのことですが、初めはベルグソンの代理をするのはたいへんだといっておいて、どうもデカルト像は一つではないらしい、いちばん大事なところで解釈がまったく正反対になっている、それで自分らはたいへん愉快であるといって自説を出すんです。つまりデカルトを自分のために読んでみようということになると、どうしてもそういうことになりますね。

大岡　今度この本でもう一度デカルトを読むかな。『方法序説』は、ほんとうに若い人たちが大いに読んでいいものだと思いますね。

野田　フランスでは、ちょっと大げさにいうと、『論語』や『孟子』を読むようなぐあいですね。子どもに文章として読ますわけです、ありがたがって、これは偉いんだというんでね。しかし、さっと読みますと、実にあたりまえのことが書いてあるので、どこにもひっかからないですんでしまうというおそれがありますね。

大岡　日本人には概して、「われ思う、ゆえにわれあり」よりは、パスカルの「考える葦《あし》」などのほうが感情的にアッピールするんでしょうね。

野田　そうでしょうね。このごろの学生は多少ちがってきておりますが、デカルトの作品は切り捨てがきつすぎるのか、とりつくしまがないという感じを持つらしいですね。

大岡　ものを考える態度の根本がデカルトにあることはまちがいないんですけれどもね。扱われている材料が現代のことではないということも、その一因かもしれません。デカルトの伝記とか、当時のフランスやヨーロッパの情勢など歴史的に考え合わせて、デカルトの思想と生涯《しょうがい》を関係づけて読んでゆけば、もっと興味が持てると思いますけど。

デカルトの生涯

大岡　デカルトが晩年にスウェーデンに行ったのは、どういういきさつですか。

野田　デカルトはだいたいオランダに定住していたのですが、あのころは、オランダの神学者などと仲が悪くなっていたようですね。それに、デカルト自身「自分の論文を完全に理解したのはエリザベト王女だけだ」というほどお気に入りだったその王女がドイツへ行ってしまったということもあったでしょう。フランスへ帰ろうかとも迷ったようです。ところが当時、フランスはフロンドの乱でしょう、そしてスウェーデン行きに踏み切ったといわれています。スウェーデンは寒いですからね、またフランスに帰ろう帰ろうと思っているうちに肺炎にかかって死んだというわけです。

大岡　どうもフランスの哲学者は北のほうへ行って死にますね。ディドロは確かロシア……。

野田　ええ、彼はエカテリーナ二世から年金を支給されて、ペテルブルグに行ったんですね。

大岡　そしてまた、フランスの哲学者は貴族の女性に縁があるようですね。エリザベト王女にしても、スウェーデンのクリスチナ女王にしても、当時女性が哲学者好きだったという珍しい状況もあったわけですか。二十世紀のフランスでは、ベルグソンの講義のときはソルボンヌに貴婦人の車の列ができたということですね。京都大学ではどうでしょうか（笑）。

野田　そういうことはありませんね（笑）。オランダやスウェーデンは当時、フランスの同盟国だったでしょう。だからデカルトとしてはフランスを出てから、たいへん定石に従ったというか、国のインタレストに沿った国のまわり方をしていますね。あのころとしては普通のやり方だったのじゃないでしょうか。

大岡　それに、デカルトの場合は、自分の仕事本位に移住したということでしょうね。

野田　それはそうです。

大岡　つまり、自分の考えを発展させるのに、いちばんいい状況を選ぶということなんでしょう。

野田　ヴァレリーが『テスト氏との一夜』の初めのほうに、デカルトの生涯は至極簡単なものだったと引用しています。あれはデカルトの伝記としていちばん古いバイエの序文にあることばなのです。伝記を書いた人がデカルトの没後、オランダの友人に材料の提供を申し入れたところ、フランスで作るデカルトの伝記には協力しないといった。フランスではデカルトの生活についていろいろ尾ひれをつけて考えているらしいのですが、デカルトのオランダ生活は非常に単純な生活だったと抗議したらしいのです。

大岡 そうですか。

野田 『テスト氏との一夜』は、小林秀雄さんの訳が確かありましたですね。

大岡 ええ、あります。わたしたちは、アランとかヴァレリーを通してデカルトを見ているような気がします。今度この巻（編集部注 『世界の名著22 デカルト』）の『世界論』は本邦初訳だそうですね。楽しみに読ませていただきます。雑駁《ざっぱく》に生きて五十七年、人生について何も解決しないまま生きてきたというわけです。内心忸怩《じくじ》たるものがあるので、このへんで頭の掃除をしようと思っています（笑）。

野田 『世界論』は、デカルトが一六二九年にオランダに移って、もう翌年に書いているのです。それ以前十年ほどのあいだ、ドイツやイタリアなど旅行しているうちに形而上《けいじじょう》学《がく》の考えをノートしていたものなのでしょう。そうでなければ、あんなに一気呵成《かせい》に書けるわけがありません。

大岡 いろいろなことは、若い時にできあがってしまうものなんですね。デカルトの場合、晩年の思想的展開というものはどうなんでしょうか。

野田　胎生学の研究と『情念論』に進んでいったようです。『情念論』は死ぬ一年前に出版されましたが、胎生学の研究のほうは死後の出版になっています。

大岡　エリザベト王女との交渉のあったのは『情念論』執筆のころでしょう。

野田　そうです。エリザベトがデカルトに対してなかなか鋭い批評をするんですが、普通ならデカルトは取り合わないのですが、エリザベトに対しては非常にていねいに答えておりますね。あなたのいうことはもっともであるが、しかし自分の考えはこうだというふうにね。よほど気に入ったというか、ほかの学者に対するのとちがって、気を許していたのでしょうね。そして彼女に、哲学の思索を一日に何時間もやるのはいかん、というような助言を与えています。

大岡　どのくらいといっていますか。

野田　一年に数時間でよいというのです。エリザベトはからだが弱かったのです。それにあんまり勉強しすぎるので、ほんとうの形而上学のところは一生に一度きめればいいので、あとはむしろ、自然の事物とか、偶然的に出てくるいろいろな特殊なことに関して、ちゃんと見てればいいのだという説ですね。これもデカルトの名人芸みたいなものですね。われわれは年寄るまで迷っているわけですからね。

大岡　デカルトには、エリザベト王女やクリスチナ女王などのように、要するに上流社会にファンがいたんですね。

野田　ええ、オランダではホイヘンスがいますね。「光の波動説」を唱えたホイヘンスは、この人の息子です。この人がデカルトをかばっています。デカルトは神学者などに言いがかりをつけられると、すぐホイヘンスに手紙を書いたりしています。

デカルトの文章

大岡　『方法序説』を全部読んだのは、落合太郎先生の訳でした。それからフランス語で読んでみて、十行くらい読んで、いい文章だなと、感心してしまった。当時の文学者で、デカルトの影響をその作品に受けたとはっきりしている人がいるでしょうか。

野田　さあ、どうでしょうか。思想的な影響はいろいろあるでしょうが、文体のほうは、あれでデカルト自身の文体というのはわりあいに古風だったのかもしれませんね。

大岡　アランは、デカルトを文体の改革者のうちに数えていたような気がしますが……いや、ちがうかな。文体はむしろパスカルのほうに……。

野田　わたしは、そういうほうはよくわかりませんが、デカルトより少し先輩のストア派の人たちは荘重な文体ですね。それからすると、デカルトはいくらかちがってきているのかもしれませんね。パスカルになると、文体が短くなっていますね。

大岡　いま流行の論理実証主義、あの人たちはデカルトをどう評価しているんでしょうか。

野田　デカルトは数学のほうから自分独自の方法をとったのですが、その後二百年のあいだに、論理学と数学との関係がはっきりわかってきたのです。そういう過程のすえに現われた論理実証主義者といわれる人たちのなかには、デカルトふうの世界観をもっている人もあるわけです。日本では、論理実証主義というのは、浅薄で、人生を問題にしていない、というふうにのみ見られていますが。

大岡　これはヴァレリーから教わったんですが、哲学というのは、先人の説を批判論破して進んでいく。つねに人生とは何か、人間とは何かという問題に触れないで、とにかく前の説に反駁《はんばく》したり、批判したりする。だから哲学史というのは、一つの迷路になっているそうですね。ただあの論理実証主義にあるトートロジーとか、同語反復というあの考え方は、実際われわれの考え方の誤謬《ごびゅう》のなかにある、わりあい根本的なことなんじゃないでしょうか。

野田　そうです。学問の方法というものを非常に厳格にとって、そういう議論になっているわけです。それで普通に知識といわれているもののなかに、ほんとうにはそういえないものが多いという、そういうネガティブな反応をするわけですね。たとえばイギリスやアメリカでの印象では、世界観の問題は、文学者やその批評家が担当していて、哲学者はどちらかというと、論理学者になっているように見えます。

デカルトの読み方

大岡　ところで、今の若い世代の人たちがデカルトをどう読んだらいいかということについて話せ、という編集部からの注文なんですがね、とにかく考え方の根本がデカルトにあるんですから、デカルトを読んで、全部が全部ついていけなくても、考え方のもとになるものを読み取ればいいんじゃないでしょうか。デカルトを読むと頭が洗われるようにすっきりしてくるということ。それから、文章にあいまいなところがないということですね。ほかの哲学者みたいに、読んでいるうちに頭がこんぐらかってくるということは、まずないでしょうね。そういうふうにものを考える習慣をつけるのがいいんじゃないのでしょうか。

野田　そうですね。いま大岡さんがおっしゃったように、とにかくたいへん明晰《めいせき》に書いてあります。いろいろな複雑な人生の状況とか、そういったものを割り切りすぎるともいえますが、しかしそれは実際に人生を乗り切るためには必要なわけですから、たとえデカルトの思想に反対する人でも、デカルトは役にたつということにもなるわけです。それから、この巻にはデカルトの六つの作品を収めてありますが、どれから読んでもいい。『方法序説』からはいるのがいいといわれますが、それはもちろん一つの学び方だと思いますね。『方法序説』を少しゆっくり読みますとね、ともかく一つの、なかなか例のない、非常に筋の通った生き方があったということがわかります。

大岡　一つのプリンシプルで生きるということが別にむずかしいことではないような気がしてきますね。

野田　そうなんです。それをデカルトはオランダ時代にみずからやっているんです。そういうことは、デカルトの文章についてもいえるんじゃないでしょうか。彼の文章というのは、『方法序説』の文章と、手紙の文章と変わらないのです。いろんなものを切り捨ててやっています。もちろん人生というのは複雑ですから、心残りはあるわけです。たいへんつらいことだったと思いますね。よくデカルトは「一生に一度」とラテン語で書いていますが、一回だけしかできないことを、いろいろ辛抱してやった。そういうところが、少なくともわたしなんかには、ある意味でたいへん偉いと思われますね。そういう偉さというものは、じっくり『方法序説』を読むとわかるような気がします。

（一九六六年十一月二十九日　虎の門「福田家」にて）

編集付記

一、本書は中公文庫『方法序説・情念論』(一九七四年二月刊)の改版である。

一、改版にあたり、同文庫(二六刷　二〇一四年一月刊)を底本とし、中公クラシックス版『方法序説ほか』『省察　情念論』を参照した。旧版の巻末にあった訳注は各項末に移し、新たに、巻末対談「デカルトの考え方」(初出　『世界の名著22　デカルト』月報、一九六七年)を付した。

一、本文中、今日の人権意識に照らして不適切な語句や表現が見受けられるが、訳者が故人であること、執筆当時の時代背景と作品の文化的価値に鑑みて、そのままの表現とした。

中公文庫

方法序説《ほうほうじょせつ》・情念論《じょうねんろん》

1974年2月10日　初版発行
2019年11月25日　改版発行

著　者　デカルト

訳　者　野《の》田《だ》又《また》夫《お》

発行者　松田陽三

発行所　中央公論新社
〒100-8152　東京都千代田区大手町1-7-1
電話　販売 03-5299-1730　編集 03-5299-1890
URL http://www.chuko.co.jp/

DTP　ハンズ・ミケ
印　刷　三晃印刷
製　本　小泉製本

Published by CHUOKORON-SHINSHA, INC.
Printed in Japan　ISBN978-4-12-206804-9 C1110

定価はカバーに表示してあります。落丁本・乱丁本はお手数ですが小社販売部宛お送り下さい。送料小社負担にてお取り替えいたします。

各書目の下段の数字はISBNコードです。978－4－12が省略してあります。

中公文庫既刊より

ニ-2-3
ツァラトゥストラ
ニーチェ
手塚富雄 訳
近代の思想と文学に強烈な衝撃を与え、今日なお予言と謎に満ちたニーチェの主著を格調高い訳文と懇切な訳注で贈る。〈巻末対談〉三島由紀夫・手塚富雄
206593-2

ハ-2-2
パンセ
パスカル
前田陽一
由木　康 訳
時代を超えて現代人の生き方に迫る、鮮烈な人間探究の記録。パスカル研究の最高権威による全訳。年譜、索引付き。〈巻末エッセイ〉小林秀雄
206621-2

テ-4-2
自殺論
デュルケーム
宮島　喬 訳
自殺の諸相を考察し、アノミー、生の意味喪失、疎外など、現代社会における個人の存在の危機をいち早く指摘した、社会学の古典的名著。内田樹氏推薦。
206642-7

フ-7-4-2
精神分析学入門
フロイト
懸田克躬 訳
近代の人間観に一大変革をもたらした精神分析学の全体系とその真髄を、フロイトみずからがわかりやすく詳述した代表的著作。〈巻末エッセイ〉柄谷行人
206720-2

い-83-1
考える人 口伝《オラクル》西洋哲学史
池田晶子
学術用語によらない日本語で、永遠に発生状態にある哲学の姿をそこなうことなく語ろうとする、〈哲学の巫女〉による大胆な試み。〈解説〉斎藤慶典
203164-7

た-77-1
シュレディンガーの哲学する猫
竹内　薫
竹内さなみ
サルトル、ウィトゲンシュタイン、ハイデガー、小林秀雄――古今東西の哲人たちの核心を紹介。時空を旅する猫とでかける、「究極の知」への冒険ファンタジー。
205076-1

の-12-4
ここにないもの 新哲学対話
野矢茂樹 文
植田　真 絵
いろんなことを考えてはお喋りしあっているエプシロンとミュー。二人の会話に哲学の原風景が見える。川上弘美「『ここにないもの』に寄せて」を冠した決定版。
205943-6